活出自己的价值

自我哲学治疗术

尚杰 著

中国社会科学出版社

图书在版编目（CIP）数据

活出自己的价值：自我哲学治疗术 / 尚杰著. —北京：中国社会科学出版社，2023.7（2024.1 重印）
ISBN 978-7-5227-1959-7

Ⅰ.①活… Ⅱ.①尚… Ⅲ.①哲学思想—研究—中国 Ⅳ.①B2

中国国家版本馆 CIP 数据核字（2023）第 097335 号

出 版 人	赵剑英
责任编辑	冯春凤
责任校对	张爱华
责任印制	张雪娇
出　　版	中国社会科学出版社
社　　址	北京鼓楼西大街甲 158 号
邮　　编	100720
网　　址	http://www.csspw.cn
发 行 部	010-84083685
门 市 部	010-84029450
经　　销	新华书店及其他书店
印　　刷	北京君升印刷有限公司
装　　订	廊坊市广阳区广增装订厂
版　　次	2023 年 7 月第 1 版
印　　次	2024 年 1 月第 2 次印刷
开　　本	650×960　1/16
印　　张	13.5
插　　页	2
字　　数	186 千字
定　　价	88.00 元

凡购买中国社会科学出版社图书，如有质量问题请与本社营销中心联系调换
电话：010-84083683
版权所有　侵权必究

目 录

第一章　用哲学治疗我自己｜1

第二章　欲望不是所欲的对象｜15

第三章　私密的自由｜32

第四章　凡事妄想彻底｜49

第五章　不对称的心思｜67

第六章　你果真知道自己的欲望在哪里吗｜83

第七章　内心的情调｜97

第八章　以艺术的方式活出你自己的价值｜109

第九章　我与自己的关系｜135

第十章　活出你的风格，你成为自己的作品｜149

第十一章　价值也在空虚与厌倦之中｜182

第十二章　浪漫与发疯｜191

后　记｜212

第一章　用哲学治疗我自己

内心生活，就是我的全部生活，我不知道别人，但我知道我自己就是这样的。我和卢梭一样，在人面前，有些不知所措，说话任性而不得体。笔下的卢梭，才算真正的卢梭，我知道我自己也是这样的。于是，孤寂是我和卢梭所面临的共同问题，至于这个问题是哲学的，对我来说并不重要，重要的是我的真实感受就是我的判断。我感到我存在，我既是判断者又是当事人，这怎么会错呢？

"我思，故我在。"但很少有人把笛卡尔这句伟大的话朝我现在正在想到的方向想，我想说当我说"我感到我存在"的时候，我是彻底孤独的。孤独是人人都无法逃脱的"心理疾病"，但是难道不可以享受这种"心理疾病"吗？我没有体验外部世界的生活，但是难道我不是正在体验"没有体验外部世界的生活"的生活吗？只要乐观和愿意，满怀兴致地期待新的一天，我就能感受到独有的幸福。

在孤独面前，就像在死亡前面一样，人人平等。我不知道别人，但我知道在我这里，活出我自己，就是活出我自己的孤独。怎么活出来呢？我把它写出来。帕斯卡尔曾经说过，人一想到自己，总会有一种凄凉感，无论是国王还是乞丐都是如此。怎么办呢？去消遣。当人沉浸于自己所喜欢的事情时，就不会感到孤寂无聊了。我总记着帕斯卡尔这句话，甚至当成自己的座右铭，我的意思是说消遣甚至比思想本身更重要，比"正确"或"无私"更重要。

比如，你明明知道某个人很坏，或者这是个愚蠢和不争气的人，那么你完全可以用欣赏而不是绝望的眼光，满怀惬意地看着他到底能坏到什么程度、愚蠢到什么程度（这叫做精神能量在性质上默默而快乐的变形与转化），要滋润自己这样的能力：乐观豁达，不生气，就是不生气。当你该生气而不生气的时候，你周围会有某些熟人因为你不生气而生气，但这与你一点儿关系都没有。是的，你可能因此会失去某些"朋友"，但倘若失去了，你应该理解为这些人从来就不曾是你的真朋友，因为他们并不了解你的真情实意，那就是你心底里的热情与才华。

每个人由于天性不同，会有无数的消遣方式。我的消遣方式是精神的、形而上的，我写出自己的孤独。我惊奇地发现，书写使我不再孤独，写作是十分有效的心理治疗手段。但是，与其说我就是我自己的心理医生，不如说我在对自己进行哲学治疗，我在我自己身上做实验。这个实验不需要打针吃药，我唯一要做的，就是把自己本能的冥想如实记录下来。我让想与写同时发生，尽量避免人们早已习惯了的先想后写。

当然，想与写的绝对同时性是不可能的，但可以把它们之间的距离缩小到几乎为零。这个零很像是遥远的地平线——无限，从那里冒出来的不仅是美，更是真实，因为来不及编造，就像恐怖袭击突然来临的时刻，即刻反应最能考验或检验一个人的内心素质。当我把写作当成最好的精神消遣并试图以如此的方式化解孤寂无聊感时，我的精神处于矛盾状态："我"成为这本书的关键词，它一再出现，但是它绝对不是我本人，它只是我想象出来的，就像卢梭创造出一个原本不存在的"爱弥儿"一样。在这个过程中，我是愉快的，时间在不知不觉地流淌，我以最适合自己的方式活出了我自己。我是当事人，因为我只写我的真实感受。"我思故我在"的另一个不容易被人想到的意思是，感受和判断其实是一回事。

人类一切曾经有的伟大智慧，只要引起我的共鸣，都对我有深深的诱惑力，只要它们不妨碍我活出我自己，只要它们能让我以意想不到的方式活在永远绵延着的当下，只要它们是美的。它们越美，就越会使我产生对它们动手动脚的冲动。我来不及考虑应不应该的问题，因为我之所以有如此的举止或句子，漂亮本身要担负一定的责任。

任何人都没有权利命令我或者教会我应该写什么或者怎么写，就像我对什么样的漂亮有更强烈的反应是天生的，我不是随意乱写的。但我选择句子的时候，并不会太在乎是否能从前面的句子中推论出来，甚至也不会有清晰明确的动机，我只是出于朦胧而清晰的抽象冲动，仿佛暗中获得了某种启示。但是在前一秒钟，我还不知道那是什么，句子和美一样是突然降临的。互相矛盾？是的，就像卢梭既撒谎又真诚，这两种情形都是真的！违反形式逻辑？难道人在激情的时刻会遵循逻辑吗？不会，怎么快乐就怎么来，思考反而成为快乐的障碍。

但吊诡的是，思考同时又是快乐的发动机——这就是哲学治疗与心理医生的根本区别，尼采当然比弗洛伊德更加高明，因为弗洛伊德的唯一目的，是给病人解除精神压力乃至治愈精神抑郁，而尼采则说，这大可不必，抑郁和孤独一样根本是无药可医的。是的，弗洛伊德自己也抑郁。尼采的思考所给出的方案是：不必治，让坏事坏到底，等待事情最糟糕的结果出现，看它到底能糟糕到什么程度！并不能从"什么都不在乎"推导出"什么都可以做"，就像不能从"如果上帝不存在"推导出"什么都可以做"一样。因为人不同于一块石头、一棵树、一条狗，人有自己的世界。如果一个人在世界上不做人的事，那就把自己等同于石头、植物或动物了——人之所以不是它们，在于人会思考。

人绝对不是只有学了哲学之后才会思考的，思考是人身上天然潜伏着的能力。所谓思考，最通俗的说法是：人在做某件事情的同时，有能力知道自己正在做这件事。普通人只是在做事情并从做事情本身的成败中获得快乐或苦恼，而哲人则能超越做事本身，返回在俗人看来是

"没用的"心灵或者灵魂。因此，思考又分两种：在世俗的或表象的世界里，思考大致等同于某种计算或者算计，它们可以从实际效果中度量成败；活跃在心灵中的思考，才是哲学家的事情，属于哲学治疗的范围，它们属于神秘的本体世界。

哲学治疗师与心理医生的区别，恰恰在于对本体世界的态度。事实上，心理医生只停留在现象世界而没有接触到本体世界，因为即使在面对深层次的原样心理事实（无意识，例如生理学意义上的做梦）时，在面对抑郁强迫心理时，心理医生治疗的前提是：只要找出原因，对症下药，就可以缓解乃至治愈。而其常用的传统方法即所谓谈心里话，认为只要把内心的秘密或者隐私吐露出来，就会逐渐放松乃至在心理医生的心理引导和药物的配合下，获得痊愈。但哲学治疗师说：这是不可能的，这样的所谓"治愈"只是一种自欺而已。终极问题是无法消解掉的。

例如，只要是人就都怕死，对于这个怕或者恐惧，无法治也不必治，因为要是人世间消除了恐惧，人的幸福也就随之不存在了。这里不是说死是一种幸福（就像人们觉得晚期癌症患者离世是一种解脱），而是说恐惧本身就已经蕴含着痛快的因素（想想各种极限运动以及人们甚至喜欢观看恐怖场面），这并不指那些曾经嫉恨你的人或许会有的心绪，而是一种微笑的态度。是的，因为"我在，死就不在；死在，我就不在了，何忧之有"？古希腊哲人伊壁鸠鲁最早说出这句话，也许心理医生会对自己的病人重复这句话，但此时他只是在引用这位哲学家的话。如果不借助于哲学智慧，单纯从作为一门专业的"精神分析"或者"心理医生"之中，是无法产生这句话的。因此，这句话是灵魂在升华，属于"形而上学"。与心理医生比较，哲学治疗师更超脱、更有勇气、更孤独或更耐得住寂寞、更有信念（自由意志）。

上述伊壁鸠鲁的名言本身，可以说是哲学治疗的经典示范，它不同于基督教牧师的临终祷告，更不同于中国传统文化中的算命先生或风水先生：哲学治疗师不同于牧师之处在于，前者已经事先知道牧师祷告的内容，某句话说得再好，但是没完没了地重复，灵魂就失去了某种新鲜感，从而大大降低了祷告的安魂作用，而哲学治疗的妙处在于，总是对人的灵魂形成变化莫测的刺激，哲学治疗从来没有想解决什么问题，只是想让灵魂享受某个问题；哲学治疗似乎从来都没有真正说出点什么（因为在俗人眼里那都是一些没用的话语），却说得滔滔不绝、有滋有味。哲学治疗和你一起思考，而这些思考与上哲学课不同，是在我与你之间不知不觉发生的。

不知不觉中发生的思考可能是思考的原样、原样的思考。换句话说，与牧师祷告相比，哲学治疗不但更深刻，也更有趣。趣味或者心灵的消遣，可能是哲学研究中一个被严重忽略了的方向。哲学治疗师不同于算命或风水先生，很简单，哲学治疗从来不预测命运，而居住环境的优雅与高质量的精神生活之间，并不存在必然的因果关系。

"哲学治疗"的情形一向都存在着，例如在奥古斯丁和卢梭的作品中。是的，两本来自不同时代的《忏悔录》。"忏悔"本来是个宗教字眼，是针对灵魂的，但如果冲破了教会教条的束缚，去对活生生的灵魂进行极其残酷的思考，就会出现类似宗教所谓的"转宗"现象。两本《忏悔录》中的"忏悔"不同于上述的牧师祷告，而属于具有哲学性质的思考，它起着自我哲学治疗的作用。这种治疗从动笔写书的那一刻开始，以写作完成终了。卢梭终于畅快了，因为他真诚而详细地坦白了自己在何时何处何种情景下说了谎话，卸下了精神压力。是的，放松了，但是如果有人认为卢梭的作品通俗易懂，那他肯定没有读懂卢梭。

卢梭作品的难懂之处，在于他是在用心灵讲道理而不是用所谓的逻辑，而他的心是独一无二的。虽然这种独一无二性可以用在每个人身上，但由于每个人的天赋不同，精神显露的差异极大。心是独特的，而只要使用语言，话语的特征总是"一般"，因此言不由衷是无法避免的，与故意说谎无关。卢梭凭着敏锐的直觉去洞察几乎一切理性的道理。他的作品所吐露的，是他的天性，并没有刻意讨好读者的意思，但奇妙之处恰恰在于，他在吐露自己天性的过程中，无意中揭示了人类普遍具有的某种天性。这不属于发明而属于发现，因为人原本就有却不自知。心是流畅的而语言是僵死的，怎么办呢？那就让语言也流畅起来，词语在快速地跳跃，与其说这里涉及弗洛伊德所讨论的问题，不如说涉及的是深刻的哲学问题，属于哲学治疗而不是心理医生的治疗。

语言一旦真的顺从心灵，语言一旦真的以快速跳跃的方式流畅，古老的逻各斯本身，就有被颠覆的危险。蹊跷的是，语言一旦顺从卢梭那颗极其敏感独特的心灵，就形成这样一道风景：它的字面意思和卢梭真正想说的意思不一致。也就是说，表面上通俗易懂，实际上极其晦涩。这种复杂来自卢梭的心在暗处，而语言在明处，例如《爱弥儿》的首句"好的东西都出自造物主之手，然而一到了人的手里，就全变坏了"，字面上说的是"一到了人的手里"，实际上卢梭本意是想说"一到了社会手里"，这在《爱弥儿》全书的意思中是很明显的，人意味着社会人。这诚然不错，但是人还意味着很多"别的"，因此用社会性代替人性（或人的本质）是危险的，这种危险就在于它用概念取代了心灵，而心灵和意志、自由、直觉、无意识等词语一样，其含义的无限丰富性使其不同于僵死的概念，因为这些词语的疆界是开放的、归属关系游离不定，具有不可定义性。也就是说，人性是一个永远没有标准答案的问题，它永远处于游离之中。

这种游离性，是哲学治疗所涉及的重要内容，它消解以逻辑思维为中心的哲学传统。这种传统总是事先假定了某种东西的"存在"，然后就这种东西是什么展开问答与争论。也就是说，以往哲学家关注的焦点，就是以这种方式去解释世界。但是，哲学家们忘了真正重要和真实的"东西"，也就是"存在"究竟是怎么登场亮相的。

当下厚重而复杂无比。所谓绵延即处于永恒变化之中的现在，也就是上述所谓游离性,这当然同时也是创造过程,因此艺术也有份儿,它创造出不曾有过的精神连线。例如,把"玩"或者"消遣"与"信仰"连接起来,就有了"玩是一种信仰",这是反辩证法的,也是反康德的,因为从此概念与概念之间的"对称性"或者"对立统一性"成了历史文物,"是"与"非"不再对称,由某词语或概念引起的联想,可能是任意的、自由的。

由此可知,哲学治疗与自由想象有密切关系。自由想象能任凭天性在自主意识和无意识之中变换任意的幻象。这与治疗有什么关系呢?这为什么属于哲学治疗而不仅是心理医生的治疗呢?就在于不可以究其一点而不计其余,不可以把某一瞬间的判断永恒化,使之代替其他无数瞬间的判断。通俗地说,这可以使人在面对任何焦虑乃至令人绝望的情景之下"想通一点儿"。不是解决了问题,而是想通。想通不是透明透亮的意思,而类似某种注意力转移的情形,仿佛在内心最黑暗处自发地透出亮光。这是纯粹形而上的情景,它叫哲学治疗而不叫心理治疗。这情景直接就是创造性的精神,因此也可以称为艺术(思考的艺术),如果从语言角度称呼这种艺术,那就是诗。它是一种需要重新界定的诗,我称为"哲学诗"。

哲学诗与通常人们所理解的作为一种艺术门类的"诗"有性质上的差异,就像虽然都是"治疗",但哲学治疗不同于心理治疗一样。哲学诗是不同思想形象(思想情景,不完全同于古代中国文人所谓意象)之间的转换与连接,不同于演绎推理,也不同于回到词语本身(音韵、节奏、平仄)或事情本身(景物或人物行为事件的描写等等)的传统诗歌。哲学诗是思想情景创造性的自然而然,是无意识在酝酿游离、跃跃欲试的过程中无法自控突然"开拔到清醒时的思考舞台上",其中存在着逻辑与推论,无意识的逻辑也是逻辑,这并不是否认形式逻辑的作用,而是表明不只有一种性质的逻辑。无意识的逻辑中所谓"是",往往作为暗示性的过渡,含有类比隐喻等等,并不连接起两个符合形式逻辑同一律（传统哲学往往称为"同一性"）的因素。或者可以这样说，哲学演变为哲学诗，而哲学诗本身就已经是哲学。从此可以用哲学诗的方式写哲学，这是一种新的哲学可能性。我这里说的是"一种"而不是"唯一"，因为就像不止一种逻辑一样，也不止一种哲学。尼采式（在这里"式"的意思，是说虽然可能不是尼采的原话，但尼采具有源源不断地做出类似判断的可能性）的文字是哲学诗的典型，例如这样的表达："希望是最大的祸害、真理是我们生存不可或缺的一种错误、真理的敌人不是谎言而是深信不疑、死亡的最终报酬是不会再死一次！"① "为有勇气去体验黑暗的情绪而感到骄傲"②、洛特雷阿蒙的诗句"忧郁的像宇宙，美丽的像自杀"、魏尔兰的诗句"没有爱也没有恨，我的内心充满悲伤"。

哲学诗的突出特点是充满有血有肉的绝不僵死的概念——其中没有任何概念的意思是现成的或者说概念的意思总在路途中，绝不会处于已经完成状态。随之而来的哲学诗的第二个特点，就是其抽象朦胧性，因为概念本身就是抽象的，即使是有血有肉的概念。偏离哲学了吗？没有，这是以另一种方式深刻而有情调地显露（不是论证）康德曾经反复描述过的直观与思维之间的悖谬关系。哲学不止一种思想风景。康德没有像胡塞尔那样明确提出"理性直观"，他是对的，因为直观总要和某种形象或情景联系起来，纯粹的被磨平了的"形象"不可以再被称作形象而是纯粹的范畴（例如"因果必然性"）。③ 但是，纯粹的范畴是纯粹的黑洞。

---

① 参见［美］欧文·亚隆《当尼采哭泣》，侯维之译，机械工业出版社 2014 年版，第 93 页。
② 参见［美］欧文·亚隆《当尼采哭泣》，侯维之译，机械工业出版社 2014 年版，第 101 页。
③ 德里达在《哲学的边缘》一书中，曾经批评西方传统哲学像是一幅"白色的神话"。在这里，德里达所谓"白色的"，就像是把硬币上的人头像磨平了，看不出硬币原来的样子，硬币变成了概念的平面，从此一无所有。

我的意思是说，范畴必须通过直观显露自身的存在，这相当于陈述或者描述过程中所使用的"就像""好像"之类，所谓举例子，就是展示某形象或情景，这已经是直观。没有直观，范畴本身确实就是空的。这里的空或空无内容指缺乏形象或情景，而不是指句子的含义，因为句子的含义仍旧在语言之内，而直观的意思是想超出语言，超越可说的范围。因此，直观暗示着与语言冲突的无意识（可以从无意识角度扩展或"误解"康德的直观），在这方面我宁肯站在德里达一边（而不是拉康），因为德里达认为无意识的情景（例如梦境）更接近行为动作而不是话语。语言自身不是行为动作，而是静态的、解释性的，受制于一般性。当然，语言可以朝着行为动作方面努力，这是语言试图突破自身界限的努力，例如直接导致肢体语言（或者由身体行为导致）的那些类似原始语言的语言（激情的语言，类似喊叫）、原始文字（例如象形文字）。但是在抽象思维能力的意义上，胡塞尔的"理性直观"也是对的，尽管它就像"木制的铁"一样悖谬，就像数学上"0"这个符号同时意味着又不意味着什么都没有。

为什么强调哲学的"诗性"？因为着眼点不再是注释某种已有的思想，而是去创造思想，发现乃至发明不曾被揭示的精神连线。"因果必然性"或者"充足理由律"连同三段论一起过时了，被超越了。哲学治疗本身显露出悖谬的特征，它本应起着安抚灵魂的作用，但是它本身却像是某种梦呓或精神的病态，这是由于它所面临的问题不可能有答案，例如如何化解绝望？要区别"解决方案"与"答案"，前者是实验或尝试错误，而后者通常是"正确"的同义词。在没有答案的情况下，精神怎么都行但又不是胡来，因为人性凭着直觉能判断出怎么都行的精神中有深刻与肤浅之别，而这又是悖谬的：正常的精神往往是肤浅的、自欺的，而深刻的精神却是残酷的，甚至是精神的病态。人们通常不愿意朝这个方向想，总想逃避，不愿意把坏事想到底，不敢直面最糟糕的情况。尼采就像那个能彻底忍受尴尬的人，而普通人受不了尴尬的折磨，总忍不住想打破尴尬。彬彬有礼，就是说，不敢直面野蛮的尴尬。

哲学治疗为幻觉恢复名誉，福柯曾经调侃是否可以不吸毒而获得毒品的力量。哲学治疗不是毒品，但幻觉作为一种精神享受，其安慰心灵的作用已经被普遍认可。用语言表述，所谓幻觉，就是把明明在场的某某不当成某某而当成任意别的。这里的"当成"相当于文学艺术上的移情、隐喻、唤醒等等。例如尼采式的幻觉可以把他的偏头疼当成自己新作品诞生之前的分娩阵痛。幻觉是人身上本已具有的一种与动植物区别开来的原始能力，作为精神原创性中的野蛮因素，幻觉是发现与发明的精神发动机，辐射到人类文明的全部领域。疯狂起来的智慧令人狂喜，深刻性与情趣融为一体。不向权威和习俗看法低头——这是笛卡尔、卢梭、尼采以及一切具有开创精神的哲学家的共同特点。当他们将习俗所认可的某某当成某种新颖的别的东西的时候，与其说他们的观点是正确的，不如说他们开辟了精神生活新的可能性，而新的可能性是没完没了的，因为别的之后还有别的。

直白地说，哲学治疗包括给事情重新命名（平反），在这个意义上说，命名能力的确是哲学家的基本功。给事情、给人重新命名，就相当于"动心理手术"，使人豁然开朗，因为无论语言有怎样的局限性，都是终极意义上的人类家园，人的本性在精神，这就是人的世界。精神的复杂与微妙，终归要靠语言才能通达精密准确。没有确定性，不确定性将什么都不是。一个人为了证明自己有思想，必须拥有用语言表达思想的能力。命名能力，就相当于"动心理手术"（精神分析—哲学分析）的手术刀。

哲学治疗为"精神分裂"恢复名誉，这里当然不是指生理病态意义上的精神分裂症患者，而是指人在潜意识中同时具有相互冲突的精神倾向，这些倾向之间并不是对与错的关系。换句话说，人经常不是骗人而只是不自知，人经常不是自己认为自己所是的那种人①。例如，某人实质上是在外人看来他不可能是的那种人。这些情形并不令人悲观，反倒令人兴奋，因为每个人都是一个谜，常见常新。当然，稳定的因素必不可少，安全感是幸福的必要条件之一。我想说的是，每个人不仅有某种天生遗传而来的性格，还有天赋加后天修炼而成的风格气质。性格与风格之间有着十分微妙隐秘的差异，却是本质的差异，因为性格与生理因素有关，而风格纯然是精神上的。

哲学治疗向习俗的想法和权威挑战，就像康德的"哥白尼式的哲学革命"那样肯定意识的活跃性表现在积极主动性，遗憾的是康德没有谈到这种主动性的非概念细节，但早他二百年出生的蒙田却无意识地触摸到"无意识"的话题，"仿佛让我的思想无所事事，自由地运转和休息，这是对它的最大爱护……但我觉得事与愿违，我的大脑就像脱缰的野马，成天有想不完的事，要比给它一件事思考时还要多想一百倍；我脑海里幻觉丛生，重重叠叠，杂乱无章。为了能够随时细察这种愚蠢和奇怪的行为，我开始将之一一笔录下来，指望日后会自感羞愧"②。蒙田觉得把自己这些无意识想到的真实细节和幻觉中的事情直白地记录下来，是值得羞愧的，为什么呢？因为他写出了一些

---

① 一个"太坏了"或者"极其残忍恶毒"的人，绝对不会承认自己是这样的人，这些人甚至认为自己是在履行做人的职责、认为自己很直率。但是事实上，这些人是在凭着本能保护自己的生存而无视他人存在的权利或者漠视自己的行为给别人带来的毁灭性伤害。阿伦特在分析纳粹战犯艾希曼时，曾经提出"平庸之恶"的概念，即表面上罪大恶极，而犯罪的心理动机简单而又愚蠢。"平庸之恶"属于这样的芸芸众生：他们始终处于形而下的算计的世界，他们是没有哲学思考能力的乌合之众。这些乌合之众是有领袖或首脑的，但这个所谓首脑，是愚蠢而残暴的，并非像乌合之众们所欢呼的那样"伟大"。为什么愚蠢平庸残暴能够畅通无阻呢？因为拥有智慧的抵抗者，将面临周围人的嘲笑冷漠，甚至被投入监狱。在这种极端平庸怯懦的气氛中，智慧的价值不可能获得真正的尊重，就像一根划着的火柴，在漆黑中闪亮了几秒钟，就永远归于沉寂。这微弱的亮光之前不存在，之后也永不会存在了。

② 《蒙田随笔全集》上卷，潘丽珍、王论跃、丁步洲译，译林出版社1996年版，第12—13页。

"愚蠢和奇怪的"念头,这有碍礼貌。既然如此,为何还是忍不住记录?不是要打发无聊而是因为痛快,把无意识详细暴露出来需要胆量,说出别人想说而不敢说的话,或者没有能力说但一旦被别人说中了自己一定会有共鸣(这种共鸣来自内心深处,但口头上可能不承认)。也就是说,自己内心潜藏着的"痛快"唤醒了读者,这是蒙田和卢梭的作品之所以成功的主要原因,前提当然是他俩无意识个性的质量、敏感的程度,那种细心就像是蝴蝶效应。热带地区的某只蝴蝶轻轻扇动一下翅膀,就可能造成距离遥远的某个国家的一场飓风——这不是开玩笑,这是真的①。就像在《忏悔录》中卢梭描述的一个细节,当他还是一个懵懵懂懂的少年,被一位比他年长的姑娘无意中触摸,也就只有像卢梭这种神经细腻到病态的人,才会对这种几乎微小到尘埃里的事情感到甜蜜。这甜蜜影响了他的一生,而那姑娘根本就毫无察觉,这不可能有可以解释清楚的原因,我觉得这是一个巨大的暗示黑洞、无底深渊,其中的痛苦和快乐直接是一回事。

像蝴蝶效应那样的"混沌理论"破坏了我们对因果关系的习惯理解,没有什么因果必然性,一切都是偶然的而不是命定如此的。虽然还使用类似"因为"的字眼,但已经不是"因此之故"的意思了,看似完全没有关系的距离遥远的两种因素是有关系的,但又不是必然有关系。如果初始条件不同,它们之间就不会发生任何关系,而初始条件是偶然具备的或发生的:偶然想到、碰到、想要,果断地去做某件即兴想到的事情,如此等等。所有这些,都不是否定逻辑或因果关系,而是强调初始条件的重要性。在我看来,就思想本身而言,初始条件几乎可以

---

① 与此对应的是量子理论,据凤凰网 2015 年 10 月 25 日报道的科技新闻,在一个具有里程碑意义的研究中,荷兰代尔夫特理工大学的科学家披露,他们的实验可以证明量子力学最根本的理论之一:远隔很远距离的物体可以瞬间互相作用。证实了一个爱因斯坦曾经公开拒绝的想法。他说,量子论必须承认"幽灵般的远程效应",他也拒绝接受"宇宙可以表现得如此奇怪,如此明显地随机"这一概念。

是任意的。去思想，就是去创造思想，而创造思想，就是修改乃至创造初始条件，笛卡尔、康德、胡塞尔都是这么做的——哲学就是如此做出来的，制造一个空前的思想事件。这甚至影响到20世纪文学与哲学的写作，传统的写书和读书方式"结束了"，可以这样写书和读书：可以从任何一句话开始写，可以从任何一页书读起，不影响理解和精彩。类似的情形甚至被拍摄成电影《云图》：一部总是重新开始的电影。思想家会说，一切思想总是重新想，就是尼采说的"永远回来"。

在暗示的黑洞中，有康德式的积极主动性。贝克莱的"存在就是被感知"只有在积极主动的感受意义上才被康德所接受。也就是说，并不存在"单纯的看见"这回事，我们并不是感知现实，而是组织现实，把当下的印象和曾经的经历、想象中就要发生的预测、已经有的知识、遗传而来的精神风俗、自己的精神个性，无意之中都混杂在一起，建立起新的精神连线。所有感官材料都被神经组织重新过滤过了。这个神经组织不仅天生拥有概念和制造新概念的能力，而且还是一个生理组织。生理的是精神的、精神的是生理的，它们共同构成了人的全部本能：无意识本能、性本性、自由意志本能、理性本能等等——这些本能在某些时刻可以暂时相互独立，彼此关上合作的大门而独自行动，在另外一些时候又能相互配合，而这两种时刻什么时候到来和发生作用始终是一个谜。在效果上，我（同一个人）的精神显示出"分裂"的倾向，好像有不同的"我"似的，能做出来不像是我能做出来的坏事情和好事情，既富有才华而又愚蠢，就像卢梭既撒谎又真诚，而这两者同时都是真的。他真诚地撒谎。如果有人反驳我说无论如何不能混淆真诚与撒谎，那我只能说我们其实是从不同角度说这个事情，我回到事情发生的初始时刻，一切尚在混沌之中，而你说的是意识已经清醒过来登台亮相了。

就学理上说，人类性本能不可能是纯粹动物的或生理上的，因为人有人性。人性包括人所有的可能性。我可以用"无意识"替换"本能", "无意识"是一个混沌的字眼,它既指精神因素也指身体因素。我更愿意把无意识与自由意志联系起来思考,如果把无意识理解为一架自动运转的机器,那是严重的曲解,因为从来没有纯粹无意识的过程(如果承认有这样的过程,就相当于把人等同于一架自动运转的机器),无意识中总是掺杂着判断,这停下来的判断显露了人的自由意志,即人能选择不做自己出于天性想去做的事情(例如自杀:人天然地总想活着,自杀是自由意志的终极案例,以至于加缪认为真正的哲学问题只有一个,那就是自杀)。

自由意志不同于无意识,尽管这两个概念有十分密切的关系,但是自由意志高于无意识。与无意识相比,自由意志更有哲学味儿、更高雅、更容易激发想象力。自由意志的精髓在于自由而不在于意志,单纯的意志或者意愿含有预先性和目的性,而这种预先性或目的性是束缚自由的。无意识含有自发性或下意识的判断两种因素,后者取决于自由意识,但这只是我们分析的结果,单纯的无意识有时被片面地强调了其中"自动性"的一面,例如在布勒东的所谓"自动写作"中,极力回避自主判断与选择,从而成了机械的或机器式的。也就是说,在这里要区别自动与自主。当我们说"意识流"("无意识"的另一种说法)时,也遭遇了类似的情形,即意识流中应该包含自主意义上的自由意志。通俗地说,无意识或意识流中应该隐含着"知道"而不是单纯的"不知道",这就像人在梦中不时有能力知道自己在做梦,在这个时刻人在梦幻中苏醒。思想的实际过程是按照自由意志操作的。无意识或意识流相当于人处于从事任何事情的行为之中,但人在这些行为之中时,已经具有知道自己正在从事这些行为的能力,这里的"知道"就属于具有判断意味的思想或反思,但这些判断可以是任意的,即出自自由意志。

第二章　欲望不是所欲的对象

一切现实的情景都是人的精神组织对感官材料重新组合的结果，也可以说是幻觉或者想象成为现实。现实是物质的，但当我们享受这些物质成就时，其实是享受自己的想象。换句话说，我们未必比古人更幸福，尽管古人没有当今的科技成就，但是他们"在享受自己的想象"这种能力方面，一点也不比我们差，而这种对于快乐的感受，人类自古至今并没有大的改变。当然，变化还是有一些的，那就是与古代相比，当今的现实更复杂。卢梭悲伤地看到了这一点，即一旦实现了复杂，回归简单就不再可能了，因为处女地已经没有了。复杂是怎么实现的？简单的回答就是增加中间环节，也就是创造出更多抽象的概念，即想象出更多的思想情景，例如比较一下爱因斯坦的思想实验与中国古代盘古开天辟地的神话故事，可以看出前者是复杂的、科学的，后者是简单的、纯粹的神话；前者是在有数学理据基础上的想象，而后者只有在超越自身、增加想象维度的情况下，才有可能转变成科学意义上的复杂。爱因斯坦用概念改变了世界，在这个意义上康德的思想是对的。

因此，我可以变更一下伊壁鸠鲁关于"我"与"死"关系的说法：我在，自在之物就不在；自在之物在，我就不在。但这只是字面上的意思，我其实是想暗示我自己就是自在之物。活出我自己，就是活出了自在之物。这里有偷换概念吗？没有，是"自在之物"含义上的改变，也就是破坏人们通常的理解习惯，重新命名。这也使得"死"或者"神"不在我之外而就在我自身之中，我原封不动就地变成了神：一个有血有肉的神，我永远不能完全了解我自己，我自身就是一个黑洞、无底深渊。

尼采所开创的现代哲学，是哲学中的"蝴蝶效应"和"量子理论"，它继承了帕斯卡尔"微妙精神"的启蒙传统，也就是后现代哲学所强调的"差异"。这在心理层面上如何操作呢？就是初始念头总是出人意料，心理医生"不曾预料到尼采的记忆力（其实更准确说应该是'想象力'）如此丰富。任何问题一抛给他，即使是最微小的种子，都会在思想上快速成长为青葱的树木"①。把看似简单的问题复杂化，极其善于倾听，能从一句话中听出一百句话。只有善于想象，才有善于倾听的能力。像倾听音乐？是的，但不仅适用于听觉，还适应于所有感官，更适用于抽象思维，初始的想法"在思想上快速成长为青葱的树木"。这不仅需要具有分辨细微差别的能力，还要有迅速转变思想镜头的能力，像一只嗅觉灵敏的猫。当代哲学试图恢复人类精神的原始能力，就像当代艺术那样不再让人舒舒服服地享受，把嘈杂和磨难撕裂了，赤裸裸地展示出来。在磨难中享受，冷水浴在使我身体强壮的同时，也使我的精神勇敢起来。智慧的首要因素是勇敢（自由意志）。是的，不能光是冷水，也要热水。冷要极冷，热要极热，我的意思是交替，就像人的情绪一样。这是磨炼阳刚之气的最好途径。有的文章有媚骨，有的文章有阳刚之气，像尼采的哲学诗："任何不曾杀死我的东西，让我更强壮。"②

哲学治疗可以用哲学诗吟唱出来，但是没有温柔的旋律，旋律其实无所谓，只要有强烈的节奏就可以了。旋律像衣服，是外来的装饰，而节奏则来自生命本身，像呼吸的本能必不可少。冷热水浴是深呼深吸的直接现实，就像痛苦与快乐或交替或融为一体。此时此刻人不禁开始喊

---

① ［美］欧文·亚隆：《当尼采哭泣》，侯维之译，机械工业出版社2014年版，第118页。
② ［美］欧文·亚隆：《当尼采哭泣》，侯维之译，机械工业出版社2014年版，第118页。

叫起来。是精神在呐喊，有身体的强烈动作。这使得哲学治疗直接变成了哲学摇滚乐，可以在哲学剧场上演。不需要导演甚至也不要排练。不要旋律，节奏是与生俱来的，就像呼吸与眨眼睛，排练过吗？没有而且毫无必要，只要人活着就有呼吸的能力、眨眼睛的能力。换句话说，生命意味着热情与渴望，也就是"我要"（活着）——我要和我爱是同义词。为什么我说"哲学摇滚乐"？因为要把感性的身体纳入哲学分析的内容，离开肢体语言，摇滚乐不可能存在，它给单纯的唱歌添加了新的维度。我们不仅被声音节奏而且被身体的姿态所感染，不由自主地沉浸于肢体语言之中，与之融为一体。在这个过程中，释放身心的能量，就像把劳动当成休息。"这个感觉真让我舒服，它让我忘记了我没地儿住。"

要进得去，出得来，缺一不可。就是说，人不仅要有沉浸入迷的能力，还要有作为旁观者欣赏或者判断这种能力的能力。每个人同时既是演员又是观看自己演出的观众，人把自身一分为二，它们之间的转换就像呼吸一样自然而然。人随时都可能走神，但这种走神有时表现为沉浸其中，有时表现为中止沉浸即判断，就像一部小说时而描述时而评论一样。也就是说，对同一个词语或概念（例如这里的"走神"）重新命名或添加新内容的活动每时每刻都在发生，它是一种常态。沉浸或者无意识本身在当场亮相时才具有变成科学的可能性，即把自己表达出来。换句话说，要成为科学，必须以判断的形式表达出"怀疑"或者"相信"。但是倘若没有沉浸的内容，判断就是空的，就没有基础。

哲学治疗试图告诉我们，保持欲望的状态，远比在世俗世界里获得所欲望的对象更为重要。尽管这种观点可能被谎言所利用，但是如果我们将谎言转化为幻觉，如果考虑到有时说谎者自己也把握不住谎言的实际效果，我们就不得不说，哲学治疗还必须对"动机"加以分析：可以将动机分为表层的和深层的。表层的动机是自主的、有意识的，就像人有意说谎。深层次的动机是不自知的，即我自己也不知道我是那样的人，它隐藏在无意识的深处，与表层动机并不一致。但这绝不是命运，因为人的一生是由无数瞬间组成的，人有后悔的能力，即重新开始的能力。

从学理上说，命运是将瞬间化为永恒，这也是同一性或逻辑同一律的基础，从细节上看，这是不真实的，人具有重新修改初始条件的能力，因为人有自由意志。获得欲望对象有赖于满足世俗的条件，这不属于哲学治疗的管辖范围，哲学治疗是使人在任何条件下都能保持愉悦的欲望状态的"心理手术"。欲望与希望之间有着微妙而本质的差异，希望总与某个对象挂钩，而欲望只是保持愉悦的心态，也就是爱的心态，与其对立的概念是绝望（死、自杀）。

当然，表层的动机不可缺少，它们是暂时的、变来变去的，而且与深层动机纠缠在一起。所有这一切，都使得"动机"或者"原因"变得摇摆不定、模糊不清，必须有"动机"或"原因"这样的概念，否则准确性将不复存在。这又陷入两难，它们都是真实的。这对于"人是自私的"这个判断，是一个沉重打击，因为这个判断认定人有一个动机方向是终极意义上的。动机的散乱、转换无常并不能消解动机，我做一个不十分恰当的比喻，人的记忆不可靠，但倘若没有记忆能力，人的愉悦感连同思考能力一起将不复存在。为什么要比喻呢？这就好像当我们不能解决A问题时，可以将这个问题转换为B问题，通过解决B问题，A问题自然而然被化解掉了。

我，谁没有"我"呢？有很多个我。我漠视别人的我，我冷酷无情？倒也未必。我只对自己感到亲切？因此我是自恋的或自私的？但是，如此谴责我的人，此刻忘记了纯粹而彻底地追问到底。我的意思是没有首先问"我"之所以成立的前提，没有问我是谁？或者我在哪里？人们在什么都没有搞明白的情况下，只是看到我不合群、不愿意搭理人、不愿意说客套话、不太善于没话找话，就武断地谴责我高傲自私，不关心别人的疾苦。其实人们是想说我是一个没用的人，但这没用的真

第二章　欲望不是所欲的对象

实意思，其实是说我没有能力替别人办某件事情（至于我是否有生活自理的能力，这似乎不是别人关心的主要问题），这确实不是我的特长。我是谁？对于这个似乎在故弄玄虚的问话，实用主义者往往嗤之以鼻。你是否嗤之以鼻，我根本就不在乎，就像我以前总是自作多情地想着如果我这样做或者那样做，别人会怎么看我？但某一天早上我从睡梦中醒来的瞬间，突然想明白了：这个世界上根本就没有人真的在乎我或者关心我在做什么，我爱做什么就做什么，我的担心是多余的。

如果我的行为给别人或者给社会造成了影响，别人或者社会就会警觉起来，这种影响越大，这警觉也越大。出于理智，我发现以制造影响作为动机的行为，其影响大都是暂时的，缺少真正的精神价值。我不想制造任何影响。如果我的容貌特别帅或者特别丑，我在大街上旁若无人兴冲冲地大步朝前走，一定会不只一个人忍不住回头看我，这就是影响（如果我相貌一般或者平庸，行人根本就不会注意我。无论别人是否注意我，责任都在我，而不在别人）。这些人是否回头看我，我根本不关心，我也没有能力命令他们一定要回头看我。但我知道，他们回头看我，说明我对他们造成了某种影响，这种影响大都是瞬间的，这些人只是对我感到好奇，禁不住瞥了我一眼。本来彼此都是陌生人，什么关系都没有，但是好奇心有时会害死人的。

我的意思是说，那些忍不住回头看我的人有可能被我对他或者她的影响害死，但也可能使别人有"深有体会"的幸福，就像卢梭在《忏悔录》中描述他少年时无意中触摸到一个姑娘的手。对的，我的意思是令人陶醉。谁知道呢？那姑娘一辈子都不知道，但卢梭知道。我是否可以认为没有这次触摸就没有卢梭的《忏悔录》呢？我觉得可以这样认为，如果就这本书中卢梭对自己精神感受的描述而言，整部《忏悔录》几乎全都是在没事找事、无中生有，可以与卢梭撒谎的能力相媲美。其实我不应该说撒谎而应该说幻觉。对，就是我们常说的"自作多情"。话说回来，我根本不想制造影响，如果我特帅或者特丑，一不留神影响到你，那与我无关，因为我总不能不上街。我上街绝对不是为了制造影响，只想散步散心，就像我现在写出这句话，感觉很舒服。是的，我就是写出这句话的当事人，一句话写得是否舒服与痛快，只有我自己知道。如果一句话或一段话写得不满意，我会瞧不起自己，甚至感到绝望。

我不仅是一个性情中人，我还是有理智的，会思考，能自我控制。我想啊想，不停地想，终于想明白了：最重要的问题，在于有心情，而不是有能力。能力我早就有了，潜在我的身上，我只是不自知而已。当然，我的能力可能很漂亮也可能很丑，但这些都是天生的，我的义务只是把能力发挥出来。是的，上大街走走，写几句，是骡子是马，拉出来遛遛。

我非常严肃地认为，写几句，写作能力，通过一个人的文字判断一个人的品质，和通过看一个人出远门、打扑克、喝酒、开车时的举止表现，来判断一个人的素质，一样可靠。它们之间有什么共性呢？就在于它们都是只能亲自参加的行为。强调行为的亲自性，是说行为是难以作假的，需要真功夫，亮出本色。衣服漂亮不算真漂亮，身材婀娜多姿或坚毅强壮，才属于本色，是赤裸裸以诚相见。我意思是说，别瞎咋呼，不吵嘴，要真正征服一个人或一个民族，靠的是行为能力（也就是说，一个人要活出自己的本色即能力，那作为副产品的影响，也就是"回头率"，会自动冒出来。换句话说，你只管埋头苦干就行了，别惦记着什么影响）。虽然其中包括了身体能力，但根据萨特的终生伴侣波伏娃的描述，萨特的性能力其实很一般，但他的软实力实在太厉害了，他"写几句"的能力或者说使人想入非非的能力太厉害，这不是仿佛而是实际上增补了他身体和外貌上的不足。他的文字含有身体因素，因此对于知性女人来说，萨特的《存在与虚无》显得很性感。当然，这种读解的功夫也非同一般。

文字是心情的直接现实，文字必须是发自内心的而不是抄来的，模仿也是变相的抄，抄人家的思路也算抄。什么时候我们的学者不再抄了，他们的文字就有可能感动读者，但是现在不行，时下我们的学者似乎不"抄"就不会写文章，但真正的文章不是这样写出来的，你们只要读一读卢梭、康德、胡塞尔或海德格尔，他们的文章很少有注释。只有在万不得已的情况下，他们才援引别人说过的话，但也有"寄生"在别人著作中的，例如德里达，但那是为了洞察一切现成的东西中没有被说出来的更重要的话语。

文字又是身体的直接现实（这是第一句话），但我接下来想到的却是满意的性爱是最好的安眠药，比任何药物更能解除羞于与人诉说的焦虑（这是第二句话）——能从这里的"第一句"推出"第二句"吗？似乎不能。如果把第一句当成大前提，第二句当成小前提，那么我的结论竟然是：尽兴写作的效果，相当于满意的性爱，是的，满意的写作会产生奇妙的沉醉身体之效果，写到自觉精彩处虽然也相当于付出了或舒展或强烈的体力劳动，但它是一种快活的累，相当于积极的精神发泄式（消遣式？）彻底放松，又像性爱一样。写作不仅是一种极好的哲学治疗手段，而且直接就是在以一种更自由的、更不依赖他人的方式享受人生。于是，弗洛伊德先生可以退出历史舞台了，他高估了性欲的力量而忽视了想象力或者幻觉的作用（我觉得不可以说"写作"是性欲的升华，一切有写作经验的人都知道弗洛伊德的这种观点是胡扯）。写作，就是制造幻觉以沉醉自己，被自己笔下的情景所感动，我的意思是说好玩也一样可以感动人，以前的哲学家们从来不谈这个。以上的推论好玩吗？我觉得不仅是好玩的，而且是道德的。道德要好玩，以前的哲学家们太拘谨了，从来不谈这个问题。我接下来想到的，是所谓思想的原创性，就是把两个陌生的思想情景联结起来的能力。和演绎推理一样，以上文字也有大前提、小前提、结论，但它们之间的"因果"关系是极其松散的。与那个俗例子（"人都是要死的，苏格拉底是人，所以苏格拉底必死"）比较，我的例子更有趣，同时也未必不深刻，因为我说出了新的意思。我这个例子所揭示的是"无意识的逻辑"。也就是说，所谓"因果关系"是各种各样的，"因此之故"中的"因"和"此"原先并不一定彼此暗含（如果一定说它们之间彼此暗含，那相当于中国古人所谓"赋比兴"的兴，例如从桃花盛开联想到姑娘要出嫁了），它们彼此之间原本是完全陌生的。

以上和哲学治疗有什么关系呢？当然有关系，证据就在于我写得高兴，显露了我的本色，活出了我自己，我根本不关心这本色漂亮或不漂亮，反正我已经享受过了，否则，我会觉得刚才的时间空无一物，过得很无聊。我没有无所事事，我的时间充满了兴奋。这兴奋不是被强迫出来的。至于后者，例如开一个走形式的会议，参与者们不得不硬着头皮参加。主持人说，下面请（似乎）重要的某某讲话（我说"似乎"的意思，是指其能主宰听会人的福利，而不是指这个人很有质量），听会人机械而响亮地拍起巴掌。倘若鼓掌不是来自自发的热情，就会稀稀拉拉，就好像这掌声在打盹似的。如果这掌声会说话，就会说"我是为了谋生"，这就令人感到焦虑，大家盼着会议快点结束，因为这时间空无一物。掌声给了虚荣的面子，就好像皇权时代"县太爷"坐着轿子出门，前面总要鸣锣开道，似乎后面亮相的是多么了不起的大人物。为什么呢？因为前面的锣声很响亮。那个童话故事《小王子》里的小王子很瞧不起大人，因为当小王子向大人们描述一朵花多么美时，大人们竟然无动于衷，但要是小王子对大人们说：某幢房子值100万法郎，大人们就会情不自禁地说："多么漂亮的房子啊！"还没亲眼看见那房子怎么就知道漂亮呢？原来是百万法郎漂亮。卢梭说这是异化。本来一个人的身份地位与其才能之间未必有等号的关系，就像声音大与真理之间没有等号关系，但是久而久之，人们就麻木了，就好像一个电影明星说的话比一个哲学治疗师说的话更接近真理似的。这些大人们还不如一个孩子——小王子。由此可见，真正的智慧是天真朴素的。

在尼采那里，只要头脑沉浸于纯粹形而上的精神之中，只要笔下正在尽兴完善刚才还在思绪中模模糊糊的念头，他就是幸福的。尼采的幸福既简单又困难。对于他来说是简单的，他只要具有非同凡响的思考和书写能力就可以了；对于普通人来说是极其困难的，因为普通人不具备这样的能力。换句话说，是住在豪宅里还是茅屋里甚至监牢里，都不会影响到尼采，他可以忍受任何过日子的方式，他只珍视自己的自由思考能力，就像斯宾诺莎一生的职业是一个磨眼镜片的，困苦孤单，但对于具有丰富精神世界的人来说，任何过日子的方式都可以忍受。"尼采与其他人的接触是如此之少，他花了难以想象的时间，与自身的神经系统对话。"①尼采与自己对话，就像苏格拉底说的"认识你自己"，这认识包括写出你自己，就像奥古斯丁和卢梭的《忏悔录》。同样，尼采与自己搏斗，少看书或只读最重要的书，以致不看书。为什么？我同意王尔德的说法，受别人影响是不道德的。我的补充是：写出自己头脑中降临的即兴念头就可以了，这才是道德的。

什么是非同凡响的思想呢？那是浮想联翩的能力，不仅是假设而且是直觉中的判断力。这些判断准确、残酷、怪异。只要每个人稍微用心想想，就不难知道某个你非常熟悉的曾经彼此十分亲切的仍旧在世的好人，你这辈子都见不到他了（甚至他的葬礼你都可能错过）。见面并不难，只是不想见。为什么？没有为什么（彼此没有结过怨，甚至没有红过脸），因为指出为什么会使自己感到内疚，甚至觉得自己是不道德的。但你和他都是君子（越是君子就越会这样）：善良、正直、有进取心。就"不见面"这个事实而言，你们彼此似乎淡漠无情，但是却同时深深地挂念着对方、希望对方好——所有这些，都暴露出人与人之间关系的荒诞性。在表象世界背后还有作为本体世界的心灵。心灵深处的活动简直鬼神莫测，毫无规律可循。

从欢喜异常到落落寡欢，只需要一瞬间，这种巨大心理落差的原

---

① ［美］欧文·亚隆：《当尼采哭泣》，侯维之译，机械工业出版社2014年版，第73页。

因，就是心灵自己也永远不会知道。以上的不见面，是一种多么奇怪的自尊心啊！但类似的细微心情感受，几乎就是主宰我们幸福的最重要因素，而你去翻遍康德的著作，他几乎从来不谈这个。难怪德里达最想问黑格尔和海德格尔的问题，是这两个大哲学家的性生活质量，这么重要的主宰人的幸福之问题，这两个家伙从来避而不谈。当然，德里达也不谈自己的，就此而言，卢梭和萨特更真实，因为除了是哲学家，他俩还是作家，真实的想象力就从自己说起，感同身受。所谓哲学治疗，首先是对自身感受绝对忠实的记录，把埋藏在心底的秘密毫无保留地写出来与读者分享。别害怕，因为你至少是勇敢的，而且实在说来，谁敢说自己比卢梭更干净更天真，更不要说他对人性超乎寻常的洞察力了。卢梭才是无与伦比的，真正的人就要这样。

卢梭是多么容易满足啊！但他也非常容易感伤。令人深思的是，这个绝对不适合具体管理国家的人①却最为清晰地描绘出近代以来世界政治文明制度的蓝图，多少彼此势不两立的天才人物都曾经跪拜在他的脚下！但还有尼采啊！是的，要是缺少卢梭和尼采这样的天才，人类真应该对自身的存在感到羞愧，但这两个人曾经的存在，揭示了人类心灵的崇高、伟大、勇敢、神圣。哲学治疗就是要揭示人类心灵的真相，在尴尬面前无所畏惧、不动声色，这是性格表面上忽冷忽热的卢梭的真实面目，这个热爱人类的人似乎在世俗生活中冷酷无情、缺少人情味，他躲在喧闹的人群背后，在自己的笔下活出自己的本色。

自由意志不是超自然的，而是心灵中最自然而然的深层内核，它不为我们所知，但是却直接左右着我们的行为。写作不能远离生命，哲学家应该实践自己笔下的文字，这文字描述和分析正在哲学家心灵中以及他周围人群中和世界上发生着的事情——如此登场亮相的哲学家显露自身，这就是我所谓亲自性或者参与者的态度，他不是以旁观者的态度说

---

① 因为他天生不善于与人相处，甚至远离社交场合。他冷漠地对待别人的好意，疑心重。

话，这就是哲学治疗的基本态度与工作方法。这样我就有了突破，就像我混淆了艺术品与艺术评论似的。

在什么意义上艺术评论本身成为一件艺术品？我的回答是：当艺术评论本身不仅是在评论，而且这种评论本身就是由纯粹艺术的语言所构成的时候，这就使艺术评论与艺术创作难解难分了，二者直接就是同一个过程。可以把艺术评论与艺术品之间界限的消解视为精神上的"化学反应"过程。就像我这篇序言开头说的，我既是判断者又是当事人，我把在自己心灵中和身体上显露的一切赤裸裸地端出来，这就是卢梭《忏悔录》的态度，判断在无形中变成了亲身感受，反之亦然，二者直接就是同一个过程。这种写作态度充满诗意，它没有诗歌那种讲究平仄的形式，但浸透着诗的骨髓，可以说它是哲学诗。

这种"哲学诗"的概念破除了人们对诗的一个误解，以为诗是想象中虚构的产物，不是的，诗不是虚构，我把在自己心灵中和身体上显露的一切赤裸裸地写出来，这怎么是虚构呢？它比一切表面的真实还要真实，就像卢梭的《忏悔录》一样，是由赤诚真实的诗意句子组成的。这里所谓"真"，不是指狭义上某个物理事件的发生，而是指内心活动中的真实发生，就像《尼采在哭泣》这本心理分析小说中虚构了大量尼采的对话，但那并不是纯粹的虚构，而是说只要我们在骨子里读懂了尼采，就会知道尼采完全具有说出那些话语的潜在可能性。所谓思想的原创性，不是照着说而是接着说。接着说，就是卢梭和德里达都谈到的"增补性"，其中有无形的变异，因此是危险的，但这危险同时又是深刻的，它借用原来的思想力量，开辟了一条新的思想道路。就像我的本意是想评论某一部才华横溢的小说，但是我无意中竟然把我的评论写成了一部新的小说，我的文字既是评论也是小说，既是真实的又是虚构的，就像卢梭在《忏悔录》中有时真诚地说谎（说谎成为真诚的一部分），就像哲学思想充满诗意（诗是由具有哲学性质的句子组成的），就像阿波利奈尔①把诗词设计成图画的形状，并且把如此"写成"的诗集命名为"美丽的象形文字"，尽管他书写的其实是拼音文字。

换句话说，哲学治疗，就是让顽固的精神强迫症（我用"强迫症"归纳一切想不开的问题）起化学反应，这种思想上的化学反应解构一切永恒的真理，把乏味的天命或者绝望（我把"绝望"视为最典型的关注，也就是总朝向某个方向想问题的顽固倾向，这种倾向可以暂时地移开或者走神，但是永远一再回来）魔术般地变成希望与趣味，哲学治疗使 1 + 1 不再等于 2 而是等于一个任意的未知数。我所谓"精神上的化学反应"是我所理解的哲学治疗的关键词之一，"精神上的化学反应"在形而上层面增补了弗洛伊德的"精神分析"或"心理手术"，给心理治疗增加了超越的维度。

始终如一的关注，这就是对精神强迫症的通俗描述。使人绝望的不是关注本身，而是关注始终朝向某个唯一的方向或者对象。这种顽强的意志以往总是被视为人类神圣伟大的象征，并被总结为"为了某某而奋斗一辈子"的公式。但是，20 世纪的人类终于发现它是精神上的真正乌托邦。这种僵化无形中给人类带来无尽的人为的苦难。它没有实事求是，如果不信你就始终盯住同一张脸，即使那是一张十分漂亮的脸，你试验一下能盯住多长时间——在这个过程之中，也许你从好奇或诱惑开始，你说你感到很舒服很幸福，但是会不知不觉地没有感觉，开始疲倦，以致开始厌烦，如果你终生都没有将这目光移开的可能性，你将感到绝望。这个情节是我虚构的，但每个有生活经验的人都会知道我虚构了一个生活中的真实情节。

哲学治疗的另一个有效策略是借力打力，顺流而下但却使思想的激情拐到另一个方向，例如心理医生本来想缓解一个精神强迫症患者的痛

---

① 阿波利奈尔（Apollinaire 1880–1918）法国诗人，剧作家，20 世纪超现实主义艺术的奠基人之一。

苦绝望心情，但哲学治疗师的建议却是，享受绝望所带来的精神压力，不眨眼睛看坏事能坏到何种程度。常言道，不撞南墙不回头，而这个建议就仿佛是劝人享受头撞南墙带来的痛快，就好像文明礼貌是格调低下的俗气，而不正经倒是显得很好玩儿。凡是坏事都有一个高峰，即坏到彻底的程度，例如死亡。那么好吧，真正的思想，就从思考死亡开始，苏格拉底早就说过此言。

怎么享受呢？绝望中有变异了的冲动与热情，最危险的时刻使人原谅了枝节的小事情小问题，而径直去做（而不仅是想做）那平时不敢做的事情。换句话说，对绝望的思考是最能出"学术成果"的时刻（这里没有任何虚伪的时间，人在内心深处不会自己骗自己），而时下我们的教授们由于日子过得太舒服了，怎么能逼迫他们思考绝望呢？严格说来，似乎绝望是终极的冲动，但是思考绝望或者说思考死亡，只有冷静和理性的态度才做得到。如果说这个过程有"借力打力"的话，那就是把初始时刻的悲痛与冲动，化为超脱的思考——这个过程也发生了精神上的化学反应。也就是说，仿佛自己在沉默思考的关节点上，不再是即将或将来的死亡的当事人似的。享受绝望的一种方式，就是要唤醒潜藏于心的神圣与崇高的能力，从而超越绝望，嘲笑自己的绝望。

任何不曾杀死我的东西，都能使我更加强壮——这是尼采能说出来的心里话。也就是说，精神强悍的前提是曾经面临绝望，或者刚从死神那里苏醒。绝望是考验和锤炼精神质量必须路过的门槛，犹如没经历过炼狱，上不得天堂。完整而高质量的人生是由痛苦而不是由快乐组成的。痛苦使人沉浸于思考，这时人是孤独的，就像每个人都得亲自死；单纯的快乐使人肤浅，这时人在与他人在一起相互取暖。人在与别人融为一体时，会丧失自身的独一无二的精神品质，丧失自身的深刻性。与别人交流的真正益处，在于那时刻你的思想激情拐到另一个方向。你要对交流心怀感激，因为一切交流都是刺激你获得一种新的独享的最有效要素。从任何一个非常不起眼的刺激点出发，都能迅速分叉生长，直到发动精神冲动的新鲜氧气全部耗光，思想又开始寻觅新的刺激，与原来的分叉或平行或交叉，直到有一天，这些主干、枝干、分叉交织在一起，组成思想郁郁葱葱的参天大树，精神的我在大树荫下仿佛拥有了整个世界。

弗洛伊德在与尼采的搏斗中必将败下阵来，因为他只处理可能世界的事情，而尼采朝向不可能的世界。换句话说，哲学治疗的大师比心理医生技高一筹。为什么呢？很简单，弗洛伊德毕竟是医生，他太相信逻辑与实证了（心理医生也是医生，而医学是一门实证科学）。当然，无论怎样，弗洛伊德的思想，是刺激当代哲学的重要一环。弗洛伊德诉诸开诚布公的对话，而尼采的文字则像卢梭的《忏悔录》那样自言自语，但这类自言自语或者独白就相当于缄默的"对话"。对话并不拘泥于哲学研讨会那样的对话形式，对话的实质在于精神不断地拐弯，出现新的精神刺激或者假设，而思考者在不停地回应这些刺激与假设——享受纯粹的智力活动，把智力活动（或者明显的与潜在的对话）串联起来，虚构一些人物和情节，添加某些日常活动，就形成了一部思想小说或者智力小说。

关于如何将最为悲惨的时刻转化为希望（这曾经是尼采对法兰西民族的赞赏），或者如何将绝望转化为希望，《尼采在哭泣》这部智力小说中描述了一个日常生活中的例子，我认为可以当成绝妙的哲学治疗的案例。死亡当然是最终的具有形而上学意味的绝望，但如果我们寻找"绝望"的同义词，或者可以把失去就永远不会再回来的机会当成一次绝望，每个有生活经验的人都会回忆起自己的人生曾经有过这些大大小小的绝望。小说中的情节是：一个女护士深爱着一个已婚的医生，甘愿以身相许，而这个医生同样十分喜欢这个护士，有一次，这个女人在一个私密的场合公开暗示自己的性渴望。此时此刻，这个医生出于道德违心地拒绝了，不仅如此，他还残忍地开除了这个护士。

我在此不讨论其中的道德问题，而只是描述事实，从此屈辱绝望的女护士由爱转为怨恨,永远从医生的视线中消失了。后来这个医生后悔了。当这个医生对尼采说自己失去了这个独一无二的永远不会再来的机会时,尼采的反应令医生目瞪口呆:"去说不,同样是个独一无二的机会!去对性掠食者说出神圣的'不'字,这个机会你把握住了。"① 尼采的反应具有多重意义,我首先想到的是,哲学治疗不是超自然的,它的作用无处不在,就发生在我们日常生活的感受之中,它以非正常的方式调整我们的心态。医生认为尼采显然对性饥渴的强度一无所知,但很显然,医生对尼采在这种场合说"不"的神圣性同样一无所知,医生只是隐约感到尼采这个神圣的"不"字里有某种有趣的东西。

那么,这个有趣的东西到底是什么呢?它是机会的盲点,因为人们绝少有像尼采那样理解"机会"这个概念的。如果世俗理解的"机会"是机会的正面或者光明的一面,那么尼采在这里所了解的"机会"就处于"机会"的反面、黑暗面,这里有不曾被探讨过的原创性的有价值的思想,而且源源不断。也就是说,这个东西不仅是有趣的,更是深刻的,它因深刻而显得有趣,而不是外表上的有趣。人性的精神潜能有多么巨大啊!它是一个无底深渊。我可以接着尼采的话头说:尼采相当于回到了"机会"本身,没有什么光明与黑暗的机会,只是机会,就像新浪潮电影大师戈达尔说的,没有什么正确的画面,只是画面。

继续说,没有什么正确的音乐,只是音乐;没有什么正确的选择,只是选择,如此等等。因为关于什么是光明与黑暗、正确与错误,完全是悬而未决的,因人而异,就像那些选择一生不结婚或不生子的人,他们的人生未必就比结婚生子的人更加悲惨。不婚者不生子的人生享受,是结婚生子的人所不懂的。既然你不懂,你在评论人家时就会说外行话,就会把自己的观点强加给人家。回过头说,回到了"机会"本身,就是回到了事情本身,但是这个事情不是指日常生活中的任何具体事

---

① [美]欧文·亚隆:《当尼采哭泣》,侯维之译,机械工业出版社2014年版,第198页。

情，它是一个抽象的事情，相当于一个纯粹概念。这个抽象的事情本身或者纯粹概念是人类思维抽象能力的体现，是否有能力创造出这个概念，是精神是否高贵的标志。原始人类是不善于创造概念的，原始人有许多感受，但是难以表达出来，就在于缺乏将精神凝聚起来的能力（因此需要被唤醒，要从蒙昧进化到智慧）。这种凝聚众多感受的能力，就是发明一个相当于概念的抽象词语。

　　文明与哲学的进化，使当今有知识的人头脑中装满了很多现成的概念，例如说"机会"（机遇），似乎谁都理解它是什么意思。但绝大多数人的理解只是表面上的，他们其实并没有理解，因为没有往深处想。什么是"机会"的深度呢？那就是在多数人的潜意识中，都是从以上的"光明"视角理解这个词的，尼采给出了另一个视角，我不是说尼采的视角是正确的，而是说他的深刻性在于他认为事情本身的意义，就在于我们看待事情本身的视角之中。这个视角，就相当于事物的显现方式。这里有两个必不可少的要素，一个是抽象的概念（事物本身、自在之物、本体世界，这是柏拉图的伟大功绩，就是德勒兹说的创造概念的能力），这是思考的基础。第二个因素就是思考概念的方式，这个概念如何显示出来（胡塞尔说是意向性、现象学还原；康德说是现象世界。转化成普通人的表达，就是思路）。在实际的思考过程中，很少有人会把这两个因素分离，它们是混杂在一起的，思考的速度往往很快，几乎一蹴而就。运用这两个因素的能力，我们叫它智慧。

　　"机会的盲点"（我们知道了"机会"这个词在词典上的现成意思，但这个现成的意思与我们看到这个词在心里唤起的意思之间，几乎没有关系。也就是说，"机会"的新内容，有待于我们去充满它）——这个说法无意中与胡塞尔"现象学还原"的说法遥相呼应，此刻我是凭着直觉马上把它们对应起来的。前一种说法要通俗易懂很多，即极少有人想到尼采说的那种机会，但悟性好的人会联想到"想象学还原"给了"机会的盲点"一个正式的哲学称谓，其中有着与"机会的盲点"一样振奋人心的丰富智慧，没有它就没有海德格尔和德里达，而尼采的重要性也就不言而喻了。

问题的关键在于，当尼采对医生说"去对性掠食者说出神圣的'不'字，这个机会你把握住了"的时候，尼采并不是在安慰医生，也没有在虚构，尼采道出了一个"黑的机会"事实。尼采真够残忍的，但是残酷的事实也是事实，而神圣的思考通常冷酷无情，却未必没有温度，它有超越的热情，犹如临死的思考。就像一部电影有这样一个镜头：在一个死刑犯被处决之前，刽子手要求他脱掉身上的大衣，死刑犯默默地把大衣脱掉，然后把大衣放在了一块干净的草地上，这个镜头虽然是残酷的，但令人深思，难以忘怀。它是一部电影中的情节，但它在现实生活中完全可能发生，它是事实，或者叫做"不是虚构的虚构"。

无论思想，还是心情、情绪，都是被很多临时的刺激点所激发的，只有敏感而智慧的人，才有可能迅速抓住这些刺激点，并且能像尼采那样使它们郁郁葱葱，生长成思想的参天大树。在这个过程中，思想是蹦蹦跳跳的（传统哲学所谓的"同一性"反而成为思想的障碍），不断有新鲜的思想涌现出来，"我"的同一性不见了，就像唐代诗人经常以女人或妻子的口吻写诗，那是因为可以吐露得更为彻底，并且在所爱的人不在场的情况下，实现了一种分享的效果，诗人变身成为女人（这并不是虚构，在日常生活中，同一个人不也是时而以这种或那种身份出现在人们面前吗？）。这不仅适用于抒情，也有益于做一种心理的甚至哲学的治疗，例如一个人为某件事情而痛苦，甚至痛不欲生，他或她可以想象同样的事情不是发生在自己身上，而是发生在别人身上，他会怎么劝慰别人呢？他劝慰别人的过程，同时也是医治自己心灵创伤的过程。这个过程并没有与别人真正的交流，这里的"别人"是设想出来的任何一个不是自己的人——这也是对话。一切思想，都是以或明或暗的对话形式出现的，只不过我们经常没有注意到。

第三章　私密的自由

　　如果我无法预测下一句话我会写出什么，这可能并不表明我"江郎才尽"，反而预示着我的心灵处于原创状态，蓄势待发。这就有了：当两个人彼此责怪对方没有人性（或者自私）的时候，真理并不在彼也不在此，而是双方对人性的理解不同，他们之间的争论将没有胜者，彼此都不可能被对方说服。这是人类全部冲突的一个缩影。那么，结果就只能是你干你的，我干我的。公平的社会规则或者伦理义务就是，一个人不能单凭权力强迫另一个人接受自己的观点，或者做他所不愿意做的事情。即使实际生活中充满着强迫和人们不得不接受各种各样的强迫，但保护个人权利神圣不可侵犯的社会公德，就像是一座永远不会熄灭的灯塔。

　　尼采的态度是：你爱什么，你就被什么所奴役（这是概念呈现方式转变的一个实例），好黑暗的想法啊！但我们心底里会叹服尼采道出了真理，而只是口头上拒绝尼采的态度，在行为中甘心情愿地继续"受奴役"。当人们谈论爱的时候，尼采却把爱比喻为利爪。尼采没有爱吗？或者说当他说他为未来的人类写作时，他把希望寄托在未来的人类（超人：人性，太任性的），但我怎么觉得他只是爱抽象的人呢？如果尼采今天还在人世，我敢肯定，他仍旧对当代人感到失望。但是，也许有一点会让他感到欣慰，人们已经开始接受他的哲学了，新人类正在形成。这确实是新启蒙的开端，在我们以往的印象中，西方文化非常重视保护人的隐私，甚至在逮捕犯人时，第一句话先说"你有权保持沉默",而中国文化似乎把私人和公共的事情混杂在一起,对家庭和家族的关注使国家就像一个大家庭,其消极后果是"活出自己"实际上被等同于对得起家庭、家族、国家,至于自己的纯粹个人兴趣和与别人无关的私人杂念,从来都被各种无形的锁链束缚着。如果没有西方文化的传入,心理治疗和哲学治疗这类概念和学科,很难在中国文化的土壤上发展起来(至于我们中国人有类似"心理治疗"的文化传统,那是需要另一本书阐述的,超出了本书的主题)。

自从叔本华、尼采、弗洛伊德以来,可以说心理分析(或者"精神分析")实质上是"哲学的儿子",是哲学+医学的产物,"个人(心里)隐私"成为一门被探讨的科学,而且已经取得了丰富的研究成果。我们首先是人,与西方人有着共同的人性,我们要重视这些成果。

也就是说,一方面要保护隐私;另一方面,又要从科学的角度分析纯粹私人的内心秘密。在这里,两者之间有着鲜明的法律界限。一方面要有界限,科学的诞生与"划清界限"有密切关系;另一方面,学科之间又要相互影响、互动。所谓哲学思考能力,我概括为把看似混杂在一起的相似的或者一样的东西分解为不一样的,反过来,又把看似不一样的杂多感性因素用抽象概念统摄起来。在这种循环往复的分析过程中,事情越来越趋向于复杂,这就是智慧的使命。

"去对性掠食者说出神圣的'不'字,这个机会你把握住了。"在这个令人惊愕的表达中,有着与肉欲不一样的激情,它是超越肉欲的、仅仅属于真正的人的激情,很多人终生都不曾有过的激情。真正强大的不是实现自己所愿望的事情,而是控制住这种欲望,自觉地说"不",这才是自由意志的精髓,这是一种理性的激情,是比性爱本身更为神圣的事情。换句话说,自由意志的真谛不是去真实拥有所欲望的对象,而是返回意志本身。对此,卢梭说得更为通俗易懂:"只有当华伦夫人不在场的时候,我才感到自己是多么的爱她。"倘若只受无意识的控制,将使人变成动物或者机器,能控制自己的无意识,这才是一个真正的人。换句话说，人的伟大不在于去服从，而在于去怀疑、去拒绝、去否定——其中有精神的拐点或者新的维度。

不被别人控制，不被任何人，哪怕是天才，也不要被这个天才控制，也包括不被自己内心的纯粹肉欲的魔鬼所控制。或者退一步说，即使人有时难免被控制，但是在被控制的同时，也要保持摆脱控制的清醒意识，正是这一点点清醒，使我们成为人。同样的话卢梭也说过："我只听从我的内心。"这里的重心是"我的内心"，而不是别人对我内心的影响。"我只听从我的内心。"这说起来容易，真正做到困难无比，首先你得有自己的内心。谁没有自己的内心呢？表面上看谁都有，但那只是表面上的"内心"，而我这里指的是仅仅属于自己的独立思想、自己的精神风格与气质，活出你自己。在这个意义上，倔强是人身上最宝贵的品格，即使这在日常生活中会经常碰壁——所以我才说真正做到困难无比。得罪人？得罪就得罪了（该得罪的，早晚得得罪，无论你如何小心翼翼），而那些在灵魂深处与你有共鸣的人，你是打不跑的，无论他在天涯海角，无论你们是否曾经谋面。如果你能够超越个人恩怨由衷地赞赏别人，你就是真正的人。

我只能活一次，我要自己支配自己的一切。哪怕别人觉得我无用而且生活悲惨，但这碍着别人什么事？别拿自己的人生和别人比较，因为彼此的尺度不同。别人只是表面上懂而实际上根本不懂我是怎么样的人（即使我把内心的秘密告诉你，你也听不懂）。这并不是我自视清高，因为我也不理解别人的世界，不知道别人到底是怎样的人。这样，对别人的问题心不在焉，就不是清高、冷漠，而是实事求是，除非别人与我有心灵上的共鸣而刺激到我。对于那些世俗的问题，我视而不见、充耳不闻，或者以所答非所问的方式加以回应。

想象力是"非理性"的，解释是理性的，有办法协调二者吗？在这二者中，都可能弥散着快乐与激情、乏味与痛苦。想象是被创造出来的，自由想象是快乐的，就像普鲁斯特描述的"非自主回忆"。专注一点的想象是痛苦的，例如精神强迫症。想象以判断力终结自己，也就是给出某种解释。没有思考（或者判断）的想象力是盲的，就像康德说没有思维的直觉是盲的，而没有想象的纯粹思考是空洞乏味的。也就是说，想象总混杂着无意中的解释因素，而解释总是想象（假设是想象的一种）中的解释。

哲学治疗的态度，始终像是两个老朋友在一个私密的场合，泡上一壶茶，燃上一支烟，私下谈谈。这是它与"学术论文"的根本区别。学术著述是公开谈谈。但是，有生活经验的人都知道"私下谈谈"与公开场合能说出的话之间的区别。私下谈谈最好只有两个人，三个人气氛就不同了，而如果在场说话的有四个人，那就几乎等同于公共场合了。即使三个人或四个人之间的私人关系很好，还是与只有两个人在场的私下谈谈之间，有着微妙而本质的差异。这种差异是亲密程度上的，甚至陌生人之间也可能发生这样的亲密。这是一种很奇怪而神秘的亲密性，比如你要乘坐10个小时的火车，一个并不让你讨厌的人坐在你身边，第一个开口说话的属于有勇气的。这里可以用"我"和"你"描述这两个偶遇的人，一开始我会与你说一些类似"今天天气如何"的客套话。你与我之间有说话的欲望，是由于彼此都有需求，要打发这10个小时的无聊。亲密性是在说话过程中不知不觉加深的，而且我可能对你吐露我与最亲近的人都不会说的事情。为什么呢？因为没有压力和风险，下了火车我们各走各的，今生今世再不会相见。

人喜欢交朋友，隐秘的动机，就在于这些"私下谈谈"令人心驰神往。当然，天才往往属于那些朋友很少的人，天才精神世界丰富，更喜欢自己和自己"私下谈谈"，也就是内心独白。天才耐得住一个人。哲学治疗，有着类似私下谈谈的效果。哲学治疗中的私下谈谈具有纯粹性，什么都不图，只是为了私下聊天而"私下聊天"，这很像是回到了柏拉图本色的对话。是对话，本色的对话只发生在两个人之间——发生在我与你之间，如果嵌入了一个外人，你对我的亲密性就会大打折扣，如同在称谓上"他"与"你"之间有着某种说不清道不明的距离，而你则不然，你与我即使在陌生的时刻也是亲密无间的，就像我在内心独白时经常这样责怪自己："你怎么又这样了，太没有自控能力了。"

哲学治疗不仅发生在私下，而且发生在你与我之间。你与我有密切关系，即使这种密切表面上看不出来，或者这种密切随时可能中断，但曾经的密切令人终生难忘，而且我对将来与我目前尚不知道的某个你发生密切关系，持有强烈的自信。谁会是这个"你"呢？你是我可能偶遇的任何一个不仅不让我讨厌而且在你我之间有着某种心灵感应的人，是说话投机，就像是火车上两个偶遇的陌生人。在茫茫人海之中，有很多我现在尚不知道的你。你支撑着我的幸福，给我以活着的希望，存在于我的幻觉之中。

私下谈谈与私人语言之间是什么关系？但难道真的有私人语言吗？似乎没有，可我觉得私人语言在如下场合是可能的，那就是在试图尽兴袒露内心的时候（无论是私下谈话还是独白）所出现的词不达意，不是不想说出来而是无力说出来，一说就说错但仍然在极力说。这种说不是为了解释，而是像精神呼吸一样，为了现身自己的精神。这种"说"是个人亲自性的直接显露，具有鲜明的个人风格。似乎语言不是为了传递思想，而是为了享受自己此刻的心情，语言直接沉浸于心情之中。

我所谓"你"不一定非得是某个人，一部好电影、我家养的猫、晚上即将电视直播的我期待中的篮球或足球赛、昨天我没有读完今天将接着读的一本好书、每天清晨例行的冷水浴、相信今天的写作中还会写出几段我满意的句子。这些都被我称作"你"，你是我生命的一部分，没有你就没有我。我沉浸于或陶醉于你。我在这些幸福的瞬间忘记了我，而你不知道你已经成为我。你是我的亲自性，你给了我活着的意义与快乐。你给了我偶遇的生命，而我也给了你新鲜的生命。谁也没有能力抢走我与你之间的亲密关系。一本厚厚的书重重而霸道地压在一本单薄的小册子上面，我觉得小册子在窒息，这太欺负你了，只要让我看见,我绝不能容忍,因为这情景让我感觉非常不舒服,我一定要把这两本书的位置颠倒过来,否则我就会总想着这事,无心做其他的事情。我认为在这里我的"颠倒行为"就是在进行自我哲学治疗的过程。是的,我似乎区别不出大事情与小事情,经常为了小事情而耽误大事情。我既抓紧时间又把大量的时间花费在似乎毫无意义的事情上。在别人看来我这样过日子,几乎等于每天什么都没有做,而我却觉得我过得很充实,因为我和我所喜欢的这些活生生的你在一起,至于别人是否理解这些,我真的不在乎。

于是,我给了你新的生命,"你"不是在词典上的意思,你有别的意思。比如,我说我爱你,是因为你是你。在这里,"你是你"不是同义反复,不是 A = A。前一个"你"的意思就是字典里的意思,可以在字典里查到,但是后一个"你"的意思,在字典里就查不到了。后一个"你"的意思,就像是一个幽灵,在我的幻觉中捕捉不到,却又在我眼前蹦蹦跳跳,时刻在我的脑海中萦绕着,挥之不去,就像强迫症似的,无论我怎么试图转移自己的注意力,你总是一再回来。你是美丽,你是才气,你是一个 x——就是某种任意的独特性,你身上那种无法与任何一个别人公约的因素(一部老电影《闻香识女人》)深深吸引着我。这些因素在你身上活灵活现,使我即使在羡慕甚至在怨恨你的时候也是爱你的。我不能抽象而一般地谈论什么是爱,而只能顺着你对我的某种诱惑浮想联翩,跃跃欲试。

如果我在日常生活中感到某场合是无趣的,会起身走开,就像调换电视频道那样迅速。我相信第一眼的直觉。是的,是迅速的准确性。思考的质量就在速度之中(反复的思考就像某样东西被第二次使用一样,因不再新鲜而丧失了些许魅力,又像某本即使有才华的好书或好电影好音乐,也要隔上好长时间再读再看再听,才会品出新的味道。思考的质量就在一瞬间,快速抓住灵感,有就有,没有就是没有。懂就立刻懂,要是不懂,无论如何冥思苦想,都不太可能懂。才华并非用功"用出来"的），而不在于国人笃信的所谓"三思而后行"，因为在你的所谓"三思"之后，你的行为已经落在别人后面了，别人已经筑好了阻挡你的墙。思维的迅速敏捷——也就是出其不意，在别人还没有看清楚或者完全理解时，事情已经做完了（即已经写出了一闪而过的念头）。心思的敏捷性体现在随机应变、抓住机会。在快速反应中达到最佳效果，这才叫真正的智慧。思与行是同时发生的，思已经在行了，行意味着其中的思处于知与不知之间。如果我事先知道了结果，我的行为就没有滋味了。

哲学治疗的秘密在于，人类的很多忧虑来自从概念出发，而没有从心灵出发。从概念出发的好处是清晰，但是在效果上总觉得那阐述的东西与我无关，是我之外的某种东西；从心灵出发的坏处是往往词不达意，词不达意的语言模糊而不准确，看起来简单的表述其实隐晦而细腻，就像卢梭的文字那样。在这个意义上，哲学治疗首先是"治疗文字"：文字生病了，因为文字或者只是表面亮丽诱人，其真实的内涵空洞乏味；或者只在外表上是道德的，其真实面目猥琐不堪；或者看上去轻浮而不太正经，却隐藏着人生真谛。"治疗文字"是解释性的，但与传统哲学不同，作为文字治疗的解释，同时就是行为，或者说是改变我们内心感受的行为，是作为"精神手术刀"的行为语言。

如果缺少倾心交谈的人，如果不满足于内心独白，就把内心的不安写出来，我甚至觉得这是卢梭写《忏悔录》的动机。文字与仅仅停留在内心的想法之间，有一种奇特的区别，那就是如果念头仅仅停留在心思中，是混沌的，当我把它们写出来的时候，无论怎样词不达意，总是比停留在杂念之中要清晰得多。如果众多杂念相当于"它"，那我笔下的文字，则相当于你。我笔下生育出你。你的质量检验着我的生育能力。我此生的价值，在你身上获得了永生。这永生的痕迹是肉眼看不见的，我凭借直觉信仰它存在。我将我的担忧写出来之时，我的精神面貌发生了神奇的化学反应。也就是说，我暂时什么都不担忧了。我的全部注意力，都放在如何能更准确地描述我的担忧，这使我放下了我在写作之前所担忧的事情。我把担忧转移了，写作在移情过程中起了心理治疗的作用——我把原本具体的事情化成抽象中的幻觉，我自己诱惑了自己。

仅凭思想本身，就能诱惑人，你只要上了钩，下一步就由不得你了。我并没有强迫你跟随我的思想，我认为影响别人或者说让别人接受自己的影响是不道德的。但是我并不是让人接受我的观点立场，其实我既没有观点，也没有立场。观点或所谓的立场，是由某些纯粹现成的观念组成的集合体，它们还没有登场亮相就已经是僵化的，因此和死掉了是差不多的。这些还没出生就已经死掉的东西怎么能诱惑人呢？为了诱惑你，我得有制造幻觉的能力，也就是催眠，不是真的让你空无内容地睡过去，而是使你醒着做梦，让你不由自主地感到眩晕，让你在听我讲话的同时想入非非。难道你不觉得想入非非的情景很迷人吗？

你在着迷，你暂时忘记了世俗的烦恼。我再次声明，我不是在影响你，但是你活在世界上，每天总得遇到点什么吧？没有什么好的与坏的相遇，只是相遇。我的思想就是我的肌肉，你偶遇我的想法，就像你出门散步漫不经心地瞥了一眼随机看见的某样东西，就当是你看见了一处风景。思想的风景，也是风景。我只是你散步时在大街上偶遇的一个行人，如果你忍不住回头多看我几眼，那不是我的错，我只是凭着天真的愿望，写几句直率的心里话。我觉得写出自己就是活出自己，就像画家觉得画画就是活出自己。

在我不写作时，总会莫名其妙地感到坐立不安，除非有我喜欢的别的消遣，否则我就会觉得是在浪费时间，只有在下笔时心里才是踏实而洁净的，不正经的想法也是洁净的想法。我反对"不正经"和"说话不得体"这类说法，因为这类说法相当于某种评论。你应该先看风景再做评论，就像医生要先看病再做诊断一样。如果在视觉感官舒服的情况下，你却说风景不正经，你就言不由衷了，因为此刻你没有用你的心说话，只是在用概念说话。我说的思想风景相当于思想电影，而不是思想的照片。思想的电影是到处都有眼睛的思想，不同的眼神透露出生命的千姿百态。如果一本书处处有不一样的思想风景，就像思想的蒙太奇一样，那就比较耐看。如果一本书只是把现成的概念以教训人或者命令人的方式串联起来，那就相当于专制的思想照片，只有一种表情，话说得再多，也是面目可憎的！

思想风景与自然景色一样，类比康德的说法，有的自然风光是美丽而令人愉悦的，例如正在盛开的花朵释放出迷人的芳香，愉悦着人们的视觉与嗅觉。但这种温馨只是令人感到惬意，真正激动人心的是危急时刻，以至于恐怖而令人感到绝望，其中含有巨大的热情，让我们泪流满面。康德列举的例子是面对海洋（尤其是第一次看见大海的人，暴风雨来临前的海面、波涛汹涌的巨浪），以此类比，站在山巅之上控制不住跳下悬崖的欲望，想象一下出生之前的自己（具有潜在的降临人世的可能性）和死亡之后的自己（永远的消失和被遗忘）、绝对的虚无、无依无靠的孤独感。所有这些，并不是我们生活中的稀有之物，它们只是被我们视为恶而有意回避了（就像我们听到某个人死了，死对死亡者本人才是真正绝望的事）。这些危机时刻在我们身边却经常与我们失之交臂，我的意思是我们总是把意外看成是坏事情，说它们是"事故"。但实在说来，意外是创造真正历史的时刻，是原创性思想发生的时刻，这使我又一次想起以上尼采说过的话："去对性掠食者说出神圣的'不'字，这个机会你把握住了。""意外"与"突然"在词义上相互增补。

危急时刻使我联想到革命。"革命"这个词久违了。声称要"告别革命"的人，有意无意地回避了思考精神上的危机时刻，我相信尼采会鄙视这种懦弱的行为。也就是说，"告别革命"的人选择了舒服，而舒服或者只想着舒适，在某种意义上是平庸的另一种说法。我宁可选择磨难，磨难不一定非得有枪林弹雨。萨德曾经发动了一场性行为上的革命，他让性爱中身体的疼痛与极度的快感分不清彼此，痛并快乐着。一个更正经的说法是，参天大树在成长过程中，要经受电闪雷鸣般的考验。革命时我们喊叫，但是要真正由于痛快而亲自参与创造自身与人类的历史而呼叫，而不能像妓女那样，本来是为了钱，却装作在享受而呻吟不已。装出来的呻吟也是呻吟，但是这呻吟中的快乐在另一个角度上却是真实的，我认为对妓女的哲学治疗之最有效的办法，使其服务质量高的最佳办法，使其呻吟成为真实快乐的办法，就是在这个时刻多想想钱。钱和性一样，都会使人感到快乐得要死了，尽管前者属于异化，后者属于原始的野性。只有在危机的渴望状态下，才可能爆发性的高潮。因此，极端的"舒服"应该被读作"危急"，其他事情是否也是这样呢？我以为是的，在没有战争的和平年代，当代人发明了各种各样令人眼花缭乱的极限运动，就是要享受紧张刺激或者危急。

但是，有的危机凭借敏锐的悟性才有可能察觉，例如语言文化方面的危机，在这方面我们不是要等待危机，我们正处在危机之中而不自知，或者自知但却麻木，得过且过。

率性地写出内心流动着的念头，先不管正不正经的问题，先不做诊断，相当于秘不示人的隐私，这有一个好处，那就是会在不知不觉中暴露出你自己是怎样一个人，而实在说来，你自己并不清楚自己到底是怎样的人，你只是自以为知道。在我看来，俗语所谓"旁观者清"是胡扯，黑格尔临死时说没有一个人是真正理解他的，但是他理解他自己吗？如果换成卢梭更能说明问题，因为黑格尔清晰透明地设计自己的思想体系，而卢梭在强调"确定性"的启蒙时代，就已经超越了自己所处的时代，发现了不确定性在人类心灵中的位置。卢梭说自己所使用的词语经常不是通常的意思，实在说来，他自己都不确切地知道自己凭着直率而天真的心情写出的文字，到底是什么意思或到底有多少晦暗的意思。但是，与其说这表明了他的才华是有限的，不如说显露了他无限的智慧魅力——意犹未尽，常读常新。

不同时代的人在读到或者写出同一个词语时，想到的却是不同的意思，这个变化是缓慢的，是不知不觉中发生的。只有像卢梭或者尼采这样能超越自己所处时代和社会环境的天才，才具有哲学上的真正的一词多义的思考与写作能力，他们在词义的暗处思考，他们的思想在危急中迸发。海德格尔把真理比作闪电——瞬间划空而过，那光明聚集着极大的精神能量。这很像是冲动下的吼叫，具有瞬间的准确性。陌生人通常总对你彬彬有礼，而当面跟你开玩笑的人，是你的熟人、朋友、亲人。瞬间划空而过，就像尖叫能释放压力。两个没有精神共鸣的人只能在远处相互理解，而难以相互欣赏。

找乐子，两个没有精神共鸣的人并不妨碍彼此之间有乐子可找，因为彼此都有对方所没有的东西或者能力，这使到处都是的危机瞬间就可以变成到处都有的乐子。生活仍旧是值得过的，尼采还是太天真了，他的哭泣可以直接成为快活的尖叫。可以疯，但不要真疯。人能控制自己不做自己所愿意做的事情，这并非一定就是清教徒；人也能控制自己做自己所不愿意做的事情，这也并非一定意味着被他人所奴役。人是捉摸不定的怪物，人心是一个黑洞，这并不令我失望，倒是使我兴趣盎然。如果我彻底看透了一个人，总是能猜对其下一步的言行，我就会对此人失去兴趣。就像看一场球赛，事先知道了比赛结果还有什么意思呢？没有意思，因为不再精彩。

缺少抽象能力的人，其快乐停留在事情的表层，只能就事论事，联想的能力有限。联想的能力强，抽象能力随之亦强，既把看似没有关系的东西看成有关系的，又把看似一样的东西分解为不一样的。在这个过程中，不得不创造出原来没有的词语，思想的词汇不知不觉地复杂起来。这决不仅仅限于概念思维，艺术更是这样，当代艺术逐渐抽象化，意象逐渐融进思维的因素，如果追溯其直接的源头，它起源于象征——这与语言有直接的关系，发迹于19世纪象征派诗人波德莱尔、马拉美，延伸至印象派绘画，然后是超现实主义艺术——象征就是超越具象，艺术在抽象中像一匹脱缰的野马，任性地横冲直撞。艺术早就超越了自身原有的界限，而叔本华、尼采、弗洛伊德无意中促使哲学艺术化。与此同时，无论艺术还是哲学，都迅速地生活化。外观或者装饰，成为心灵的直接现实。

幻觉—梦幻与象征之间关系密切，都有抽象化的特征，但是与概念不同，象征是有形象的。象征的抽象性就在于象征的形象是意念中的，不是原本就存在于自然世界的，这很像是盲人摸象，会把触觉感最强烈的部位当成象本身的模样。界限在这种超越自然的想象中，不知不觉地被跨越了，盲人心目中的大象是艺术之象。

还有，相思尤其是文人身上的一种特有疾病，它最基本的特征，就是变形的想象，也就是象征。它把所思恋的对象，变成了与自己亲近的任何别的东西，从而使本来没有生命的东西变成有生命的了，至于这些东西究竟是什么，那就因人而异了。

想不开的人，做了妄想的俘虏，而想得开的人，觉得自己的妄想很有趣。当他沉思这种有趣的时候，他从相思者变成了哲人，因为他从当事人变成了评判者。自己与自己保持距离，理性的态度就是这样。并不是所有思想者都能达到这样的高度，这需要高贵的修养，它纯洁我们的人格。无论景色多么美妙，都需要语言，因为只有理解了的东西，我们才能更深刻地感觉它——这正是康德的思想。但康德把"理解"当成概念本身了，概念的意思，已经被完成了。概念是靠讲道理使我们心服口服的，这诚然不错：你的死亡意味着你已经不在了，而你活着的时候，你还没有死，因此死与你之间有着永远不会见面的巨大鸿沟，死对于你来说是一件根本不存在的事情，所以，你没有理由在你活着的时候恐惧对你来说尚不存在的东西——这是哲学家讲道理的典范，它在逻辑上无懈可击，你必须承认它说得很有道理。但是，道理本身并不能解决感情问题。这就是哲学的界限。这个界限表明，如果哲学止步于讲道理，那么它的深刻性有限。换句话说，我知道上述的道理，但我临死时仍旧感到恐惧。任何语言上的意思，无论是来自哲学还是来自宗教的安慰，事实上都无法平息我对死亡的恐惧。

也就是说，哲学必须超越"讲道理"这个界限，而为了实现这一点，就得以治疗语言的方式"超越语言"。语言是一座迷宫，语言什么都不是，同时语言又是一切。语言是必须被超越的，但语言又永远无法被超越。语言魔力无边，语言以变态的方式一再返回我们内心的最深处。因此，我不得不修改我的说法，语言可以被治疗，但永远无法被超越，因为语言是人类存在的家。无论人流浪到哪里，到处都是家。

所谓治疗语言，就是制造这样一种幻象，即语言已经被我们超越了，我们不需要语言而获得了语言所无法言明的理解，这是精神上的珠穆朗玛峰。但是，在攀登这座世界最高峰的路途之中，我们要经历思想上各种高难动作，要完成这些动作，除了语言，我们再无其他的攀登工具了。哲学家和文学家一样，始终是"语言工作者"。这同时意味着哲学家的软弱无力，20世纪中叶以来各种"哲学已死"的说法，并不是字面上的意思，它是叔本华、克尔凯郭尔、尼采、弗洛伊德、海德格尔、德里达等思想巨人发起的，它将思想之剑转向了以往哲学上的"不可能性"：悖谬的思想，这就是虚无的"意思"。所谓不可能性，朝向悖谬。例如，虚无的意思并非一无所有，而是因荒谬从而显得不可能，这就是哲学家已经开拓的新领域，它使不可能变成可能。它没有停留在康德为哲学所划定的界限，没有把康德不能用理解力所解决的问题留给宗教，而是攻占从前由宗教所盘踞的地盘。不是说哲学变成了宗教，也不是说宗教变成了哲学，而是说哲学与宗教都不再是自己原来的模样，两者之间的交融形成了一种不曾有过的思想趋向。

于是，哲学开始这样解决问题，它超越伊壁鸠鲁关于"人的存在"与"死亡"之间互不存在的鸿沟，因为伊壁鸠鲁并没有真正解决问题，他只能暂时缓解我们对于死亡的恐惧，但如上所述，人在内心深处清醒地知道，即使在道理上认同伊壁鸠鲁的说法，我们仍旧恐惧死亡。那么，问题出在哪里呢？就在于即使我在死就不在，死在我就不在，但是，死对于我来说仍旧不是一件存在的事——这个结论是从以上前提推论不出来的，它在逻辑上是不对的或者是荒谬的，但它在心理事实上是对的，即我仍旧感到恐惧——这就是我在面临死亡的时刻所感受到的实实在在的事。逻辑不能解决恐惧的问题，究竟逻辑是真理，还是我这里所谓"实实在在的事"是真理呢？于是，产生了不可能的事情，即存在着关于"恐惧的逻辑"，它是一种不可能的逻辑。而恐惧或者绝望，并不是我刚刚指出的"精神上的珠穆朗玛峰"，要登上这座高峰，就要真正超越恐惧，成为超人，也就是治疗绝望。弗洛伊德认为，绝望是无法医治的；而尼采却认为，绝望是可以治愈的，他的《查拉图斯特拉如是说》就试图攀上"精神上的珠穆朗玛峰"。尼采的"上帝已死"也不是字面上的意思，而是说，"上帝"再也不能以从前的方式存在了，因为"超人"的思想攻占了从前属于上帝的地盘。神圣性仍旧存在，但是超人取代了从前上帝的位置，代替上帝思考。即使尼采的追随者们之后很少再谈论超人（就像弗洛伊德的著作中极少谈及尼采），但他们都在探讨超人的思想，即那些不可能的思想、悖谬的思想。

令人惊讶的是，从此这使得哲学从天上降临人间，哲学开始"食人间烟火"，它关心人类生命的质量。哲学不再是课堂里的知识，而是与我们的日常生活息息相关，与其说从此哲学真正开始指导我们的日常生活，不如说哲学变成了生活方式本身。哲学是活着的艺术，以思想艺术的方式活着，使"艺术"不再是字面上的意思，艺术与哲学、艺术与宗教之间的界限被人类的热情融化了，被自由意志融化了。

以往的哲学家只是以各种方式解释世界，但问题在于改变世界——马克思的这个说法充满哲学智慧，但可能要从哲学心理学的方向加以补充说明。马克思指向的是改变社会制度的方向，一种"武器的批判"，但也许心理素质领域的革命同样重要，制度的变革与心理的变革相辅相成，互为因果。哲学永远无法逃脱"解释世界"的迷宫（就像哲学无法超越语言的迷宫一样),但这并不令人绝望,因为"解释"和"语言"一样不是字面上的意思。有对于"语言"的治疗,就有对于"解释"的治疗。

解释的不可能性仍旧是一种"解释",但这使得"解释"一词被超越了,解释变异为激进的心理治疗手段,如同进入超人阶段的人仍旧是人、不可能的人仍旧是人,但已经成为一种新人,人类再也不会以从前的方式生活了。与其说这是手机、互联网等物质生活方式的变化所带来的,不如说是心理领域的革命所带来的,因为人类历史总是人创造的,人无论做什么事情(包括发明创造),总要首先想到,才有可能实现之。21世纪的哲学,就是要站在"精神的珠穆朗玛峰"高度,创造性地想到以往的哲学家所没有想到的事情。在这里,与其说是使人类从此脱离世俗的动机与快乐,不如说是不动声色地在心理上使身心所沉浸其中的世俗生活变得深刻神圣,成为我们值得过的生活。这仍旧是理性的,但已经不再是从前的哲学家所说的"理性"。

这种新理性告诉我们,要去爱那些真正值得爱的事情。问题并不在于抛弃幻觉,而在于抛弃幻觉中那些建立在偏见基础上的固执。以往人类的各种冲突,就在于太相信自己相信的各种所谓"应该"了,而没有直面这些应该的反面或者"不应该",倒可能是真正会唤起我们的热情、给予我们快乐和幸福、值得我们去做的事情。

例如,当我们觉得自己很自由时,却不知真实的情形是我们正在受奴役。我们受我们所爱的事和所爱的人的奴役,把自己的身家性命都交付出去,而一旦那被我们所爱的东西原本就是一场靠不住的欺骗,即发现其真相是不值得我们去爱,那么绝望的时刻就到来了,因为我们几乎将自己的一生托付给那东西,我们误将原本不是自己的东西当成自己的,我们为我们固执的无知付出了无法挽回的代价。

新理性告诉我们,思想仍旧是我们的生命之本,但我们完全有权利不再像从前那样想,我们要顶着绝望想那些从前不敢想的不可能之事,

第三章　私密的自由

于是，黑夜中瞬间现出了光明。

不是说不要爱或者不要自由，恰恰相反，要彻底释放爱或者自由的全部可能性，而很多爱或者自由的可能性，在以往我们出于固执的爱憎观中，是不可能的。痴迷和精神强迫症很相似，即使有出于爱的痴迷之强迫（一种魔力）和痛苦的强迫（例如，一个动过手术的病人总是怀疑医生没有缝合好自己的伤口）的分别，精神只注意一个方向而不能转移，就会失去享有别的世界的机遇，要学会从中跳出来重新审视别的方向的可能性——新理性这样告诉我们。固执的痴迷相当于把某个瞬间的美好化为永恒，这是在浪费时间，相当于一天等于全部的日子。但真实的情形是，永恒是由性质不同的瞬间组成的，而日子并非周而复始乏味的重复，我们的感官每天享受的风景都不一样，这才叫过日子。

哲学治疗与医生在诊室里医治病人不同，后者所针对的，总是具体的病例，是一种实证的问诊与特殊的治疗过程，而哲学治疗适用于所有人，并不针对某个具体的人。也许有人会反驳我说，医学也适用于治疗所有人，但我要回答，这是两种不同的"所有"，哲学治疗所指的"所有"存在于形而上的灵魂世界，医学治疗所指的"所有"是自然科学意义上的，这就像一个病人的身体在真正的医生眼中只是活生生的生命有机体，男女裸体中所唤起的色情念头与医学没有丝毫关系。色情可能与绝望和死亡的念头有关（它们都只与人类有关，动物不拥有色情的、绝望的世界），但是这些念头都超越了医学有能力管辖的范围。

哲学治疗师以语言治疗所有潜在的人的心灵创伤，但是真正的哲学治疗师并不挂牌营业，而是像卢梭和尼采那样只治疗自己的心灵。卢梭的《忏悔录》是一种自我救赎，尼采的《查拉图斯特拉如是说》也是，它们首先是写给自己阅读的，但是它们无意中与别人的内心产生了共鸣，也就是沟通，使别人心动。有的男人或女人，他或者她的精神气质或者其作品，就是有这样的魔力，你只要看上他们一眼，或只读其作品的一页，就会被迷住。这与他或者她无关。但无论怎样，这里提供了两个原本没有关系的世界之间的鸿沟被瞬间跨越的例子。在更多时候，这种跨越是不对称的，即不是相互拥抱，而是自己在任意别人那里引起共鸣，而引起者自己却是永远不知道的，这不但不会使后者失意，反而使其永远心怀渴望，充满永远不会实现的幸福。

这能极大地拓展我的心胸，转移存在于自身中的烦恼，宽阔自己的视野，从而投身于永远不会被任何人抢去的幸福，因为只要有想象的能力，这些幸福就会永远存在于我的心中。与其说以实物的方式去占有幸福，不如说幸福是一种永远的好心情。要有好心情，就得保持这样一种心理状态：满怀喜悦地渴望点什么。我这里说"点"，是说一个姿态、表情、眼神，以某种口气说一句话，就足以使我心满意足。室外有严重的雾霾算不了什么，我的心情仍旧很好，我有能力自己制造供我呼吸的氧气。永远在世俗生活里失意算不了什么，只要我内心没有丧失自信就可以了。

保持自信的办法绝对不是固执己见，而是内心有着在外人看来眼花缭乱的"鬼点子"，或者说得更光明一些，有无限的智慧魅力，而这种魅力是美丽的。只有对思想本身有共鸣的人，才有能力识别和感受这样的美丽。这不是容貌上的美丽，而是劳动本身的美丽，思想本身既是艰苦的又是诱人的。但是想想吧，以下哪一种情形更会使你感到幸福：你欺世盗名，在别人写的一本才华横溢的书稿上署上你自己的名字，好像那著作果真是你写的；你经过辛勤思索和笔下的耕耘，终于完成一本可以传世的佳作。答案不言自明，艰辛的劳动所收获的喜悦，才是由衷的。

第四章　凡事妄想彻底

我借用伊壁鸠鲁的思想力量，得出"死对于我来说不是一件不存在的事"这个结论，这个结论是他所不赞成的，但我很感激他，是他唤起了我的这个念头，他已经说得非常妙、非常富有哲理。阅读哲人的经典经常使我心潮澎湃，把我的阅读感受写出来，怀着热血沸腾的心情书写。这样的读与写，成为我的生活方式本身，仿佛我不是活在现实的当下的世界，而是活在不同时代的思想者所敞开的世界。我与这些伟大的思想天才倾心交谈，领略他们的精神世界。当我不同意他们的思想时，首先是建立在同意基础上的。死对于我来说是存在的，但这是一种多么奇怪而神秘的存在啊！这是等同于虚无的存在，而当我把虚无称作"存在"的时候，"存在"一词必须被打上引号，以表明它是一种不同于存在的"存在"：我们不可能知道它把握它，但自从人类脱离野蛮状态，它就成为人魂牵梦绕的核心问题。作为精神的疾病，关于人必须死亡的想法在令人永远感到恐惧的同时，更使人思想勇敢、健康，因为它能使人超越精神的疾病。

也许我们生活中渴望的多数事情不可能实现，但是死对于人来说一定会实现，在这个问题上人人平等，在这个时刻人与人之间有着终极意义上的情感眷恋，即使是发生在陌生人之间。对于人来说，死以什么方式存在呢？我们真实地谈论对我们来说尚不存在但一定会存在的命运。现存的事情中，很多问题有被解决的希望，但是"解决"这个词不适用于死亡，死亡不可能是被解决的问题，你"想它"是没有用的，但是你不得不想。虽然可能暂时不去想，但关于自己要死的顽念会一再回来纠缠你的灵魂，它强迫你不得不正视它。就此而言，每个人都有精神的疾病，这个疾病叫做绝望。从死亡、绝望、废墟出发思考，这思考属于具有艺术与宗教气质的哲学。"死亡"作为存在，不是"存在"一词字面上的意思，尼采洞察到了这个事实。很多学者认为尼采的哲学是一种修辞学或解释学的思想，这个说法只是从表面解读尼采。尼采说的不是语言或语义问题，而是精神的事实，不能用所谓"语言哲学"代替精神的事实，因为后者比语言本身更为根本。尼采所面对的问题是：那些不存在的"存在"是如何可能的？更高级的精神气质是如何可能的？

例如，学者们经常抱团取暖、互相吹捧为"大师"，而这些"大师"的真正名字，叫平庸。这是修辞的问题吗？不是，修辞不是夸大就是缩小事实，而当我说这种现象叫做"平庸"时（这就是我所谓"语言治疗"），可以说是戳穿了一个简单的事实，恰如其分、实事求是。语言要达到这样的境界，它与事实完全一致，以至于显得多余，就像事实本身直接呈现在我们面前似的。

哲学治疗手册，是与人类真正的忧虑周旋，可不是仅供消遣的轻松读物。消遣只是停留在精神的浅层次，其标志就是说出的话语，就是话语字面上的意思，文字让你注意什么，你就呆板地听文字的话，就只是简单地注意并且相信文字告诉你的事情，似乎深刻地领悟完全是一件多余的事情。领悟与走神相关，例如当我们看见俗不可耐的事情，走神就会自然而然地发生，我们的思绪到了别的地方，我们会想到事情为什么会俗不可耐？这个时刻，我们就走到了深刻的大门口。当一个人不礼貌地反常地对你发无名之火，你不必过于认真，他是在迁怒于你，而将其发火的真正原因深深隐藏起来，那才是病因。如果人缺乏深刻的思考能力，就会发一些浅薄而平庸的议论。

我们沉浸于平庸的事情上，日复一日，我们不能不这样，因为无聊或者无所事事比平庸更为可怕，因为彻底闲暇、不被某件事情所占据时，我们会想到自己——孤独，这是比平庸更为可怕的事情。一个人是否不平庸，在于他是否有能力享受独处的快乐。平庸的学者认为只有被欣赏者簇拥着、忙碌地奔赴不同的飞机场和演说大厅，才会点燃他们的热情，而独处的热情是不可思议的，因为这时没有与别人在一起，没有交谈、没有聚餐、没有周围的掌声，自己对自己的热情是匪夷所思的。

我却认为，以为与人在一起才有热情与幸福，是精神怯懦的典型特征，而有能力享受长期独处所带来的快乐，这样的人才称得上勇敢——可以说这是返回了本色的人，即我以上反复提到的人的亲自性。对于人最有意义的事情，当然也包括维持自己生命的首要条件，都必须由人自己亲自参加（劳动创造与享受），这与周围是否有别人无关。可以有别人在你身旁与你共享美妙时光，但这并非必要条件。任何人，无论是对你多么亲密和爱你的人，都无法代替你。这与友谊无关。这种无法代替是最严酷的事实。需要友谊、希望有与别人共享的机遇，但这不是绝对必需的，我不要依赖它，它不是我呼吸的空气，不是我维持生命的必要条件。

我为什么强调人的亲自性？因为亲自性从学理上解释了独处的实质。这就像人的孤独感一样，在身居闹市、周围都是人的情况下，你仍旧会备感孤独，不被世人所理解，这就是你的"亲自性"在发挥作用。人在做某件事时的走神，就是自己的亲自性在出场亮相。这些情形，不是在我们的日常生活中偶然发生，而是时时发生。我寻找与我有瞬间共鸣的你，在这个瞬间你是另一个我，而在这个瞬间之后，你成为别人，似乎有了距离与陌生感。无论是我觉得你陌生还是你觉得我陌生，并不重要，重要的是陌生感一定会发生（这更加凸显了你与我之间瞬间共鸣的珍贵），这不是不道德，无视自己的亲自性才是不道德的。

独处或者享受孤独，已经不再是一个学理上的问题，而是"老年社会"的严峻事实。但是说"严峻"也许夸张了，它只对平庸者来说才是严峻的，而对真正的哲学家来说，可以说是回到了哲学的故乡——

如果关于独处或者孤独感有被想象出的例子，那就是漂流在孤岛上的鲁滨孙那样的极端情景，可以说孤独是一种使人绝望的"恶"，对于别人来说鲁滨孙已经"死了"，他再也回不到有人类存在的地方，这确实令人不寒而栗。生命中注定不再有别人的可能性，这使鲁滨孙成为一个新人——虽然他有人的灵魂和思维能力，但他得学着像原始人那样生活，不靠别人，自己亲自安排自己的一切，他得重新成为一个"动物"：嗅觉要灵敏、肢体要强健、独享自己的娱乐，衣食住行还有性欲，一切都靠自己了。不寒而栗的孤独感，我不是在说鲁滨孙，而是现实中人的现实生活，狄德罗与卢梭分手的原因、友谊不再的原因，在于卢梭那赤裸裸的拒人于千里之外的态度。在卢梭面前，狄德罗觉得就像是在地狱面前。卢梭是孤独的，叔本华和尼采也孤独了一辈子。高处不胜寒，中国古代圣人和极具才华的诗人们也恐惧孤独，在他们笔下，孤独是一件凄惨的事情（诗人们靠写作来排遣孤独）。

能享受独处与孤独的人，具有魔鬼与神的双重精神品格，它像虚无，不啻于死亡。与孤独打交道即与死亡打交道，享受孤独即享受死亡。因此，死亡以孤独的方式对我"存在着"。但是，这并不令我绝望，我并没有真死，我死去活来了，因为我有能力像鲁滨孙一样获得新生，我随时有能力被自己某个莫须有的念头激动起来。我有享受心情的能力，而且易如反掌。纯粹的孤独像是自杀，当加缪说"真正的哲学问题就是自杀"时，这句话中的"自杀"不是字面的意思，而是说绝望，也就是荒谬，无法与人沟通。

孤独并不令人绝望，而使人获得独一无二的享受，这种独有性就在于只有在孤独状态下，我才具有纯粹的魔力与热情。这热情中的魔力是自己产生自己的，自己对自己感到着迷。这是自恋？是也不是，说其是，在于供自己的精神所呼吸的空气，永远是自己制造的。说其不是，在于这种所谓的"自恋"并非只把目光盯住自己，而是忘我的。在这种自恋中，"我"已经没有意义，沉浸于随机相遇的、自己渴望的任何因素之中，在瞬间这些因素直接就是自己活着的理由，这些因素就是我的变异形式，就像我现在的文字。也许我的日常生活是呆板的，我的衣裳是灰色的，我的居室是凌乱的，但我的文字活灵活现，变化莫测。你不读我的文字，就不懂真正的我，不知道我的真正价值。

一切激情，都在瞬间产生，尽管出现和消失得极快，却令人难以忘怀。孤独并不象征着厌世，而是对生命满怀眷恋、对生活充满感激。孤独者只是不愿意将时间浪费在平庸之辈身上。孤独者活着只为了寻找知音，与知音共享生活中的精神、精神中的生活。沉浸确实是瞬间的，但可以有各种各样的沉醉，也就是性质不同的瞬间。神情投入与溢出、再次投入与再次溢出，这过程延长了黑夜之中闪电的时光，使我与你在漫漫长夜中也能永享光明。我孤独而又不孤独，这一切都是由于有了你！我爱一切初生的生命！没有我的创造性力量，我不会想到这生命，我不劳动，这生命就不会诞生。

一件看似十分平常的小事也能给人莫大的渴望中的幸福。康德刻意每天只吃一顿饭，仿佛如果一日三餐，饭菜在香甜程度上就会大打折扣似的。机会少和某东西少的道理是一样的，我的意思是说那会显得非常珍贵。每天下午，康德早早就开始盼着这全天唯一的大餐，看他吃饭的人虽然自己没有亲自吃，似乎已经获得了享受。当我们以高贵而非平庸的眼光看待虽然是日常的但决不会以相同的方式再次出现的事情时，就进入都德小说《最后一课》的情景，这是绝望时刻的珍惜与留恋、临死之时的念头、生命中的危急时刻，无论它是什么，它再也不会回来了。它是最后的印象，这就是为什么人们用了那么多美丽而残酷的文字与歌声，抒发别离时的感受。

热情是无前提的，对真正的热情而言，不存在"不应该"的问题，就像对一位真正的哲人而言，住什么房子都无所谓，可以忍受任何过日子的方式。在任何恶劣的环境下，哲人都有自由释放自己生命热情的能力。别害怕压力，压力就是供给生命活着的氧气，安逸本身（"一成不变"或者"了无新意")就已经是压力,否则那些"亿万富翁"为什么要冒着风险去忍受大自然的残暴?要懂得生命首先是与自己搏斗。《最后一课》所描述的危机是普通人都能意识到的,但是普通日子中暗含的危机往往我们视而不见、意识不到。这些危急时刻同时也是机会,因此智者绝不会忽视小事情。要善于给自己制造心动的机会,要发动史无前例的事件,这些事件就像把一块石头扔进安静平淡的河水,会波及我们想象不到的地方。那些偏僻的角落会感激这块石头与波澜,因为这些角落已经无聊得要死了。毫无意义,与其无聊得要死,不如快活得要死。人总是要死的,但是死的意义是多么不同啊!

在很多时候,"逃跑"就是解放自己的唯一方式。我说的是"逃跑"而不是自杀,虽说自杀是解脱的终极方式,但那样的话,继续创造自己活着的价值的机会就没有了,而"逃跑"是为了抓住这样的机会。

以上情形,与象征密不可分。象征是思维中的感受、感受中的思维,它认定真实并不存在于似乎逼真的事实之中。象征就是隐藏在事实之中的意义,这些意义只有在我们想到它们的时候,才会存在。因此,意义是被发明创造出来的。所谓虚构,就是在从事发明创造——无论被虚构的是思想、事件,还是故事情节。象征具有一种超人的力量,而创造这种力量的能力,原本就潜伏在我们身上。我崇敬任何人身上的灵光一现,它既美丽又残酷,我需要的是震惊,魔力需要黑暗与神秘。我或者你不是一块石头,石头有本来的样子,而我和你是别人眼中或者印象中的样子。这些样子可能不准确,但是事实就是如此。

真正说服一个人是不可能的,因为说服人只是靠道理,人不可能被道理征服。在道理背后所隐藏着的,其实是感情(好奇与兴趣,都是感情的变体),而一个人为什么有这样的感情而不是那样的感情,没有任何道理能够真正说清楚,简单地用贴标签的办法处理这个问题,根本于事无补。我这里只是用更通俗的语言,补充卢梭、尼采、弗洛伊德所发现的人类心灵的秘密。但"感情"本身有形而上与形而下之别,有平庸与高贵之别。感情不单是字面上使我们想到的意思,它又是一种信念甚至信仰。感情的冲突,其实是信念和信仰的冲突。也就是说,不可能指望被别人理解。不被理解是绝对的,就像"翻译是不可能的"是绝对的,献身于被人家理解,就像终生献身于翻译事业一样,总是以失望而告终,这种努力是悲壮的,它的悲剧在于它束缚了我们的自由,试图完成一件一开始就注定失败的事情,而且并不深刻。我的意思是说,既然被别人理解是不可能的,既然真正说服别人是不可能的,那么真正的深刻性,就从这种不可能性开始思考。这看起来背离了启蒙的光明一面,也就是说,人是不可能被唤醒的。这并非否定启蒙或者走向反启蒙,而是说有黑色的启蒙,这就是回到孤独本身,寻找独享的快乐!先是被刺激,这些刺激与我们的天赋(生来有不同的天赋,从而生来蕴含着不同方向的感情之可能性,我甚至认为这是精神基因的差异)产生共鸣,从而激发起好奇与兴趣,无意或无形之中,我们就已经产生了感情。至于道理,表面上是解决应该与否或者正确与否的问题,其实所谓道理是在我们有了感情之后寻找出来的,而只要有了某个方向的感情,我们总不难找到与某个方向的感情相配套的道理。也就是说,道理和感情一样,都是被我们创造出来的——它们原来在世界上并不存在,但是现在存在了,如此而已。如果为了某种感情而感情,这就是不图回报的爱;如果为了某种信念本身而投入信念,这就是信仰;这两种情形都是深刻的,因为它们纯粹或纯洁,但它们只针对有感情者或有信仰者自己,而不能将这种感情和信仰强加给他人,使别人与自己的感情和信仰相通。如果把这种"强加"也称为感情或者信仰,那么感情和信仰就开始异化而不再纯洁或纯粹。

因此,理解和宽容别人的感情与信仰,就具有"元道德"与"元政治"的意义,即使这难以做到,但它是神圣的,我们不能放弃这种似乎永远难以实现的神圣追求,即使人世间永远存在着感情的冲突、信仰的冲突。宽容的意思是相互"妥协",而不是战争,战争是上述"强加"所导致的,那样的话,只能导致两败俱伤,人类的历史充满了这些"强加"与战争,人类接受了这些教训吗?我想是渐渐接受了,因为在毁灭自己的时刻,人类的利益是共同的。强权与霸道本身,并不会给得势者带来真正的幸福。一个霸道的国王幸福吗?不幸福,他时刻在愤怒的火山上被"烧烤"。

弗洛伊德以及拉康用极其晦涩的、学院派教授式的概念拐弯抹角的分析,远不如尼采的格言式语言更加直截了当、一针见血。尼采作品的突出特点是句子高度凝缩,他说的一句话可以蕴含着100句话,甚至可以写一本书解读其内容,例如,我们对欲望比欲望的对象爱得更多!我这里跳跃式地解读这句话:我以上几次说到,一个词语或者概念,并非其表面上所指的意思,它包括读到一个概念所引起的自然联想。例如,"欲望"(愿望、期待、意向、动机)总是对应某个被欲望的对象,这是普通的解读,符合常识与人情味,这是一种自然而然的思想态度,似乎是不言而喻的。借用康德式的思考方式,如果没有欲望的对象,欲望岂不是空的?因此,尼采这句话与康德思想冲突,甚至也与胡塞尔关于"意向性"的定义(意向总是针对某事物的意向)冲突。但是尼采这句话的哲学智慧,就在于没有所欲望(意向)的对象,欲望不但不是空的,而且有着更为丰富的内容——这些内容,以往的哲学家基本上忽略了。

我说"基本",是说还是有稀少的先例可循,但它们像划过光明的黑暗一样,隐含在一闪而过的念头之中。例如,奥古斯丁在《忏悔录》中提到自己在少年时代偷人家的梨子并非欲享受吃梨子的滋味,而是为了偷而偷,这心思就晦暗而复杂难解了,康德也说过"人自身就是目的"的名言,以及王尔德的"为了艺术而艺术"。康德和王尔德的这两句话的现代意义,要通过尼采上面那句话揭示出来,这意义朝着绝大多数哲学家都没有想到的方向,那就是欲望真正想要的,不是其表面想要的东西,欲望不是朝向自身之外而是返回自身,这就等于暗中修改了"欲望"一词的字面意思。

为了偷而偷,享受的是偷东西(偷任何东西)这种活动本身所带来的惊险刺激,进而获得了别人做梦都想不到的快乐(这很像窥视到别人的隐私,而别人根本不知道,甚至永远都不会知道)。这里没有任何玩弄辞藻的意思,而是返回赤裸裸的心理事实,与应该与否没有关系。它是独享的,与内心的无意识活动(康德、胡塞尔、海德格尔都没有自觉地讨论"无意识"话题)有隐秘的密切关系。我们真正爱的是我们的欲望本身、渴望本身。如果不渴望点什么,我们的生活就毫无滋味可言,但是其中的重点,并不是被渴望的对象或者"什么",而是我们的欲望状态或保持欲望的姿态——生命就是欲望。例如,性欲是返回自身的,性欲本身已经意味着力量与激情。借用叔本华的说法,性欲本身就是自在之物。在这个意义上,人真正感兴趣的,是自己的性欲本身,而不是满足自己性欲的任何东西。在这个"欲望姿态"的思想黑洞中,有取之不尽的思想资源,它与世俗之物无关,而与我们那些晦暗的心情本身有关。海德格尔无意识地接触到这些思想,例如关于厌倦、无聊、绝望、恐惧的话题,它们与在世俗世界里的得失,几乎没有关系。

当我们爱某个人时,可能并非真的爱这个人,而是爱我们内心的爱本身。通俗地说,表面的动机是一回事,实质性的动机是另外一回事。我们真爱某个人,这在我们内心的感受中是绝对真实的,但我们其实爱的是我们自身的美好感受,这无意识的熊熊烈火却往往是我们不自知的。

进一步说,"(我们)对欲望比欲望的对象爱得更多!"还含有更加隐晦的意思,例如我可以克制自己不去获得自己想要的东西,从这种克制本身中获得快乐,这与我以上引用的尼采那句话("去对性掠食者说出神圣的'不'字,这个机会你把握住了。")是吻合的。我觉得这种克制才更加贴近"自由意志"的本意，即"克制欲望的欲望"要比"做任何自己想做的事情"更加深刻有力。换句话，要克服自己懒惰的顺从，与自然而然的顺从搏斗。

还有，人不是以为自己所是的那种人，人是不了解自己的。

还有，欲望也包含孤独的欲望，这与是否有人在场没有关系，孤独本身也是思想黑洞，其中有取之不尽的思想资源。总之，欲望凝视自身。

返回真实的自我，但我是谁呢？这个问题深刻而有趣。它的深刻性在于，人不是为了获得别人的肯定而活在世界上，人不是活给别人看的，因此不必在意他人的任何评价与目光。这当然会考验人的自信，越是无人喝彩，就越坚强。一切来自他人的评价都是过眼烟云，用不着在意被别人记住。也就是说，往"坏处想"，把坏处想到底。到底了又能怎么样呢？我的生活还是得继续，我终日沉浸于绝望之中，于事无补，没有任何人在意，最在意我的，只能是我自己。既然事情已经坏到底了，而且我还要活下去——这个事实无法更改，那么"虱子多了"就不觉得痒了。

凡事一旦想彻底，就显得残酷，但是残酷不好吗？其实绝大多数人只是在装睡，我不可能唤醒一个装睡的胆小鬼！就让他在装睡的状态下度过悲惨的一生好了！关于残酷，我此刻的联想也许与别人不同，我想到每天早上我都用最冷的水浇灌我的身体，持续十几分钟，这个感觉让我特别舒服。是的，是残酷的舒服。最危急的时刻是最享受的时刻。让别人怕你的方法非常简单，那就是你什么都不怕，什么都不在乎！而任何表面厉害的人其实内心是脆弱的，他总是想着被别人牵挂、被别人记住，获得某种荣誉或名声。那么这个所谓厉害的人，就会败在我这个怯懦之人的脚下——我的胜利是终极意义上的，他的得意永远是表面的，因为他被自己在意的东西奴役着。这既不是我的自私，也不表明我无情，因为我的残酷无情是针对我自己的，我没有任何想伤害别人的意思，而那些虽然不怕死但是却伤害他人的恐怖分子，活得就没什么意思！

如果装睡的人并不觉得自己在苟活，反而认为我的活法很悲惨，这与我无关，这种彼此无关的情形是极其真实的，我把它过早地揭示出来，至少说明我很勇敢。如果另一个如此勇敢的人与我在思想上有共鸣，可以联系我，我们一起散步。我相信在散步途中你我会聊出很多思想，从而结下难忘的友谊。

所谓哲学智慧，是从把问题想得最残酷最彻底开始的，像笛卡尔和胡塞尔，他们两人怎样建立起自己的哲学？他们首先冒出来的想法是：无论以往的哲学说得似乎多么有道理，我也不相信！我先是毫无顾忌地"不讲理地"不相信，这就把自己先逼到绝路上，像是悬崖峭壁。也就是说，先树立起一种绝望的态度。在世人预见到危险之前，最有创见的哲学家就已经先绝望了。高处不胜寒，因此用最冷的水浸透身体，是成为一个哲学家的前提条件，我这么说当然含有比喻的性质，但悟性好的人会懂得我的玩笑中所透露的思想事实。既然别人说得再有道理，我都首先持有不相信的态度，那就逼迫自己处于极其孤独的状态。就思想而言，引用别人已经说过的意思，不再是必需的。当一切"应该"都不存在的时候，思想就什么都不害怕了，思想就怎么都行！头撞南墙，虽然头破血流，却倔犟地撞出一条没人走过的路。思想上最危急的时刻与社会生活中最危急的时刻遥相呼应，最激动人心的音乐就像是在呐喊，也就是激动人心的革命。按照历史顺序追溯，《马赛曲》《国际歌》《义勇军进行曲》都诞生于这样的时刻。在惯常的日子里响起这样悲壮的旋律，也会心潮澎湃。历史或者历史事件，是由群情激奋造就的。如果人们面对奴役或者压迫不再生气愤怒，历史就终结了，时间就停止了，人也就没有资格再被称为人。社会革命的历史如此，哲学史也是如此。在这里，愤怒并不表现在身体上，而表现在把某个问题想彻底，即将自己逼到思想的绝路上。

哲学从来就不是在课堂里学出来的，真正的哲学家从来都是自己培养自己的，就像真正的英雄，一开始没人拥戴你、没人理睬你，你得顶着压力，在狂风暴雨中自我茁壮成长。这才叫勇敢！个人奋斗？是的！但很少有人把"个人奋斗"的含义想彻底。这个意义是哲学上的——当下哲学的一个时兴词是"他者"，这个词是从绝对孤独引申出来的。人与人之间的理解类似于一种"翻译"关系，翻译，就像德里达说的，是必需的，但又是不可能的。换句话，你只能指望你自己，这与别人的道德无关，"你只能指望你自己"本身就已经是道德——在这里，个人生活中的不幸反而有益于这种真正的道德。越是悲惨，这种道德感反而显得更加神圣，它告诉我们，要不惜一切代价，战胜诅咒与命运，就要成为别人认为你不可能成为的人，这不是一种报复，而是个人能力及其人格力量的证明！个人奋斗的历史，就是自我超越的历史。

　　一个人的生命能量与热情，是无法限制的。为了最充分地显示这种激情的力量，就得使自己置于危险的境地。安逸舒适是生命的敌人，绝不是生命的追求。安逸舒适是生命的死态，是最没有出息的人生。所谓诗意地活着，是充满激情而危险地活着，与安逸舒适没有任何关系。诗意、革命、浪漫，是相互印证的关系。在这个意义上，说"告别革命"的人，是一个懦弱的人，他的文章也不会再有真正的诗意。

　　询问什么是革命与询问什么是激情或者什么是浪漫，是一个意思，我的回答是，真正的浪漫、激情、革命，就是当下的身心行为，沉浸于某一个真正的事件之中，它具有独一无二的品质。这种独一无二，是人的行为创造出来的。这创造又分事实与想象两个层次，法国大革命，这是事实的例子。乔伊斯的《尤利西斯》，这是想象的例子。还有就是从平凡生活中体验到不平凡。总之，它们并不仅仅是时间中的关键时刻，即使是普通的日子，也可以过得有滋有味、充满激情与浪漫，也就是以革命的方式生活。就是说，去创造一种新的生活方式，而不是简单地寻找一种适合自己的现成的生活方式。我们可以把它们看成智力与行为的双重游戏，但作为游戏，它们很特殊，它们的游戏规则在玩游戏的过程中自发地循着心情而改变，从来不死板地遵循一定之规，因此这里没有输赢的问题，只要在参与，就不再平庸。要善于创造性地生活，就要有能力将日常生活中似乎没有关系的事情，联系起来思考，从中获得别人无法共享的"私下的快乐"，如此等等。这样的革命变味儿了？是的，革命从来就不是一个样子的。

对于我的文字，如果有几个读者喜欢，这当然令我高兴。如果没有，那也没有什么，因为我早就先把最残酷的事情料想到了，当那事情有一天真的到来时，也就不再那么可怕。但事先知道结果，与浪漫的心情格格不入。很多人都理解错了，其实浪漫并不是一件由轻松而带来的愉快心情。浪漫属于心情上的高难动作，要先紧张，然后克服恐惧心理，怀着决绝的心情向着诱惑自己的东西纵身一跃，以加速度坠落，这个过程中的大脑空白才是浪漫的。这很像是拿自己的生命去赌博，但我们不赌输赢，只图兴奋。我们处于另类的快活之中，这就足够了。

转移绝望心情的最好方式，是处于引起我们某种兴趣（任何一种兴趣都行）的高度紧张过程之中，可以在这个过程中死去。即使没死也没有关系的，反正我们已经快活得要死了。我再次重申，即使没有读者也没关系的，因为我在书写过程中已经快活过了。这是自恋？随你怎么说去吧！不能获得别人的欣赏，难道自我欣赏这最后的权利也要被那些无聊的闲言碎语剥夺干净吗？因此，在这里更为准确的字眼不是"自恋"，而是自尊。在没人把你当回事儿的残酷事实面前，要是你自己也不把自己当回事儿，那么活着的理由在哪里呢？那将不再是活着，而是苟活。要记住啊，同志们，人活着可不是为了长寿而长寿。活着的理由是自己觉得有质量，这个质量是自己制定的，而不是他人眼中的。衡量的标准在哪里呢？说句实在话，那就是你打心眼里是否觉得自己"快活得要死了"，而且具有"持续创造这种心情的行为能力"，使其以性质不同的方式，一再反复地到来。要变化消遣的方式，不要觉得自己还有很多时间,谁都知道日子过得非常快,但是当别人问起我们"最近过得怎样"的时候,我们却经常回答:混呗!这怎么可以呢!我们以后不要问人家最近混得怎么样,因为"混"这个字眼是自虐而并不表明谦虚,它很消极,不能使我们打起精神。

  人们往往看不惯某个人自命不凡,与尼采同时代的人读到他的"我为什么这么聪明?",大概会停止阅读,认为这是一个疯子,有哪个精神正常的学者会这样炫耀自己呢?但百余年过去了,哲学史证明尼采这话没有丝毫夸大,他只是说了一句老实话。老老实实地自信,把心里话坦率地写成文字,有卢梭那样的,也有尼采这样的,因此善于读书的人绝不会读到一点使自己感觉不适的地方就把书扔掉,而是在脑际飞速旋转由于作者的文字而刺激起来的念头。

  为什么某些句子能刺激我而对其他句子却无动于衷?对这个问题我谈谈自己的体会,那些能刺激我的句子,往往并不是直接以系统化的道理陈述方式表现出来的,它经常来自一个令人印象深刻的情节描述,但这些描述同时又是思想描述,即生活情节或者事件同时是思想情景与思想事件。它可以是恰到好处地插入某个概念甚至俗语,但是它们一定是感性事件的抽象凝聚。例如"自命不凡"总是被上下文的感受内容填满的,它有血有肉、自然而然到来,显得虎虎有生气和力量。这使我兴奋,促使我急不可待地接着说几句自己的心里话,我是说心里话而不是顺从原文的意思走,因为我心里有一股气不喷出来不舒服。这口气的长短是我所不知道的,但是所释放出来的,肯定是我自身存有的精神能量。

  对于一个书写者来说,这就是生命活着的证明了,而且它决不虚假。这当然不是认识论含义上的真假,它是一种真实发生着的行为。它不同于引用别人的话,也不同于对原文作者某句话的解释,因为我的自由联想使我进入了异域,其中浮现的情景与思考是同时发生的,就像如果没有思想融入其中,我所看见的 A 与 B 之间本来不会发生任何关系,我以无中生有的方式建立这种关系。我是否能像尼采那样聪明,就看"我想"的质量了,因为实在说来,谁也管不住联想过程中究竟会发生什么,或者念头会在何处拐弯,它们是降临的而不是已有的。就是把明明的 A 想成 B 的能力,这已经与原文作者无关,因为原作者始终是在围绕着 A 说话,但 A 是导火索,没有 A 就没有 B,谁知道呢?当一股思想氛围在我的笔下彻底消散之后,我会返回感动我的那本书,又开始新的循环。这种方式使我的文字像一本被串联起来的连环画,每一页本身都是一个视角,下一页的景色要重新开始。也就是说,就像旅途一样,愉快的行程处处都要有风景,但风景要不停地变换,否则眼睛就会疲倦。要有很多只眼睛,很多味道不一样的菜肴,而最好不要这样,说是有十道菜,但每个菜都是豆腐或豆腐的变形,要吃出味道,得荤素搭配,全素或全荤都不利于胃口。从哪道菜开始动筷子都可以,从哪一页开始阅读都可以。

解除痛苦的一个有效办法,是把导致痛苦的对象看成某种别的东西,但这绝不是阿 Q 的精神胜利法,因为那别的东西,本来就隐藏在导致我们痛苦的对象之中,思索的任务就是找出这些"别的东西"。"别的东西"到底是什么呢?尼采是这样回答的:"我不会去教导说,人应该'忍受'死亡,或者'坦然面对'死亡。那种方式里面存在着对生命的背叛!我要给你上的一课是这样,死得其所。"[①] "死得其所"就是我以上所谓"别的东西",但它的真实面目并不是"别的东西",而是事物本身,回归原貌,就这么简单!这并没有背叛生命,因为生命本来就是要死的,死是生命的组成部分,永远不死的东西(任何事物)不再是生命。这很严肃,不是吗?但我们可以"玩"这种严肃,而千万不能这么想:既然死是必然的,出生就没有意义(因此我不赞成任何悲观或低估欲望的哲学或者宗教。没有欲望或冲动就没有生命,强调

---

① [美] 欧文·亚隆:《当尼采哭泣》,侯维之译,机械工业出版社 2014 年版,第 300 页。

以"空"始以"空"终的"生命哲学"不啻"死亡哲学"），而要想想尼采的态度："如果人在实现了他的生命之后死去，死亡就丧失了它的可怕！"① 什么叫实现了自己的生命？就是毫不后悔选择了自己的真心所爱，而且痴迷始终！要过自己想要的生活，而不是迫于外部的压力（这种压力可能是明显的也可能是暗藏的，它产生某种错觉——错以为是自己自主选择的，即为了获得任何一种身外之物。这些压力或者身外之物，成为奴役我们的力量，窒息我们的自由）去过一种别人指派给自己的生活。

因此，不自由的人，是不曾真正活过的人，因为他没有实现自己的生命——尽管这样说有些残忍，但真理本身就是赤裸裸的，残酷的。反过来也可以这样想，赤裸裸的东西简单而可爱，比如赤裸裸地回到自己的内心世界并把它像卢梭和尼采那样自由奔放地写出来，这叫"想得其所"。

哲学治疗不会具体告诉人们怎样生活，因为给他人设计人生背离了哲学治疗的初衷。哲学治疗传达的思想是悖谬的，它指出受他人影响而不是自主选择的行为有违道德的本意。

但是，尼采不是神而是人，只要是人，其想法就会出错。有缺点或会出错的思想伟人，令人感到亲切。我要修订尼采"永劫回归"的思想态度，因为如果将要来的事物永远是已经有过的事物的某种翻版，那么尼采就与自己其他重要的思想自相矛盾了，因为既然凡事都"永劫回归"，那么生命之兴趣、欲望就会自然而然地减弱。例如，游戏或者比赛不是输就是赢（或者顶多再加上"平局"），人不是活就是死，所有这些，确实是永远会回来的事实，但这只是事情空洞的形式而不是当下活生生的内容，后者是不重复的，犹如生日年年过，但过生日的哲理或真相，乃"不是今天的今天"。要克服和战胜重复，这才会给与以冲

---

① ［美］欧文·亚隆:《当尼采哭泣》，侯维之译，机械工业出版社2014年版，第300页。

动和兴趣为内容的精神发动机最宝贵的燃料。重复的东西不再锐利，只有创造性的生活才是锐利的。即使真的在重复，我当下也要回避想到这个词，我要想每一次都是最后一次，每一天都像是世界末日，那么每分每秒就会盈盈满载着生命质量。

但尼采毕竟是尼采，我的意思是说"永劫回归"揭示出这样一个简单而复杂的真理：当下瞬间不是简单的当下瞬间，而是有厚度的瞬间，它浓缩了历史和即将发生的丰富内容，绝不是简单的重复。在"有厚度的瞬间"内部，充满了各种各样的可能性，这些可能性面临异域、他者或别的东西，这又是悖谬的。有各种各样的勇气，有勇气改变自己曾经坚定不移的信念（因为看穿了该信念的虚伪面目），是更大的勇气。也就是说，有勇气超越自己，相信自己还有其他的可能性。

任何一种解释，总是软绵绵的，听起来不过瘾，为什么呢？没有说到心坎上，思想要像锤子一样有力，就得使人震惊，目瞪口呆，比如尼采说"我为什么这样聪明？"萨德说："我为什么这么不正经？"福柯说"做一个无耻的人，这简直就是我的梦想"，这些话就有锤子的效果。它们不是字面的意思，因此就不是任何一种解释。它们有别的意思。什么意思呢？就是改变世界，马克思说过类似的话，他说是"武器的批判"。这里的武器，指的是无产阶级革命。我这里可以引申一下，使文字具有锤子的效果，也相当于"武器的批判"，掷地有声的语言，并非一定得是理解了的东西。"做一个无耻的人"很像是对道貌岸然的咒骂。福柯所谓"无耻"与萨德的"不正经"一样，是行为语言，背后的发动机是激情。"我为什么这样聪明？"也是一种激情，那意思是这样的"锤子"——我就是挑衅你，想和你决斗，你是骡子是马拉出来遛遛！

很多人误会了尼采，认为尼采是讲究修辞的。错了，锤子的语言不多写一个字，能用两个字表达清楚意思绝不用三个字。修辞等于给裸体穿上衣服，掩盖了男人的肌肉，不像个男人。所谓本能，意思就是革命。1968年巴黎声势浩大的学生运动，口号是"我越是恋爱，就越想造反！"修辞的坏处，在于太软绵绵了，好像说了很多悄悄话，但关键时刻却本事不够，因此在极其重要的环节上，还是锤子的粗鲁更能打动人，犹如野花的生命更为耀眼夺目，因为那是自然生长的，经历了风吹雨打，乃至狂风暴雨。英雄就是这样出来的，卢梭、拿破仑，他们中哪一个是温室里培养出来的？恶劣的环境迫使小小的年纪过早痛苦地思考，倔犟者生存，软弱者被淘汰。倔犟，就是知道自己谁也指望不上，一辈子都得靠自己！

第五章　不对称的心思

　　但是爱啊！还有感恩。但它们所揭示的，是锤子的力量，而不是修辞之装饰。倘若还原残酷的真实，要辅之以那句古老的箴言："我的朋友，这个世界上没有朋友！"这么说心胸太狭窄？错了，它揭示的是海纳百川——锤子的直接意思就是爱，马克思说哲学不是解释出来的，德勒兹说没错，哲学是做出来的。因此，锤子的直接效果，就是创造或诞生。以"实践"的方式做哲学、如此的写作能治愈心理疾病，从而改变你的世界。让你的世界充满活力、激情、诞生。我们年轻，没有什么不可以！只要有力量和速度，就是年轻——对于思想者而言，就是写作的速度。第二次世界大战期间，萨特躲在咖啡馆里飞快地写着他最重要的哲学著作《存在与虚无》，一写就是一整天，天天的，直到写完。他说自己写哲学书比写小说还容易。他不必带参考书，我猜他几乎不引用（咖啡馆里没有书架，这叫破釜沉舟），我从书柜里拿出这本书，是法文原版，果不其然，我猜对了（他在书中靠记忆转引别人的想法，靠不住，他肯定不时将不是别人的想法说成别人的想法，为什么呢？他需要，如此而已）。因此，我以锤子的方式坚决认为（与任何修辞或比喻无关）可以把《存在与虚无》当成文学作品、他的小说《恶心》的翻版。同样写得飞快的，还有康德的《纯粹理性批判》，这本书晦涩的主要原因之一，在于康德思想的速度比他笔下文字的速度更快，没时间考虑修辞。缺少修辞反而意思更加准确。写作的速度越快，表达的意思越是准确和逻辑严谨，因为流畅，流畅本身已经意味着逻辑。至于康德思想的自相矛盾，并非等同于"不准确"，原样的思想就是自相矛盾的、悖谬的。

原样的思想不掩饰，能用2个字表达清楚的意思绝不用3个字，多出来的1个字，叫修辞，又叫彬彬有礼，或者干脆说，叫掩饰。礼貌，可以叫伪装，例如外交辞令；倨傲，可以叫本能，原样的思想，就是处于本能状态的思想，思想在白天开会的时候打盹，软塌塌的像个柿子，到了夜晚才回归原样，顶天立地，像个男人，比彬彬有礼更令人着迷，有滋有味——这比"被理解"重要得多。锤子制造的不仅是深刻，更是深刻中的趣味：没有深刻，趣味是俗气的；没有趣味，则相当于误将"空洞的政治口号"视为深刻，那是没人要听的，如果你端着枪逼着我听，那我就想象我在监牢铁窗中倾听悠扬美妙的"逼着"的声音。是的，我享受谐音，崔健就是这么唱的："你用一块红布蒙住我双眼也蒙住了天，你问我看见了什么，我说我看见了幸福，这个感觉真让我舒服……"还没有唱完，后面因为太舒服反而由呐喊变成了呻吟——如果此刻有人问我："你这是什么意思？"我就回答没什么意思。我的意思，就是没有意思。

有理不在声高，缄默不意味着无言。声音大可能是装出来的，亢奋地喘着粗气细气，这叫生命的节奏。旋律不过是装饰，是人为的；节奏才叫生命，属于身体本能。喘气本身自然是有节奏的。尽管会有装出来的喘气，但哲学治疗师火眼金睛，有本事识别真伪。黑夜就像被蒙住了双眼，但这绝对不是修辞而是真实。比黑还黑的黑，肉眼就没用了，你得靠心去看见幸福。这个正在感受着的黑洞、无底深渊，就是深刻中的趣味，有滋有味，由不得你不喘粗气。细气要是亢奋地喘起来，也会变粗的，因为你正在用心感触着幸福，这个感觉真让你舒服！一个过于强大的思想，就是这个过程中的锤子。是的，将你剥光，瞬间击碎你从前所相信的一切空洞教条。

锤子冒着风险，兴致勃勃，要本色不要工作服，这叫破釜沉舟，也叫坚强倔犟。幸福就在危险之中，不是在危险之后。把 A 说成 B，这不叫修辞，而是真实——例如，理解哲学就是去做哲学！对这句话，你懂就懂，不懂拉倒，我只给你解释一次，若还是不懂，你就不是我的知音。如果一个人的名字相当于"工作服"，藏在这"工作服"下面的，是赤裸裸的各种各样的人本身，要拥抱人本身，而不是人的工作服。懂了吗？对，这就是"做哲学"的意思。将你剥光，清除路障。

下面，该怎么做，那是你自己的事了，你有独立自主的选择权。但我知道，至少在这个时刻，你忘记了绝望，你已经忘我，跃跃欲试，做哲学的情景：哲学是一座高峰，要以最快的速度攀登，选择路途最短的路，也就是最陡峭的路（例如16岁就开始读康德的书）。修辞（多余的字或者那些冗长的句式）相当于在山顶之下绕圈子（仰仗范畴之类的间接性，就好像本来能好好走路，却偏使用拐杖，就好像我们锯下双腿，以便用拐杖走路，这是叔本华对康德《纯粹理性批判》的形象批评），这不成。做哲学，就是要一次又一次地征服精神的危机，相当于思想总是处于精神的高峰，要走最陡峭的路，用哲学之锤开路。

用哲学之锤开路。是沉醉之路。此时此刻，我似乎贴在你——叔本华与尼采身上，究竟是我融化为你还是你融化为我，真能分得开吗？为什么选中了你，因为我爱你！如此而已。这当然意味着我一定终身不能再去爱别人，因为不可以将瞬间化为永恒，人生是由性质不同的很多瞬间构成的。可以爱一个"坏蛋"吗？可以，因为别人都称之为坏蛋的家伙，在我眼里简直就是英雄，理由很简单，我需要他的锤子，无论是思想之锤还是血肉之躯。人跟树是一样的，越是向往高处的阳光，它的根就越要伸向黑暗的地下。所以，深更半夜要比大白天的"光天化日"更为可爱。半夜里我们做梦，无论什么梦，即使噩梦也比没梦好，磨难也是很痛快的——梦得其所。

悟性好的人，会知道哲学治疗就是把苦难赤裸裸地给人观看。撕开伤疤，这与怜悯之心相背离，比如一个人患了晚期癌症还不自知，医生应该把真相告诉他吗？"好心人"往往选择隐瞒，就是说，既假定了人们都不敢直面自己即将死去，也不愿意直面他人的绝望心理，这就是不勇敢的人也培养起不勇敢的人。一旦面临危急，会手足无措。换句话，怜悯使人的能力下降，趋向柔弱。柔弱的激情，在力度上远不如毅然决然的激情、破釜沉舟的激情。没有力度，精神会早衰，即使身体还能存活很久，又有多少意义呢？有力度的精神富于创造性，首要的条件，就是直视血淋淋的精神与肉体的危机。碰到不可能继续想的死胡同不退缩，头撞南墙不回头，就可能撞出一道缝，透出一丝光亮，通过这丝亮光，能窥见异域的风光，自我救赎，化危机为拯救，危急的瞬间就是自我解放超越"旧我"的瞬间。在这里，就像在地狱的入口处一样，任何胆怯都无济于事，这就是科学的态度——马克思曾经引用但丁在《神曲》里的这句名言。用信仰转化令人绝望的虚无，使其充满崭新的精神生命。失去，就是获得机会。失去与机会是同时出现的。很多人不懂得这样的机会，哲学治疗师有义务告诉人们，这就得用锤子用力敲打灵魂。

对已经摇摇欲坠的东西，没有什么可惋惜的，要推上一把，加速它的消亡。你要挽救这苟延残喘的东西，就是在苟活。

任何仪式的起源，本来都是很神圣的，庄严肃穆，它来自毅然决然的激情、破釜沉舟的激情，临死之前或者面临生命的巨大威胁、民族存亡，无论宗教祈祷还是高歌《义勇军进行曲》或者《马赛曲》，都是这样的，不是让灵魂安息，而是激励灵魂与命运搏斗，猛踢马刺，策马狂奔。马刺，就是尼采的风格——德里达如是说。

仪式本来是不可以重来的，任何重复，都含有装饰的作用，这就像语言本身没有真正的力量（词语的意义只在于它的含义是可重复的、约定好了的，它忽视了时间能改变一切），文字不可能推倒一座山。尼采要用马刺的方式使用语言，他极力超出语言。怎么使用呢？就是让语言几乎喘不过气来，就像痛苦与快乐发生在同一时刻，这是奇怪的，犹如非常危险的时刻就是奇特的快活时刻，享受心惊肉跳。复杂点说，这个过程的革命作用，革语言的命，就是真正把时间因素引入语言的使用，破坏词语的可重复性或同一性，某词语的意思不再是其表面上的意思，这是事实，而不是任何意义上的修辞。为什么是事实？因为时间无比真实，我永远生活在时间之中与时间永远活在我之中，在我这里是一个意思。恰如其分地说，对独立的生命个体而言，对每个"我"而言，我出生前的时间和我死亡后的时间，已经与我无关，尽管时间还"存在着"，但没有我的存在。因此，时间就是我的骨肉，我以时间的方式活在世上。但是，尼采不是在说时间概念或者时间的一般性，他所瞄准的是"时刻"，也就是有厚度的瞬间，又叫机会，有时也变相地被称为选择，还有意外、事件之类，它们与瞬间都属于同一家族，容貌相似。让语言喘不过气来，因为瞬间的作用（词语的使用不再是表面的意思）破坏了词语的约定性或可重复性，显然，这些同属于"瞬间"的家族成员，远比时间的一般性更真实，从而更有力量。

事实上人永远处于瞬间之中，一个又一个瞬间组成了我们的日常生活。我把瞬间换成日常生活的语言，生活意味着告别。人永远处于告别的过程之中，直到生命的结束。每次告别，对于被告别的人与事来说，都是最后一次，是那个世界的末日。当然，这不是悲观而是珍惜，而且告别与新生是同一个时刻，分不开的，危急就是机遇，只是方向不同，因此时间是拐弯的，但绝不循环，因为循环是重复，而告别意味着丧失了重复的可能性。

把生活看成不断"了断"的过程，这是事实，因此后悔与绝望都是无用的感情，相当于上述的"修辞"，尽管无用还免不了掉眼泪，但要极力控制它，眼泪掉得越少越好。掉眼泪远不如抓住当下的瞬间奋发图强更重要。是的，要干点实事。不能把希望寄托在将来。将来是我所不知道的，但是对于现在的选择，我可以做主。我的所谓将来，是由我现在不断的自主选择构成的，而不是待在那里等待我去实现的某样现成的东西。

还有，哲学治疗，不仅仅是对念头的治疗，更是针对时刻降临我们身上的实实在在的日常生活。我们躲不过去的事件，例如择友、择业、娱乐、金钱、权力、生病、死亡。哲学治疗并不具体讲这些事件，因为悟性好的人通过哲学治疗，会对这些事件有崭新的看法。是的，治疗绝望。

别人安排你，但你不要误解，别以为你受到了重视，你只有在被别人需要的暂短时刻，才是被偶然重视的，但这并不意味着别人冷漠，冷漠这个词应该换成"正常"，因为人人在下意识中都这样做，这就是"锤子"式的使用语言。实用与需要在这里相逢，就像看电视选择节目频道，谁愿意选择自己不要看的节目呢？但是，刻意被别人需要，注定不可能长久。我的意思还是说，活出原样的自我就可以了，如果这样的"活出"恰好被别人需要，那再好不过。如果别人不需要，也没什么，大可不必绝望，因为你的快活只有你知道。

要知道，这个世界上谁离开谁都能活，这个态度不是冷酷而叫勇敢。破釜沉舟使人因决绝而更有力量，做一个有才华的知识分子，决绝的勇气是先决条件，马克思说过了，就像站在地狱的入口处一样，让犹豫不决见鬼去吧！尼采说过了，去生活，就是学会去了断。加缪补充说，其中最重要的，是自我了断。这不是鼓励自杀，而是说，生活就是一个又一个告别的过程：告别童年、少年、青年、中年、老年；告别亲朋好友；最后，与自己的人生告别！这些都必然到来，所以说要珍惜当下美好的时光。没有什么不美好的时光，生命本身就是美好的，因而凡时光都是美好的，包括残酷与磨难。深刻的人几乎没时间无聊，而平庸的人，不让其无聊几乎不可能。区分年轻与年老的标志，在于是否会把时间浪费在无用的回忆之中，也就是浪费在已经死亡的事情之中。

人总会孤独地死去，即使追悼会上来的人再多，又有什么意义呢？你活着的时候，人家远离你，死了能来，就算不错了，还计较人家是否掉眼泪甚至是否真悲痛吗？但我的真实意思其实是，悲痛是真的，但一会就永远地过去了（对此不能责备，因为人生就是告别，告别的太多以致麻木），因此，这一切对你来说，只等于零。现在知道真相难道就不活了吗？要活。尼采说了："凡不曾杀死我的东西，都使我更坚强。"感同身受，这个"我"也包括"你"。意思是说，要以决绝的态度，过生活！但心情别太沉重了，它不过就像吸一支香烟那样逍遥自在。你猛吸一口，烟丝点燃与毁灭，是同时发生的，你以为自己在消遣，殊不知这就是决绝。弗洛伊德说了，"我是个吸烟老手，不吸烟的生活，是不值得过的生活！"换句话，吸烟比喝酒的哲学意味更加浓郁。吸烟同时是拯救与毁灭，而喝酒只想到痛快，缺失了痛苦的维度。痛苦使人深刻并且在深刻中成长。温室里的盆景很好看，但长不成参天大树。我的意思不是与人斗争或阶级斗争，而是与自己搏斗，尽量不让别人痛苦。从最小的事情做起，少给别人添麻烦。

人总会孤独地死去，接下来的话出人意料，它意味着人是自由的，这是尼采式的想到的能力："去对性掠食者说出神圣的'不'字，这个机会你把握住了。"这句话能治疗绝望，这就是决绝，又叫破釜沉舟。举一反三，我们会由此想到日常生活中很多情景。例如，没人关注你，岂不等于你在生活中有最大的自由吗？可不仅仅只有小偷才躲避人们关注的目光，卢梭写作的快感也来自可以逃避别人的关注（不幸而有幸的经历，他和奥古斯丁一样，在长大成人的过程中都有偷东西的经历。"为了偷而偷"，这与获得了无人关注的享受有密切关系）。进一步说，享受秘密（或独一无二性）比共享的程度更高。

为了自己而活着，这观念国人尤其难以接受，但是都为别人了，"自己"跑到哪去了呢？没有了"我"，社会生活就缺少个性，以及众多活蹦乱跳、形态不一的灵魂。

静下心来，倾听只属于自己的心声，无论那有多么残酷。

孩子出生了，不是去把他或她培养成另一个我自己，他或她要去过自己的生活，"不属于"我。我的义务，是培育孩子能独立面对危险与残暴的环境,而孩子的责任,是尽早脱离我获得自由。因此,要让孩子受委屈,甚至痛苦。

尼采与孔夫子,没有丝毫的相似之处。孔夫子是小农社会的圣人,尼采的思想适用于由陌生人组成的社会,即后工业时代。你可以穿着汉朝的服装上街,见到熟人不是握手而是作揖,这没有问题,但它在效果上,完全不会是孔夫子式的,而是后现代式的。我的意思是说,它和一个身着比基尼几乎全裸的女子在超市购物所产生的被暂时关注的效果,在性质上是相似的。看你的人只是暂时好奇,但让人家保持对你的好奇,是不可能的。不是你不好,而是很快又来了新的诱惑。你不得不被告别,这再正常不过了。哲学治疗师的劝慰是:虽然都是上街,但是你可以今天穿汉服,明天身着比基尼。年轻,没有什么不可以!都可以算作奇装异服,就像头型可以换来换去。要持久地被人关注,就得有令人眼花缭乱的能力!时髦的字眼,叫不断创新。我绝对不是在调侃,而是说,那样的举止,才表明你真正地活过。

人一旦长大,再回到童年,是不可能的。要让人永远长不大,只有让其不知道外面的世界,但在当下信息全球流通的时代,这又是不可能的。螳臂当车,这种偏犟,令我很生气。男孩早晚要长成男人,小姑娘迟早要成为女人,难道还用别人教吗?这么简单的道理,平庸的人竟然不懂。悲哀啊!人与人之间的差别,怎么就这么大。不是不懂啊!只是不愿意。庸人毕竟不是傻子,那我只能用"猥琐"来形容了。

同情弱者,是希望弱者在与强者的竞争中,奋发图强。倘若弱者缺少这种破釜沉舟的精神,那被人瞧不起,就再自然不过了。人们渴望弱者打败强者,因为你总是第一,就会遭来嫉恨,这也再自然不过了。这两种情形,都是出于人的天性。对于人的天性,人拿自己也没有办法,因为天性不属于"讲道理"的范围。人越是做不到什么,在口头上就越是想实现那做不到的事情(例如"自由、平等、博爱"),这也是人的天性,这不虚伪反而显得可爱。但是,尼采告诫我们,千万别被这口号骗了，因为歧视无所不在，这才是事实。希望弱者打败强者，就是渴望出现奇迹。没有渴望，浇灌生命之花的泉水就干枯了。

我是偶然的，可以随时被替换。我又是独一无二的，因此并没有真正被替换。这两种情形，同时都是真的，就像汉服与比基尼同时都是真的，但穿起来的感受，确实很不相同。虽然我没有穿过这两种服装，但我可以在意志中将它们唤来唤去，感同身受。汉服和比基尼都很好，两者在我的意志中都没有受到伤害，可以和睦相处。我们一个不好的精神风俗，就是把自己认同的东西说得太好，而把自己不认同的东西说得太坏，白白耗费了很多愤怒。这种情形现已有很大改观，"80后"以来的年轻人很平和，他们心里明白得很，但是对自己不满意的事情，只是一笑了之，你说你的，我做我的。多好的策略啊！你爱说什么就说什么，不理你，就是不理你！你玩你的，我玩我的！不看电视，就是不看电视！和平的革命悄然完成。

在我看来，保持精神年轻、充满活力的最好办法，是很多人意想不到的，那就是基本与世隔绝，使自己的精神不受外界的污染，别人说的事情我基本听不明白，我对此不沮丧而是兴高采烈。在别人眼里我基本上只以文字的方式存在着，所以"别人们"基本上也不能把我怎么样。为什么呢？因为他们根本不会把思想当回事，他们既不喜欢我也不憎恨我，我的存在与否，他们根本就不关心——这又使我兴奋异常，既然没有人在乎我书里写了什么，那么我就可以尽情发挥。

与人交往是件好事，但现在的社会风气，事实就是你要把大量时间浪费在自己不情愿的事情上，时间就是生命，让人心疼啊！当然，能换来某些"实惠"，但从此你就被这些实惠所奴役，它们就是你的命根子，你就再也不可能放弃那些无聊的浪费生命的交往，让你一个人安静地在书房里呆上十五年，你会觉得像是被判了无期徒刑。与世隔绝的时刻，是令你绝望的时刻，却是我兴高采烈的时刻，同一时刻的意义在不同的人那里是多么不同啊！人与人之间的差别，多大啊！

很多学者引经据典论证什么是自由，在我看来，事情非常简单，只要与人交往，你就必须让渡你的部分自由（最简单的例子，想想自己单独在家怎么着装，还有吃饭的"吃相"，对比自己参加一个宴会的着装与"吃相"），只有在与世隔绝的时刻（我说"时刻"，具有暂时性的特点，因为一个人不可能完全与世隔绝），你才是完全自由的，但多数人绝不想要这种自由，这自由付出的代价太大了，几乎要拿幸福做交换。换句话，多数人不懂得（也做不到）真真切切的独享（独处、孤独）有多么幸福。为什么呢？因为人们往往不肯正视这个道理：除了自己之外无可依靠！去除社会上几乎无处不在的冷漠，即使你周围有几个真正关心你或爱你的人，拯救自己的灵魂却只能靠自己。任何一件事情，不是被别人说服了，而是自己想通了，才算彻底，做自己想通了的事情，才算真正活过。既然除了自己之外无可依靠，那么就不要去做别人眼中的自己，而要活出自己。至于别人，他们爱怎么看就怎么看，事实上除非人家需要你，否则是绝少想到你的。你总想着别人会怎么看你，其实别人非常有可能根本就"不看你"。你做任何事情，除非是真的惹到人家，否则别人是不理睬你的，因此要懂得心疼自己，自我制造温暖。

关于人的本质或者人性，传统理论偏重于人的社会性，从"人不能离开人"的角度分析人之间的关系，以及在这些关系基础上所建立起来的社会结构。这些分析适用于传统社会，但已经不太与当代社会生活中具体人的状态相符。换句话，尽管"人不能离开人"（由于人是"社会的动物"）的情形永远是真的，但网络时代确实使我们进入了人与人直接交往（或见面）最少的时代。相对而言，人离开人确实也能活，尤其在大城市中，人与人之间是陌生人。见面少，又是陌生人，人不得不孤独寂寞，这个"精神危机的时刻"同时就是精神获得拯救的时刻，要抓住这个机会，这是诞生新哲学的曙光，马克思的著作中没有谈到这个，孔夫子的《论语》通篇也找不到这个，也许禅宗有所涉及，但现在已经是21世纪，我们面对的，是手机带给人的孤寂生活。毫不夸张地说，正是每年都在更新换代的手机，使我们"不用出门"就能知道和看到古今和当下的天下事，还能办成我们日常需要的几乎一切事情，它所带来的孤独不是出世的而是入世的。

可以不用手机吗？作为个人选择当然可以，但时代潮流浩浩荡荡。因此，保持精神年轻、充满活力的最好办法，是以"不与世隔绝的方式"与世隔绝。我的意思是说，这个与世隔绝的人在激动地使用手机，并且用这样的方式与别人交往，没有与人直接见面，就把"一切"问题都解决了，这当然远远超越了禅宗的坐而论道、"纸上谈兵"。这就是"社会存在"，它决定了人的意识。

当今社会生活，无论是公共生活还是私人生活，基本上是以"没有与人直接交往的方式"与人交往，这是一个事实而不是假设。网络时代提供了这种可能性，这是一去不返的倾向（老年社会的到来更加剧了这种倾向），这是导致孤独的物质基础。人与人之间直接接触的机会大量减少，导致人之间少量直接接触过程中的实用性，也就是"直接办事，办完事就拉倒"。这种实用性使这种交往空无内容，我指的是完全缺乏心灵的沟通，更谈不上心灵的共鸣。人与人之间不说心里话只说客套话，因为心里话暗藏着某种危险。以上两种情形，都会导致孤独，人们不得不接受它。也就是说，大量的心理问题只能独自承受，无处诉说，无人倾听，只能独自面对，自己解决。孤独已经是（而不是将要是）一个严重的社会问题。人是自己想法的产物，想法决定了活着的真正质量。

我再次增补性地转述一下《尼采在哭泣》中治疗尼采"心理问题"的心理医生的内心独白，它表明心理医生并没有能力解决自己的心理问题：某件对我来说极其重要的事情，我装得毫不在乎。你曾经对我说起过那事，那事至今使我想起来怦然心跳，我没做那事，我拒绝了，但之后很快后悔了，但是已经没有机会补偿。今天我偶然又遇见你，和你提起当时那事，你说你一点也不记得了。你与我的心思，是多么不对称啊！我没变，你已经改变，为什么这个日常生活中每天都在发生的情形搁在自己身上才会有锤子敲打灵魂的巨大作用呢？这并不能掩盖另一个事实：在其他事情上你没变而我已经改变。在这个时刻，往往改变的一方占据主动，因为已经超越了对方，不再在乎对方还在乎的事情了。换句话，"不在乎"比"在乎"更有力量、无规则比规则更有力量，我这里指的是单个人之间在思想感情上的较量。

例如，耐得住孤独暗含了很多说不清道不明的"不在乎"，这并不表明孤独者真的冷酷无情。孤独者的热情乃至激情是抽象的，这"抽象"是一种超越。所谓活出自己，就是能不断地超越自己，意志要非常坚强。胜己者强，与自己搏斗是最难的。

一个男人要死了，此刻他年轻的妻子陪伴在病榻旁，她眼里噙满伤心的泪水，但我们有着怜悯之心的小说作者，很少会告诉读者这个男人心里正流淌着无泪之泪，由于这种痛苦无法与他美貌的妻子交流，而更难以承受：她对另一个男人关心的时刻终将到来，而自己的儿子将会称另一个男人"爸爸"。我这里不加任何道德评判，而只描述心理事实。这个心理事实是符合人道的，而改嫁也是符合人道的。人道与人道之间，发生了冲突。但我并不站在这个男人的心理事实一方，因为这个心理事实太柔软了，而改嫁，由于包含告别（或了断）从而是治疗绝望的有效方式，显得更健康、更有力量。有力量的文化，才智慧，才有能力茁壮成长。

换句话，痛苦是获得心理健康所必须付出的代价，痛苦是健康的一部分，没有经历过磨难的一生是不幸福的，舒适的生活是不值得过的生活[①]——在这些意义上，我是一个终生的革命者。是的，别怕一无所有，因为只要人还活着，一切都可以从头再来！我把"革命"理解为意志坚强。

---

① 法国电影《最后一班地铁》里有一句台词：爱是痛苦，又是幸福，爱既是痛苦又是幸福。

"一无所有就是最重要的事情!为了茁壮的成长,你必须先把你的根部深深地穿进虚无之中,并且学会去面对你最寂寥的孤独。"① 这不是自私,因为这是在与自己搏斗。所谓告别,就是清楚地知道,成熟就是衰落的开始,这就是开始告别的时刻。

即使我们无法抵抗命运,也要坚信自己正在战胜它,这不叫虚伪,而叫意志坚强。换句话,我们要爱自己的另一种命运!

同一支香烟(更不要说活生生的同一个人了),你在不同的时刻吸它,感觉是多么异样啊!你有时迫切地需要它,有时厌恶它,如此而已。由此看来,厌恶甚至是亲近的一部分,因为"厌恶"表明你在动心,而不是根本不在乎。因此,从不吵架、相敬如宾的夫妻之间的感情,要比总吵嘴但从不记仇的夫妻感情更加淡漠。

欣赏和爱慕一个人,在于他(她)就是他(她)。独有的,才有魔力。如果他(她)像很多个他(她),魅力就减弱了。

就要失去的瞬间,倍感珍惜与亲切,这叫感情,但在这同一瞬间,毅然挥手告别,这叫勇气与理性,因为成熟已达顶峰,衰落已经开始。

理性的另一个名字,叫残酷。例如,想一件事的时候,先想它不可能实现,再想它实现的可能性——这样,当它果真不可能时,不会有太多的失落,而当它可能时,即使它是一件小事,也会给你惊喜。

自己做过的事情都不必后悔,显然那是自己之所是,消极的说法叫"宿命"。后悔是无用的,这是理性,尽管这在心理上很残酷。

心病得自己治,治愈的时刻,就发生在自己念头的某个瞬间,在那个瞬间,你周围的世界和之前的世界一模一样,但是,由于你已经豁然开朗,世界在你眼中的样子已经改变。这个时刻无法与人共享,只能你

---

① [美]欧文·亚隆:《当尼采哭泣》,侯维之译,机械工业出版社2014年版,第327页。无独有偶,1986年,中国"摇滚乐之父"崔健以"一无所有"的呐喊一举成名:歌迷们发现自己真正的状态,其实是一无所有,发泄了震撼心灵的"摧悲"!它所针对的,是独立个体的精神状态。

一个人独享，它是多么美妙的独享啊！换句话，孤独既是一种痛苦，也是一种机会。你抓住了这个机会，超越了原来的自己。

在一切道理都指示我朝南走的时刻，突然一个偶遇的灵感诱惑我向北走。这个诱惑强大到使我蔑视一切道理。此时此刻，我是听从本能的召唤，还是听从道理？道理很美好，但我都知道了。诱惑很危险，但是其内容我尚不知道，其魅力或者魔力，就在于我尚不知道。我站在命运的十字路口彷徨。这彷徨并不使我痛苦，我觉得它很美妙，它使我可以玩味自己的心情。这种玩味本身，使我感受到幸福。我在自由意志中将它们摆弄来摆弄去，人啊，是想法的产物。当下的念头（念头和观念不同，这种不同是时间上的，观念和概念同属于普遍性或一般性，而念头总意味着"当下发生"）有两个来源：一个是身体感官直接受到外部世界的刺激，另一个也许更重要，它来自内感官或心灵自己刺激自己，它随时都会莫名其妙地发生。

灵感是心灵生活的一个"奇点"，它完全不同于笛卡尔的"我思故我在"中的"思"。"思"是有意识的、自主的；灵感是心灵在无意识状态下突然降临的，灵感是在某种偶然一瞥的刺激（这些刺激或者触动外感官、或者触动内感官即心灵，心灵的"偶然一瞥"是混杂念头内部的关系）下，朝着自发的暗示方向流淌。它是一种自我暗示的过程（不同于受到他人控制的催眠术），会产生种种生动的生活场景中的幻觉，很像是一种灵感实验，或者叫精神的自我消遣与娱乐。它的迷醉作用在于，能使你轻易享受在现实生活中所得不到的东西。当然，在这个过程中，你不会改变（当然也就不会伤害）现实世界中的任何东西，但是你已经享受过了。它不仅在享受快乐，也在享受痛苦与危险。但是这一切，都是真实的，尽管是我们自己创造出来的真实，想想电影就是如此拍摄出来的，当然还包括梦境。

关键是问题本身，并不在于事情本身的真假，而在于我们把它们看成真的或假的——这种观点在道理上很难说服人，但是在实际的现实生活中，我们不得不承认它道出了实情。

　　对具体的人、事情、某种念头过于执着（它们相当于行为中的生活琐事），就会被那些东西所奴役，从而给自己带来痛苦。但是，支撑人信念的，是一种抽象的执着，我叫它自由意志。极少有人能脱离前者并真正具有自由意志支配下的精神创造力。

　　自我情绪体验比知性的了解更为强大，这就是为什么尽管道理能说服我们，但我们仍旧前往诱惑我们的方向。这些体验可能比道理更接近理性，因为这些体验就是自在之物。如果你亲眼看见你爱的女人（或者男人）与另一个男人（或女人）做着和你在一起时同样的亲昵动作，说着同样甜蜜的话语，你强烈的情绪顷刻间就摆脱了对她或他的爱意，并且因此而成熟起来，这是人生的关键时刻，这个时刻被你抓住了！你从此不再是原来的你自己。用宗教的语言，这叫"转宗"，它是从入世情结导致的出世，但这决不意味着你从此想要脱离世俗生活。这种激动的情绪是下意识的，来不得任何口是心非。它还提供给我们这样一种启示：心思、说话、写作的速度越快，就越是真实，就越是简洁有力，就越是来不及用修饰的语言将自己伪装起来。总之，凡即兴的东西，真实而有力量。在这个时刻，语言倾向于行为语言，而且似乎只有语言是不够用的，眼神等肢体语言先于狭义的语言"在说话"。

　　换句话，要享受愤怒与憎恨的情绪，它们是人身上的固有成分，与人同在，就像眼泪一样，没有必要压抑，要把它们释放出来。为什么嫉恨呢？因为我们失去了曾经有过的某种美好的东西，但不必绝望，我们还会拥有新的美好。一个人可以对不同的人说同样的甜言蜜语，这叫伪善，而一个人对不同的人有不同的爱意，这叫真实。但是这里的"伪善"也许应该加上引号，并且不应该对其做道貌岸然的谴责，因为语言是有限的，而心情是无限的。我们不要憎恨语言，语言只是词不达意的符号。你在失去之前已经享有了，如上所述，人生就是在经历告别。

　　孤独使人走得又高又远，但是如果太高了，就远离了人性。也许我的理解与别人不同，尼采所谓"太人性了"不是说让超人飞上天去从此不食人间烟火，而是说把人世间的任何琐事艺术化或神圣化。两个深谙孤独哲理的人之间的倾心交谈，会产生发自灵魂深处的共鸣，而"孤独只存在于孤独之中，一旦分担，它就蒸发了[①]。"如果只有孤独而没有分担，就"不人性"了，这不是你我想要的。在倾心交谈之后，两个孤独的人仍旧不得不告别，但孤独没有杀死这两个人，而是使彼此的精神变得更为强大。

所以，不仅要学会享受孤独，更要学会分担，为别人的幸福而高兴（别把分担当成负担），这才是完整的人格。否则，孤独就有被异化为自私的危险。

尼采终生没有女人缘，但是他生出了自己的儿子查拉图斯特拉！

要有能力去感动别人，并且被别人所感动。就是说，友谊才是人世间唯一重要的事情。

[①] ［美］欧文·亚隆：《当尼采哭泣》，侯维之译，机械工业出版社2014年版，第366页。

第六章　你果真知道自己的欲望在哪里吗

人生的内容，无非生活在现象世界，无论我们的生活世界多么纷纭复杂，总归要给活着一个理由（任何理由都可以，但"没有理由"的情形是不可思议的，"无动机行为"等于是一个疯子的想法）。这个理由，用哲学和逻辑学术语叫"充足理由律"，心理学叫"动机"或者"欲望"——这是生活世界里的意志。学者们习惯用悲观哲学概括我的思想，因为我已经死了，我没有办法纠正这些学者，但那不是我的真实意思。我的真实意思是，与动机相对应的"满足"是一个无底洞，它最终总是以失败而告终，因为人总是要死的！那么不用我细说，一个字眼自动冒了出来：痛苦！人生当然充满欢乐，但我说的痛苦是生活世界中的形而上的痛苦，它对应着欲望永无满足的时候。但是，大家听好了，我的意思并不是要人们放弃生活世界中的欲望，因为这不是真实的人生。我的意思是说，人在明明知道欲望不可能根本上获得满足的情况下，还是自愿选择活在欲望之中。也就是说，挣扎中的快乐总要胜过无聊。没有欲望就立刻会暴露出无聊感，就像满足欲望的时刻立刻会觉得所谓"满足"并不像事先所想的那般美好一样，这两种情形都会产生无聊，而无聊即无所事事，意味着生活或者生命空无内容，这就和死亡差不多是一个意思了。为什么我不悲观呢？因为事实上，我把在痛苦中挣扎本身当成快乐的事情，普通人难以理解我的这个想法，因为他们做不到我能做到的：忍受孤独寂寞，把我的全部时间都投身于哲学与艺术。我说"投身"不单指阅读与学习，主要指创作。换句话说，我认为这是一种比做一个佛教徒或者僧侣更好的选择,因为我的选择是真正活出我的个性、风格、天生的才华,这本身就是一种无我之境,它使我忘记了世俗的不快、使我不依赖他人,我就是世界的全部,世界的全部就是活出我自己。不同于学究或者把哲学当成谋生手段的人,我是用自己的生命写我的书,既然我是一个活生生的有智慧的人,我的作品怎么可能不感动和启迪读者呢?

要恢复我们身上那些"来自造物主的东西"。历史上有人说这些东西是善(例如,卢梭所谓"良心"),有的说是恶(例如,基督教有关人类"原罪"的说法),但是要我说,这些东西不过是因人而异的任意性而已,它们是隐藏在每个人身上天生的不同兴趣和才华的倾向,没有一定之规,不能用任何概念或者现成的说法约束之。我所谓"魔鬼"只是一个毫无恶意的隐喻,它相当于现代天文学描述的黑洞:在那里什么都可能发生,绝不受我们已经知道的任何知识的约束,但它既不来自神话,也不来自人们编造的乌托邦,黑洞是真实存在的,它是天真纯洁的,一点儿也不害羞,是什么样就显露什么样,任凭什么外在的力量,也不可能从根本上拦住它。要想不衰老,就要永远保持对于黑洞的浓厚兴趣,使自己处于"不知道"的状态,我会在那里遭遇我想不到的东西,我准备好了只属于我自己的任意性,我随意地显露自己的思想黑洞。

于是,为了彻底返回我的淳朴状态,我不再有我的影子,我不再客套。我不高兴,脸上立即就会显出不快,决不会有皮笑肉不笑的累人模样。什么?这样会吃不开?为什么要为"吃得开"而活着呢?凡事只要问得彻底,就进入了哲学。没有了影子的我简直快活死了,我不再在意任何人的眼色。我是什么样就显露出什么样,这不仅是天真烂漫,它首先是哲学的态度,卢梭《忏悔录》的态度。于是,我想改造柏拉图著名的"洞穴之喻":不存在两个世界,因为在我这里我的影子与我的意志直接就是同一回事。由于不再虚伪,我打发掉了无聊的时间,节省下更为真实的时间留给我自己。别和我讨论真理,我的真理就是活出真实的我自己。是否在这个过程中一不留神给人类精神文明作出了贡献,这不是我有能力关心的事情。

不要再迷信"我思故我在"了,我是骡子是马,必须拉出来遛遛。也就是说,要行动。读书与思考的结果必须落实到我的文字创作活动之中。这创作,就是种类繁多的行动类型中的一种。如果我没有任何抄袭,那就相当于我正在从事艺术创作,即使我写的是"哲学思想"。我要学着尼采的样子,强行打破叔本华想不通的地方,就像在饭桌上确实只能躺着而站立不起来的一只鸡蛋,但是只要我们心横一下,敲破蛋皮,鸡蛋不就立起来了吗?虽然鸡蛋"流血了",但有时看见自己流血也是很惬意的事情。

也就是说,任何一件事情都可能是令人高兴的事情(即使它被常人看成沮丧的事情),只要我对它有快乐的目光,比如不被人理解的快乐=有隐私的快乐,不被人理睬的快乐=独享的快乐。自己身体上的舒适感可能是身体遭罪的后果,我一天写作下来一头躺在床上隐隐的腰疼和颈椎神经血流不畅导致的眩晕,却使我有难以言表的快意,那是在艰苦劳动之后生命意志赐予我的礼物,比我在床上无所事事懒一天的感觉强多了。是的,要挣扎,没有身体的痛苦就没有精神上的享受,后一个机会我抓住了。任何时间场合都可以思考,但一定要把灵感随机记在纸片上,精神一定得留下物质的痕迹,否则精神自身就无法展示自己。脑子总在随意地漫游,其间闪光的兴奋自己的瞬间,一定要出手。按照卢梭特异的感受力,他在临终的瞬间,也能有像他那次车祸后看见自己身上流血的瞬间所感受到的莫名的惬意吗?我不知道,但那是可能的,他是个"有趣的疯子",能创造感受领域里的高难动作。这就是精神的任意性所能带给我们的临终慰藉,一个聪明人无法获得这种慰藉,因为他太聪明了以至于只剩下智力,他只有脑力,没有心灵。

心灵面对的是信仰问题,但我的信仰却是任意性,似乎世界上从前还不曾有过这样的信仰,这使我高兴极了。也可以换一个说法,如果简单地把人的意愿理解为世俗的物质利益、名誉地位、幸福婚姻、社会福利、社交的满足等,总之是人的社会性,就只是活了人生非重要的一半,而且要忍让、妥协、掩盖自己——如果你要与别人在一起而又不想感到别扭,这是必需的让步,即使一个天才人物在社会中也不得不如此。就此而言,就他实际上必须与别人差不多才会获得别人的理解与拥戴而言,所谓社会杰出人物也不过是一个庸俗之辈,他们想拯救人类,这首先就是人生定位的错误方向。人首先要拯救的是自己,没有任何别人需要你去拯救,况且你也拯救不了,从前崇拜你的人现在可能憎恨你,你根本就左右不了别人怎么看你,而且那些看法是会改变的。由此看来,多少世人将精力用错了方向却从来不自知啊!这是人生最大的悲剧。我所谓"任意性"能最大限度地防止这样的悲剧,因为我已经把人身上"社会性"的装饰全部剥夺干净了,我的本色是什么样的就什么样,再不需要考虑别人怎么看我,因为从根本上说,我不再需要从别人恩赐给我的评价中获得快乐!无欲则刚,但我有只属于自己的"欲",它是最纯洁的、最道德的,一点没有损害他人的利益,我在其中任意驰骋,但无论怎样那都是我自己可能的样子,就像是一本书可以从任意一页开始读,它总是同一本书。任意性是灵感型的敏感精神,它只能是纯粹个人的,你身上的这种精神财富,别人只有羡慕的份儿,却是永远学不会的。我活在自己的心灵生活里,然后如实地记录下来,这就符合卢梭的教导了,即不像一个追求以上"社会利益"的符号人:"他们的全部努力都是为了这一生命,但在生命行将结束时却发现往日的辛苦全是白费。他们的事业、他们的财产、他们日以继夜的劳动的成果,当他们离世时统统都得舍弃。他们从不曾考虑过生前能攒下一点死时可带走的东西。"[①] 卢梭是想明白了,他攒下了《忏悔录》,说他没有

[①] 卢梭:《漫步遐想录》,徐继曾译,人民文学出版社1987年版,第23页。

舍弃或者他带走了，因为这书里给人类带来的光明与他的名字分也分不开。但是这书不过是一个有天赋的自然人的心声而已，书里并没有声称"全世界的孤独者联合起来"或"为了解放全人类"之类的标榜。在书里，卢梭像一个女人那样为丁点儿小事絮絮叨叨，这种感情"使我随时都以任何人所不及的兴趣和细心去认识我的本性和用处。我见过许多人在探讨哲理时书生气比我更足，但是他们的学问可说是同他们自己毫不相干。他们力求显得比别人博学，他们研究宇宙是为了掌握宇宙的体系，就好像是纯粹出于好奇心才研究一部机器似的。他们研究人性是为了能夸夸其谈一番，而不是为了认识自己；他们学习是为了教育别人，而不是为了启发自己的内心。他们中有好些人一心只想著书，只想能被欢迎，也不管那是什么样的书。当他们的书写好了，发表了，对它的内容也就再也不感兴趣了，除非是为了要使别人接受"[①]。卢梭的书与他自己密不可分，他文如其人，写出自己本来的样子，写出他自己独一无二的本性，若是只从他的社交生活中了解他，只能接触到他的皮毛。

于是，一种新信仰伴随着奇迹出现了，这是一种从前的人类几乎完全忽视了的新奇迹，那就是享受孤独寂寞中纯粹任性的精神生活！它的门槛很高，它不是宗教而是化为生活方式的哲学与艺术，一般人难以有如此的修养，更难以忍受远离社交的生活，在这个意义上它是奢侈的、高贵的。精神高贵的两个孤独者之间心有灵犀，因此孤独只是相对的，绝非牢狱里的无期徒刑。恰恰相反，没有人会由此联想到它与现代奥林匹克精神完全一致，这种精神的意义纯粹是哲学的。现代奥林匹克之父顾拜旦在1936年奥运会演讲时说："奥运会重要的不是胜利，而是参与；生活的本质不是索取，而是奋斗。"这两句话并不像表面看的容易懂：成功＝胜利＝金牌，而这成了奋斗目标。这就误将身外之物当成身内之物了。唯一真实的生活，是我与我自己打交道的生活，是我自己的

[①] 卢梭：《漫步遐想录》，徐继曾译，人民文学出版社1987年版，第24页。

各种各样的亲自性，在终极意义上我必须亲自死。也就是说，这才是"参与"的本来面目，它是贴在我身上的。至于参与的内容，与其说是与别人较劲战胜别人，不如说是与自己较劲战胜自己，例如谁都知道克服痛苦保持自己心情愉快是一件多么困难的事情——这件事任何人都帮不了你，你得靠自己一颗敏感而灵活的心。因此，那些把战胜别人并且按照自己的意志改造世界（就像希特勒《我的奋斗》的目标）视为人生唯一快乐的人，不仅一开始就走错了人生方向，而且他个人的智力和意志越是强大，给人类带来的灾难也就越深重，因为他把自己的个人意志无情地强加给众人，而只要众人有向他欢呼的真诚心理，就不能说这个民族在心智上是成熟的。可惜康德的启蒙挽救不了众人，而只能挽救人群中数量极少的像叔本华和尼采这样的思想天才。从学术上说，把希特勒的"意志"与叔本华和尼采的"意志"混淆起来，并且加罪于这两个哲学家，是天大的误会与笑话，它把希特勒"统治世界"的世俗愿望理解为叔本华或尼采的哲学意志了。

　　这种新信仰不要原本不属于自己的东西，如果偶然得到了这样的东西（例如一本好书），绝对不会将其视为自己的个人财产，也绝不会由于被别人也看着好借去阅读而感到有活不下去的愤怒。人不是为了让别人羡慕而活着的，换句话说，也不必在意别人的侮辱和冷眼。就此而言，卢梭要比鲁迅伟大得多！鲁迅是一把"匕首"，而卢梭自己就是一件"艺术品"。我在卧室里请一尊卢梭的雕像而在书房的写字桌抽屉里放一把"匕首"？这当然只具有象征意义，只要想着高兴，必须说如果某个人能在毫无缘由的高兴中度过一整天，我相信此人必有艺术与哲学的双重才华，他有能力进入无我之境，陶醉于孤独寂寞之中。遐想不是"我思"而是陶醉。笛卡尔的沉思是忽略身体的纯粹脑力劳动，但我所谓陶醉虽然也离不开脑力，却更离不开心灵与身体行为的配合。漫步和写作，融合成这样的行为。有心灵的投入，也就是狂热的热爱参与其中，就不觉得身体劳累，在行为上显得有些疯狂，收获的就是陶醉——

若是以如此无我之境的方式"做学问",学问就成为我的生活方式,而有很多学者,他们的学问与他们自己似乎毫不相干似的,从而写作对于这些人来说纯粹是一种折磨,这就像是缺少爱情的婚姻一样,不过是混日子的方式而已。情人眼里出西施,热爱会创造出美丽,因此陶醉是一种美感享受。

于是,奇迹发生了,由于有爱心参与,感觉印象变成了心灵感受,原本死气沉沉的世界瞬间就具有了活的生命。按照这个思路,可以清晰理解《作为意志与表象的世界》:按照是否与根据律(因果关系、充足理由律)有关,will(意志)和 idea(表象)可以分别属于两个不同的世界——生活世界即现象世界里说的"意志"(意愿)与"表象"要以根据律作为基础,在这里我们可以说,人的本质就是社会性。一定要给出原因,没有原因的意愿和表象是不可思议的,这是理解的基础,也就是一个可以被解释的世界,一直以来的哲学家都被困于这个世界。但这是一个永远反复没有新意的世界,因为答案已经预先被包含在提问之中了。如果没有被这样包含,那就是不可容忍的"不可思议",例如不可以这样提问和回答:为什么无动机行为是可能的?叔本华和马克思一样,要改变这样的旧世界,但是两人从不同的方向改造世界。马克思诉诸无产阶级和社会革命,要解脱整个人类的苦难;叔本华诉诸意志和美感,要解脱苦难的个人,他首先自我治疗:脱离苦海的方式是获得美感的能力,这就是药方。具体说,首先要远离社会,因为"要么平庸,要么孤独"。叔本华选择了做一个孤独的天才,或者更准确地说,这不是他的选择而是出于他的天性,他管不了别人但管得了自己。这个"管"就是意志问题。当叔本华进入独立于根据律的自在之物之时,就等于进入了一个广义上的艺术世界、无我的世界、审美的世界、本能的世界。"充足理由律"在这些美丽的新世界中完全失去了效用,各种不可思议的现象堂而皇之地登上了令人陶醉的舞台,这是更为真实和值得过的人生:无我、随意、放弃私有财产观念、上午打鱼、下午"搞批判"——但不要真的以为类似的自由可以在"根据律"的世界里实现，因为人类既然永远不能脱离动物界，就永远不会不追逐物质利益。但吊诡的是，人生都是自相矛盾的，人渴望成为自己所不是的人。也就是说，同一个人可以既是守财奴又是艺术家，这两者同时都是真的，就像叔本华本人的真实生活一样。那个最重要的东西（金钱）在叔本华眼里根本不值一提，但他也承认这个不值一提的东西非常重要，这种自相矛盾是由于它们根本就不属于同一个世界，就像肉体与灵魂之间的关系，如同人与鬼接吻一样。

可以说得更为玄妙一点儿，以上的陶醉，相当于表象中的表象、一个表象所引起的任意的别一种表象，令陶醉者应接不暇，沉浸其中。在这里常识失效了，这里是无我之境，有来去无踪的没有缘头的趣味。这个境界既是艺术的也是科学的，爱因斯坦在《我的世界观》一文中，坦陈自己终生都受到叔本华一句话的影响："人可以做他想要的，但无法决定他想要什么。"（A man can do what he wants, but not want what he wants）换句话说，人的天性（本能）就是时刻保持着想要（自由意志、任性的意志）的姿态。"无法决定"也好，"无法要到"也好，差别不是很大，两者都暗示当人想要时，到来的其实是意料之外的东西，这就是为什么天才很少，因为绝大多数人只是固执地关注自己想要的东西，为此耗尽了精力，殊不知返回或者顺应自己的天性、专注于无意识（这是一种自相矛盾的表达，但此刻真实的精神状态就是如此）中自然而然到来的东西就可以了，它不一定是费力地刻苦学习的结果，但一定得长时间保持专注的态度。语言艺术家普鲁斯特同样受到叔本华的影响，叔本华认为气味与回忆之间有自然而然的关联，而普鲁斯特在《追忆似水年华》中竟然用几十页篇幅描写主人公儿时品尝过的小甜点的滋味所唤醒的不由自主的"回忆"（其实是创造），显然，这些回忆的具体情形，和小甜点的滋味本来没有任何关联，出现怎样的场面，取决于作者关于"甜味儿"的理解天性、自由想象天性，就像桃花盛开

第六章　你果真知道自己的欲望在哪里吗

与姑娘就要出嫁之间的联想一样。

艺术味、危急时刻，所有这些，都是自己产生自己的活动，并不是外部世界真的发生了什么了不起的大事情。外部的世界周而复始，新鲜的意味都是人赋予其中的。要创造点儿事，它不是公事是私事。例如"我死了"，这事对我是百分之百的毁灭，但对陌生人的重要性是零，很多分析公德的学者忘记了只有从事实出发，公德才有人性的基础。脑子的最大功能是提问、发明问题，但对付脑子的最有效办法是启动心灵，以充满悟性的联想回答问题，这几乎能在瞬间完成，就像卢梭读到第戎科学院有奖征文的题目的瞬间产生的万道灵光活力四射、排山倒海般的喜悦和难以名状的迷狂从天而降。就是说，心思必须有灵感的参与才能变形为艺术，其速度非常快，它伴随着兴奋的身体（头晕目眩、泪流满面），而不是笛卡尔那样按部就班的沉思。卢梭这种疯态，缘于他同时是思想与艺术两个领域里的天才，他赋予思想以美感，使艺术具有深刻的思想内涵。它们是精神领域里的蝴蝶效应。在这个过程中，卢梭用速度化解了理解力的性质，他靠的不是概念思维而是以精神的冲劲迅速变幻思想场景，以显露事情真相不是我们表面所看到的样子。

这一切都是私事，陶醉是私事，你得有这个能力。陶醉以流泪的方式显露，因为此刻语言不中用，语言只有表达现成意思的能力，而感受之所以变异为陶醉，是由于感受超出了感官所接触的物质性，也超出了语言的表达能力。陶醉是人所有天性中最能鼓舞人心的天性。

我自身、感受和想象创造出了美丽。叔本华和卢梭一样，具有这种孤身一人时满心喜悦的非凡能力，叔本华把这种能力称为 idea——自主的创造性、荒无人烟的神圣之域、尚没有人碰过的纯粹性。孤独中自有排山倒海般的喜悦，孤独是与"不庸俗"混杂一起的。叔本华甚至要人们赌博式的二者选一：要么庸俗，要么孤独。孤独尤其属于或者更容易暴露我上述的"危急关头"，idea 就是在此情此景中升起来的。我们知道，人在独处时周围环境往往并不活跃，也没有与人交往时的顾忌，它是特别容易活跃心思的时刻，对于一个思想感情丰富的人来说，他变成了一个想入非非的自然人。他此刻可以死去，但周围无人动容，想到此他心花怒放，因为他在活着时就已经彻底解脱了。孤独是创造的同义词，这在词典上是查不到的，要靠心思的联想，这不是学究的事，学究决不会真的懂"表象中的表象"，但尼采懂得，那就是狄奥尼索斯"醉酒"后的感觉，就是迅速沉浸于某种印象之中的能力；20世纪初法国诗人阿波利奈尔懂得，因此他有能力写出这样的诗句："相对无言手握着手在臂膀挽成的桥下永恒的目光荡着涟漪。"手与桥之间相互变形，组成一种没有原型的彼此相似性，仿佛在梦幻之中，它既不是手也不是桥，而像是一种居间的随时在流变的超现实的画面。这个就是那个，但从"这个"连接起怎样的"那个"，就是神仙也猜不到。表象创造表象，但前一个表象并非后一个表象的原型，而只是刺激印象的起点而已，彼此（就像眼睛看到的东西与心灵想到的东西）不是相互模仿的关系，一点儿也不相像。

　　与光相比，我更喜欢夜的黑。在黑夜中开辟别人看不见的光，我兴奋极了。这兴奋本身就是我自己发出的光。虽然四周黑暗，但我有自己发光的本事，这又令我兴奋了一阵儿。我古怪？不，这自然而然，一点儿也不令人莫名其妙。既然我生来就是这样的，为什么要改变呢？不可能有人有本事改变我。为什么？因为"强迫症"，我强迫自己任性。"强迫"和"任性"之间，是相互冲突的关系，我知道，但它们彼此在我的智力和心灵中配合得十分融洽（差异产生和谐，这也是赫拉克利特的思想）。我对付抑郁的办法就是任性，也就是疯。没看出来？那是由于一切问题都在寂静中被我默默地解决了。我不知疲倦地独自前行，身上流血了就自己舔干净。前行的路是如此的狭窄，但是划过夜空的闪电是如此的明亮，它撕开了黑夜，触摸着四周的寂静。我看见了，看见了原来有无数善良的眼睛惊讶地盯着这电闪雷鸣。大家都没有说话，但我已经听到了他们的心声。我要写一首不曾有人写过的歌，打破这长夜

第六章 你果真知道自己的欲望在哪里吗

死一般的寂静。

艺术感情与实际东西之间要保持距离，这是高度专注的结果。为什么强调专注？人不可能真的精神分裂（精神病院的疯子除外），即使像爱因斯坦和毕加索这样的天才，其成就的秘诀也是专注。如果一年都在专注（琢磨）"一个针尖上到底能站上多少个天使"这类匪夷所思的问题，那么你的神态连同精神气质，就会显得与众不同，更不用说你终生专注思想与艺术本身，你的一生都将处于不断超越自己的路途之中，成为尼采所谓"超人"。只有才华能延续这种高度放松式的紧张，一个没有才华的人在这种专注的中途早就真疯了，因为庸人确实难以忍受不食人间烟火（脱离实际）的生活。脱离实际的艺术感情，并非一概不接触生活世界，而是在那接触的瞬间，那被艺术家接触的任何事物就改变了自身的性质，这本来是每个人都具有的潜在天性，但只是在头脑中匆匆划过，很少有人能将之滞留下来升华为艺术。卢梭有着一些十分炽热的激情，羞耻挡不住他，危险吓不了他。除了他一心念着的那唯一的东西而外，世间万物对他来说都一文不值。这就是卢梭式的"下午茶"啊！卢梭心里唯一念着的念想，没一件是实事求是的，而且念着的内容虽然千变万化，但念着或者专注本身却始终如一，这正是成就他并赋予他幸福感的念想。

在以上卢梭的例子中，揭示了思想艺术的感受，以"表象的表象"展现出来，它是自然而然的，没有较劲，这就与概念的推理思维区别开了，因为概念是将一个大标签贴在它所管辖的所有个别事例上面，使我们无法感受异样的个体形象，而去专注一个又一个标签的含义并且将这些标签串联在一起，这就像我们去参观一座藏品丰富的宫殿却始终只能围着宫殿的外墙绕来绕去，并没有真正进去。没有内在性，就体验不到思想艺术的味道。"表象的表象"并不似这里"围着宫殿的外墙绕来绕去"所获得的印象，而是绵延着的内在感受之间的连接。

艺术感情与实际东西之间要保持距离，但并不是彼此无关，所谓

"不食人间烟火"其实是说陶醉是现象中的沉淀物,就像一见钟情的男女双方的眼神在对视的瞬间仿佛发生了化学反应,这是性质上的改变,而在瞬间之前,彼此还是彻底的陌生人。换句话说,爱情是一种与艺术最为贴近的纯粹行为艺术,它本能地抗拒而不是去获得性行为,由于性行为与实际的东西零距离,从而减弱了爱的热情。换句话说,爱与性是截然不同的两回事。性属于自然的态度,而一见钟情属于本质的还原,两者并不在同一个世界。本质的还原,就像诗人使词语发生了化学反应,因此陶醉与现象(大千世界)是若即若离的关系。

艺术创造的前提是,让辨识能力暂时失去作用,也就是进入无我之境,例如拜伦的诗:我不活在小我之中,我成为我周围的环境。对我来说,高山就是一种感情!这是摆脱个人烦恼的有效方法,也就是搁置由非自己的原因而导致的烦恼,这种隔离的最有效方式,就是转移注意力,以如此的方式对导致日常烦恼的原因毫不在乎:我决不在乎你认为我会在乎并因此而能伤害我的东西。换句话说,我采取彻底的局外人态度,甚至不惜以完全不被别人理解作为代价,因为事实上这样的理解是人世间极其稀罕的事情。换句话说,能碰上这稀罕事固然不错,但由于几乎碰不上,因此不被理解应该是一件快乐的事情,因为我守住了自己的秘密。由以上还可知,艺术创作有医治心理创伤的疗效,它是在自我陶醉或者孤芳自赏的过程中实现的,只要想明白这样一件多数人不明白的事情:不朽或者永恒的唯一表现方式,就在当下的瞬间。

以上情形还可以换一种方式描述:那令你烦恼的事情并不像你想象的那样严重,就像对你自己来说是天大的事情,在别人那里根本就不算事儿。但是,烦恼会对专注造成事实上的影响,从而暂时中断了我们的创造力,因此要逃避之。由于烦恼往往来自外部世界的强加,那么最好的躲避方式,就是让别人忘记你,仿佛你已经从这个世界上消失了,没有了,不见了。非常奇特的是,当你采取这种方式时,你再次出现在世人面前,从前厌烦你的人会主动向你表达亲近之情。原因很简单,你已

第六章　你果真知道自己的欲望在哪里吗

经成为他或她曾经熟悉的陌生人。熟悉使人与人之间相互疏远，陌生却使人之间相互吸引。

　　以增加难度的方式去生活，很像是从感受的死胡同中寻觅新感受，好比你从你的一个朋友身上，发现了你从前所不知道的秘密——出乎你的意料之外的人情味。也许有人说这是善良，但我不同意，因为那人同时也可能很坏（不言而喻的是，坏人也可以做朋友，我们的教育从来不教给我们很多真正的人生哲理），把让自己人失望（比如不被人理解）当成一种乐趣。这个心理过程，也属于表象中的表象。为什么要没事找事增加难度呢？因为如果不是这样，活着的形式就只剩下一堆百无聊赖的空壳子了，即使你拥有全世界的权势和财富，也不能摆脱这些沉闷无聊的空洞，去做和去说那些自己未必心甘情愿的事情。皇家王室成员的绝望原因，与普通人的情形相反，只要特权拥有者有一个愿望，几乎总是毫不费力地就能得到满足。过去皇室贵族们去打猎，就是想给自己制造某种危险的刺激。人们宁可去外面瞎折腾，也不愿意独自一个人整天待在家里，也是这个道理。上帝是不快活的，因为上帝不死，上帝不曾体验过绝望，因此上帝不但决成不了一个哲学家，而且甚至就连一个普通人都不如（这当然也是相对的，上帝也许对自己永远不会死这件事本身感到无聊乃至绝望，如果上帝也有绝望心理，就有希望成为哲学家或者艺术家了）。什么？还有愿意体验绝望的人？要不怎么叫任性呢！没有意思是没有意思的，但琢磨人为什么会觉得没有意思，这琢磨过程中就有点意思了。所以，当我说"通往快活的大门四通八达"的时候，并没有欺骗你。为什么琢磨"人觉得生活没有意思"这项精神活动有点意思呢？因为它的回答很有难度，没有什么标准答案之类。事情一旦有难度，就开始有意思了。要不怎么叫天才呢？就是习惯于遭罪，我此刻想到的是形而上学的沉思，它克服了人之懒惰的形而下本能。在一切没有意思的情形中，我最瞧不起精神的懒惰，它使你和一个活死人，没什么两样。

创作新的哲学思想，就是去发现尚未被发现的人性新的可能性。什么？已经穷尽了？根本不可能！我的根据在哪里？这个问题我拒绝回答，因为我相信任意性，也就是一切感受能创造一切感受。

最好的写作状态，就像是激情作曲时刻（欣赏音乐过程，就是即刻将乐音与任意感情绵延地连接起来，这个过程完全是自发的，因此反复听同一首曲子，感受并不相同，其实读同一本书的过程也是如此，这就是为何要反复阅读经典著作），过后没法回忆起来是如何完成的。或者做一个俗人，或者做一个艺术家。要练习想象力，最好的方式是欣赏音乐。音乐可以作为医疗我们痛苦的灵丹妙药。因为音乐中歌词（歌词相当于世俗的痛苦）的有无并不重要，妙药就是从歌词里升华起来的音乐旋律本身——它们之间的区别，相当于实在的生活本身与生活中的精华之间的区别。因此，音乐不是我们所能想象的语言，音乐自己的语言永远是一个谜。

换句话说，创造或书写哲学思想的过程，类似于作曲或欣赏音乐的过程，它们都只是显露自在之物。哲学是做出来的，哲学是一种精神行为。智慧绝非一件现成的东西，你要把它爱出来，要与之"接吻"。在这个意义上，哲学是艺术，反之亦然。其实，岂止音乐，一切精神活动的精髓都是在做哲学，只是行为者不自知而已，就像一个人自己不知道"自己所是"的那种人，但是旁观者知道。哲学才华是天赋的，而不是学出来的，因为哲学绝对不是"知识论"。知道历史上的哲学家曾经怎样说固然很有必要，但更重要的，是你能自己悟出还能不那样说，你有能力走自己的思想之路。我是说这种能力不是你学来的，它天生就存在于你的精神潜质中，你所需要的只是胆子大一点而已。

第七章　内心的情调

美感是一种内心的情调，它不是从物质形态上拥有某个想要的对象，因为这样的企图就像追逐金钱与权势一样，是一个无底洞，它一点也不浪漫，充斥着赤裸裸的贪婪，就像给乞丐的施舍一样，永远都嫌少，它太实用了，因此与情调毫无相似之处。这种贪婪十分危险，它使人的一生都处于焦躁不安之中，因为欲望的大锅永远没有被填满的时候。贪婪的人永远都惦记着自己得到的比别人少。如何从这种赤裸裸的利益追逐中解脱出来呢？如何能永远保持恬淡而快乐的心情呢？只能求助于艺术。艺术的享乐是一种美感，这是它与物质享受的区别。从贪婪到美感情调的转变，是心情的性质变化。换句话说，所有的心情术语都可以说两次，一次来自世俗角逐的动机及其效果，另一次则是与世无争的愉悦，它是一次脱胎换骨的转变。这是一种忘我的静观，它能医治那些由于计较世俗的得失而导致的痛苦。在方法上，美感是转移世俗注意力的结果：我们沉浸于有情调的心情之中，这心情只是在玩味自身，而不想去实际占有心情之外的某样东西。在这种转变的两种心情之间，并没有隔着万里长城，它可以瞬间实现，借用佛教的说法，人能"立地成佛"。

因此，每个人都有希望，谁也不是天生的恶人。如果说痛苦与好的记忆力有关，那么健忘反而有助于保持积极乐观的心情了。是的，真的可以"立地成佛"。叔本华认为，欣赏优美的自然风景，地点并不重要。

陶醉只与沉浸的程度有关，与场合无关。是否无论什么环境下都能保持愉快的心情？是的，这是很深的修养，更是精神的境界，获得美感首先要心胸宽阔。桌子上的水果、一束鲜花，只要凝神静思，美好的事物无处不在。这些静物画中有美的精神，就像一篇感情纯粹的散文中浸透着美。不是勾起我们肉欲的色情画，而是像米开朗琪罗的《大卫雕塑》，纯粹的人体艺术，或者普鲁斯特的小甜点也行，那甜味被用来唤醒美妙的联想，并不是为了亲口尝一尝。也就是说，美是不许碰的，好像是雾里看花。雾本身就象征着美。它是艺术境界的感同身受。

这就是内心的情调，这里所发生的一切都是微妙的、"看不见的"。这种转变，就像人们常说的，心情不好时去大自然里散散心，一下子把自己投入进去，仿佛立刻无我了，于是心情变好了。这是一种无形的精神力量，获得美感，你所要做的很容易，换一换环境而已。这是变化心理环境的能力，进入另一个精神世界的能力。我们靠纯粹感情上的想入非非，解脱世俗的烦恼。一时间什么都不重要了：身份不重要、年龄不重要……但我们原来认为这些很重要并且从中自寻烦恼。咫尺天涯，内心的情调就像被施加了魔法，满心的欢喜，似乎周围的一切都在朝着自己微笑——闲情逸致。在这种情形下，即使是自己单独一个人，也不会觉得孤独，甚至会觉得心旷神怡，就像在独居处奋笔疾书的情形，时间似乎已经停滞了，尽管钟表指针还在有规则地移动着。

沙漠是荒凉的还是优美的？两者都是，就像人生既是悲惨的又是幸福的，与其说这是立场问题，不如说是眼界问题。

其实，内心的情调也可以不依赖自然环境的优美，事实上我们每天经历的周围环境的变化有限，它们甚至是枯燥乏味的，但我们的内心有主动调动环境的能力，不是指事实上我们能改变周围的外部环境，而是我们可以自主地决定如何看待它们。于是，自然环境便不是其自身所是的东西，而是我们想让它们所是的东西。于是，我们就有了更大的自由。这种自由能力会随时突袭我们，因此人会莫名其妙地一会儿哭一会儿笑。我们从在乎变得不在乎，又变回在乎，就是这样。美感，就是要学会消遣自己的美丽心情，它可以和外部环境的险恶无关，甚至对于修养深厚的人来说，也可以以此暂时摆脱身患绝症的身体，以微笑的态度迎接死亡的到来。一个人有两个自我，其"美感自我"可以摆脱只考虑自我的自我，这是天才—超人的精神境界。人啊，不过就是精神之眼的纯粹性而已。

如果周围环境险恶，无论你走到哪儿、遇到什么人、换什么工作，都改变不了这样的环境，即使你住到深山老林里，在暂短的兴奋过后，与世隔绝的自然环境给长期居住在这里的人之琐细的日常生活带来的不方便也是显而易见的。总之，外部环境就像暂时的朋友一样，是靠不住的。想到此，内心反倒踏实了，就像欲望刚一冒头，实现的可能性就已经被堵死了，就像长期在惶恐不安中度日的罪犯被逮捕的那一天终于到来了。我的意思是说，最厉害的人具有改变自己内心环境的能力，这种改变与外部世界究竟是什么样的，没有任何关系，我只是调整好自己的心情，保持兴趣盎然的心态，对自己的所长跃跃欲试，就像读一本好书或写一篇留着日后给自己看的文章（独享）的场合，究竟是发生在书房里还是在监狱里，与人必有一死（这是"环境险恶"的极端）相比，其反差，恐怕没有常人想象的那般巨大吧？是的，无所谓的一切都无所谓；有所谓的，就是保持宁静而美丽的心事，一种创造性的改变内心环境的能力。

如果庸俗的日常生活本来就不值得过，如果我们没有必要为了在晚年写一部血泪控诉的自传而亲身经历一遍痛苦的人生，如果痛苦已经多到"身上虱子多了就不再怕咬"的程度，那么从懂得这个道理的时刻开始，与其在侮辱中苟活，不如过一种哲学—艺术的生活方式，它对于金钱的需要可以节省到最小程度，甚至不屑于睁眼看看外面的世界。所谓旅游，不过是用来填充无聊的日子的众多游戏类型中的一种而已。如果没有一颗敏感的、具有丰富想象力的心灵，看见过的东西再多，其好处也仅仅停留在现象世界，不会有真正的理解，而对于感觉到的事物来说，只有我们理解了它们，才能深刻地感受它们。总之，谁都不愿意过孤独的日子，只有天才有能力享受彻底的孤独。我说"彻底"，是说"万物皆备于我"，而我绝对不依赖万物。我说"享受"，是说美感是在独孤状态中创造和享有的，对此，平庸的人根本就不可能理解。

美丽的心情是美丽的心事的效果，虽然两者都发生于纯粹的内在，仍旧有所区别。在感觉甚佳的时刻，就像好吃的东西不要一口吃完一样，要放下急匆匆的脚步，让心思走得慢些，再慢些。怎么能实现"慢"呢？琢磨啊，比如想实现 A，先得有 B，而要有 B，先得有 C。于是，A 就变得遥遥无期，永远无法完成，但是你在缓慢的琢磨过程中完成了预想不到的另外一部作品，那是由 B 与 C 乃至 D 等精神连线所构成的。如果按照事先的计划衡量，你似乎永远没有开始，但是你已经"开始得"足够多了，想象得足够远了。这不仅适用于写作，也适用于阅读。一本书并不需要通读，但其中与你心情合拍的段落，也可以采取如上的方式从不同的视角反复"倒着读"。虽然这些美丽的心情是从痛苦的现实世界之中漂浮起来的，但并不虚幻，你实实在在地从心情中获得了享受，并且暂时摆脱了痛苦。如果想使这个"暂时"变成永久，就得有持续保持这种心情的能力。

你不能要求别人不伤害你，因为这是别人的事，你奈何不得，但是你却有能力避免别人伤害到你，这个最终的避免方式，虽说简单但却只有学养深厚的人才能够做到，那就是宠辱不惊、置之不理，而且决不真生气。别人和你天生就不一样，你绝对改变不了他，这是一个永恒的真理，如果人对真理生气，那才叫没有涵养呢！当然，既然我们是人，就有一时生气的时候，但是这个俗人的"时候"越短，越说明你脱离了心灵的幼稚。"置之不理"既保护了自己，又不至于伤害到别人，因为在现象世界之中没有和别人发生冲突，至于你心里如何看待别人，那是你自己的事情，别人即使有天大的权势，也只能干瞪眼。想着别人只有干瞪眼的份儿,我心里扑哧一声,却没有笑出声,而只是对这个干瞪眼的人平静而有礼貌地说了一句大实话:"今天的天气不错啊!"不要与"那些和你的世界观不同的人"做斗争,即使你表面上战胜了他,他也永远不会服气。

要允许人家崇拜你所仇恨的人,因为你不是"人家",人家有信仰自由,是另一个"自我"。但肯定有极端的情形,那就是我的"置之不理"的策略完全失灵了,人家有权势逼迫我就范,那也不难办,我就四个字"无欲则刚"。为了保持一种以幽默方式显现的美感,我不妨把"逼我就范"的行为看成一种特殊的行为艺术。我这么看也许根本就没有道理,但我就这么看,很倔。当然,这是一种灵活的美感,因此不属于独断论,比如我突然感到那些或有意或无意伤害我的人很可怜,当然,在这些人眼里,我也很可怜(生活枯燥),但这是两种性质不同的可怜,而且在告诉对方时,对方并不会感到温暖,反而会感到愤怒。

怎么保持好心情呢?让随时到来的一丝细微的美好感受迅速长成精神上的参天大树。在一天之中,至少会有几次这细微的好味道(例如一口香茶)。是的,我说过让心里充满它,转移对别人的埋怨心情。充满它,然后让它走得慢些,再慢些,勾起别的惬意的想法,不仅是曾经的美好而是正在发生着的美好。它一点儿也不虚幻,因为所谓过日子,除了是过一种心情之外,难道还能是别的什么吗?至于身体在忙活什么、身居怎样的寓所、穿的吃的以及出行的交通工具如何,与好心情之间,并非1+1肯定等于2的关系。人的笨拙就在于,总是相信抓得住、看得见的东西,以为这些肯定可以置换到好心情,完全忽视了好心情本身原本可以在无依无靠的情况下自己产生自己。

当你"什么都没有",别人就伤害不到你,或者不会有如此的意愿,因为别人从你这里什么都得不到,巴不得离开你,但是这样的人际关系环境,反倒成就了一个有才华的孤独者、一个局外人。在我的现有知识中,绝对不与别人发生交往关系的人,并不存在,这使我非常好奇，我想象一个体验实验，它要回答绝对不交往的快乐是如何可能的，就像大地上的陌生人、孤岛上的鲁滨孙那样冒险而快乐地生活。

但是，我并不提倡自私的合理性，或者不接触人。相反，要认真地交往陌生人。一个陌生人能给你的东西，比十个熟人都多，陌生人有迅速、短暂、丰富的信息，这是彼此没有成见的结果。此外，要尽量消除对熟人甚至朋友的成见：他们并非你所认为的人，他们有你永远不会知道的另一面。这"另一面"即使再微不足道，总是活生生的人性，不会次于"一口香茶"。它甚至适用于那些伤害过你的人——要爱这些人，要把自己的才华给他们，最佳的途径就是解脱他们的某些苦恼。美感的重要实践之一，就是不计个人恩怨去做好事，这并非只是奉献，当人为别人做了某件好事的时候，内心确实感觉美滋滋的，这是那些狭隘自私的人所体会不到的。

观赏的愉悦或者说美感是如何产生的？它一定是改变了感官或心灵正在感受的事物的性质，即兴趣不再放在这些事物的使用价值上面，从而我们不再可能伤害到这些事物。于是，这些事物变得纯粹了，山林中小鸟的鸣叫也就变成了优美动听的歌声。它是超越时空的，鸟鸣是记忆中的还是当下的场面，这差别是无所谓的。

植物的世界、优美的自然风景能唤起人的好心情，它们就好像硬赖着要人们欣赏似的，但其实不是，无论有人没人在旁边，风景如故，自在地在那里耸立着、摇摆着、盛开着，我们只是将自己的心情带入进去，这就像情人眼里出西施，喜欢在前，漂亮在后。心里美，所看见的东西才美，好像都在笑盈盈地和自己打招呼。这就是物我两忘的美感心情。

如果愉悦只涉及愉悦我们的感官，就是优美，但是如果眼前的景象因其无限性超越了感官的范围，甚至使人感到自身的渺小甚至恐惧，就像风暴即将来临的傍晚，站在岸边嶙峋的巨石之上遥望波涛汹涌的大海。一眼望去，灰蒙蒙的远方天水一线。此时此刻，所唤起的就不仅是

第七章 内心的情调

我们感官的活跃，还有纯粹观赏中的沉思。似乎正在被观赏的对象渐渐化为零，心情渐渐进入无的世界。险恶的环境似乎与我形成敌对关系，一种实实在在的威胁正在朝我走来。我要与之奋斗并挣脱这种险恶，就得暂时让"根据律"失去作用。我对危险视而不见，

壮美属于美感，其激昂状态是超脱的，因此区别于愤世嫉俗。这种兴奋具有莫名的普遍性品格，它几乎在顷刻之间就能从具体的景象升华为某种泛泛的心境气氛，此刻我们的陶醉或痛苦似乎是无原因的，但绝非海德格尔所描述的深度无聊感，而是一种令人生畏的美感——壮美或者崇高感。我们被我们所害怕的东西深深吸引，所以我们欣赏恐怖电影、看着科幻影片里世界末日的景象。诚然，所有这些都以没有亲身经历作为基础，这恰好表明挖掘人性或者单纯展示纯粹虚构的心思，就已经具有哲学—艺术的精神气质了。它是另一种体验生活，体验活生生的心思的生活。与优美相比，壮美是更加抽象的美感，它不仅是听任放松而舒适的直觉去流淌蔓延，而且会自发地若有所思，却绝对不是智力的事，不是去解决或者筹划某件具体的事情。它在提高人的精神境界，而不是在与具体的人或者世界搏斗抗争。换句话说，"危险"本身却成了我们欣赏的对象，它与我们之间隔着一层薄薄的雾，因此它不能直接伤害我们。

人的身体的极端享受是性，人在精神的极端享受是脑与心。身体与精神的这两个极端之间的关系，既不是对立的，甚至也不是相互代替补充的关系，而是同一样东西的两种表现方式。它们之间的反差是如此巨大，以至于人们根本就无法将它们认作是具有一样性质的东西。怎么一样呢？精神好比是太阳或者光源，性则是身体"快乐中的快乐"。光照射到快乐，而快乐本身就能发光，就像光在展示自己婀娜的身段时也是快乐的。人要是不会自己发光，就没有由衷的快乐。快乐丧失，生命价值也就丧失了，不啻于"活死人"。光，就是热情、兴趣、热度。感觉温暖，流眼泪，因为有光。没有光，就没有美感。光，就是人的命。

检验一个人精神生活丰富的程度，就是检验自我陶醉的能力、不由自主的联想力（缺乏这种能力的人无法忍受"什么都没有"）。这不仅是纯粹想象，它是现实的可能性，但是，这样的现实极少被人注意（因为物欲通常会战胜我们的美感），它被叔本华以如此细腻的笔触写出来，令我们大吃一惊，有多少自然的滋味被我们在不经意间放走了啊！中国古代大诗人王维有过类似的诗句。

人原本就属于自然环境中的一员，人的本来状态，就是孤单寂静，回归大自然的怀抱、远离人群与社会，才能过上最惬意的生活，它是最美的生活。但是，这些感慨并没有完全切中叔本华的本意，他其实在描述不可能使人产生欲望（但桃花盛开之类，会唤起人气，使人有亲切感）而令人有些不知所措的自然状态，此情此景令人敬畏，也就是寂静、可怕的孤独、没有任何援手、谁也指望不上，无论你做得出色不出色，都像投入大海的小石子，无任何反响。安静得可怕，没有一丝人气。

你是活着的，但此情此景，你与你周围的一棵脆弱的小草几乎没有区别。于是，"活死人"的倔强而高昂的头颅，与周围环境一道，成为壮美的风景。一切壮美都有悲壮的色彩。只有胆小鬼才会回避此刻的严肃，绝对不要用幽默和调侃打发掉这种庄严肃穆、生命的神圣。没有欲求独自高。这个"高"并不是群体共同奋斗的、一个被许诺会实现的、在我个人之外的目标。这个"高"认为自己才是自在之物，因而，任何一个最微不足道的人都有权利对自己说："让世界毁灭去吧，只有我是健康的"，他之所以有这样的权利，是因为世界的全部本质都集中在他一个人身上。这个人孤立无援，勇气惊人，并且对自己的生命如此自豪、乐观。

人性中天然具有"比较"的本能，从中获得某些"邪门儿"的愉悦：在一个更大的不幸面前，人会庆幸自己现在遭遇的不过是人人都会有的"小不幸"——这是一种有效的自我暗示，具有心理安慰之疗效。

人天生还有冷酷的一面，甚至对自己的亲人都是如此。一个好朋友的死亡固然带给你悲痛，但这痛苦中竟然还夹带着一丝一闪而过、足以令品德高尚的人感到内疚的窃喜（自己还活着），这种见不得人的、下意识的心理活动还有很多，它们甚至是美的、一种残忍的美。还有一些内心十分期待却在口头上大加鞭挞的行为，就像不正经的性渴望甚至性行为。

在做最激动人心的美丽的事情时，每个人都具有同时从中逃脱出来静观沉思自己正在从事着的行为之能力，兴奋和启发（升华）可以同时发生，就像一心确实能够二用似的。身体的能量会在不知不觉之中转变为精神的能量，甚至是精神的创造力，就像薛定谔曾经描述过的他自己的恋爱激情与他划时代的科学发现之间的相互唤醒关系，消耗身体能量的同时升华为精神的能量，如同卢梭所谓毁灭与拯救自己的是同一种行为。但这行为绝非只是狭隘的性爱，任何陶醉其中的劳筋累骨的行为，例如写作、即兴的长时间演讲、艺术演出等等，也都有同样的效果。但其中只有写作的精神程度最高，因为写作在投身自己全部热情于其中的同时，有一个难以察觉的不停地反观（反思）自身的过程。写作过程中的这种"一心二用"，可以简称为自动"修改"刚刚冒出来的心思，这就是看似流畅的文字之中的功夫。

只有最危急的时刻（像濒临死亡）才会有纯粹的静观冉冉升起，一切荣辱算计已经毫无意义，沉思世界的精神之眼发生了性质上的改变，叔本华的哲学是建树性的而不是破坏性的，但这建树既是建立在"消解"基础之上的，也是建立在享受心灵生活基础上的。唯物主义者很难理解独立于物质之外的灵魂本身，他们的精神生活既然永远不能离开物质的影子，死亡意味着"什么都不存在了"，那么死亡到壮美的转化几乎不可能实现，因为壮美等于体验（享受）"什么都没有"的精神。享受心灵生活与享受孤独几乎是一回事，在狄德罗这样典型的唯物主义者看来，它是不可思议的。

伟大的作品同时也是慰抚心灵的良药。让人惊讶的是，它们并不像人们常说的，是在激奋的心情下完成的。在愤怒的时候，人写不出第一流的作品，因为此刻的文字裹挟着个人的恩怨。凡永存于世的作品，都超越了个人私怨，并不是仇恨的产物，它可怜那些伤害自己的人或者事物，它是在惊涛骇浪之中不动心的产物，具有一种抽象而感人的普遍性，它像一面透彻的镜子，每个人都能从中看到自己的魂灵。

也就是说，人有很多种类的双重意识，比如意识与无意识，但我说的不是这种双重意识，而是众人之中稀有的真正能超越个人恩怨的意识——它不太可能是智力的，因为智力总是与理由、根据、因果关系联系着。它是具有艺术因素的静观沉思。正是这样的沉思给世界留下的精神，使沉思者不再是他自己，他身体羸弱，又面临着社会环境的威逼，他就像风暴之中一棵脆弱的小草，但这些弱小此刻都不在话下了，因为就像帕斯卡尔说的，伟大的人就像一棵会思想的小草，而叔本华补充说，这思想的燃料来自人的自由意志。于是，这棵在自然和社会的淫威之下原本可以归于零的小草，当仁不让地自诩为上帝："我知道，没有我，上帝片刻不能活下去。毁灭我吧，上帝不由自主地在苦恼中咽了气。"一时间，仿佛全世界都扛在"这棵小草"的肩膀之上，它就存在于我呷的这几口茶的滋味之中，这就是上帝的滋味，冥冥之中它鼓舞我超越了我自己。是的，此刻周围世界乃至我自己的身体存在与否，已经无所谓了。

黑夜是可以一劈两半的，赤裸裸的黑夜就变成了白昼，黑白颠倒，白天是昏沉沉的，夜里却是有精神的，这就是人们说的夜生活，它们一概是我呷的这几口茶的甜蜜滋味之延伸。人得让自然顺从自己的意志，否则人为什么要活着呢？

不是去发现而是去创造无人能与我共享的滋味，这个念头令我热泪盈眶。热泪是流淌在心里的，表面的日子却日复一日，人们忍受不了这样的枯燥，就看不见我心里的美味。孤寂像癌细胞一样疯狂地生长，但是我独享的美味来得比癌细胞更为迅猛。癌细胞的生长是可预判的而且性质单一，而我心中的美味来自四面八方，它们总来，以突袭的方式。

我无法摆脱但又摆脱了我目前的处境，它们两者同时都是真的，后一种真实，来自精神——我欣赏我的毫不在乎、无动于衷、冷酷无情……作为纯粹的旁观者，扮演着神秘的角色：曾经多少已经过去了的时光、将来还要有的无限时光，在这些时光中都不曾有我或者不再有我，我这一辈子似乎漫长，但不过就只有几次短暂的闪亮。还有，伴随这些时光同时出现的，有或没有人类出现其中的景象，这一切能同时浮现在上帝面前，这是由于人的心胸变得无比宽阔而无所畏惧。过眼烟云不再是消极的而是积极的景象了。发生了人间奇迹，我在看清自己渺小的同时瞬间就变得神圣了，因为我用自己的灵魂而不是肉眼看见了宇宙的极光，它是一种壮美。

我强大并非由于我事实上很强大，而是我认为自己强大。奇怪吗？事实就是如此，当一个人处于自信（"相信"的基础）状态，他就有勇气然后有创造力继而活得有滋有味。本来"我认为"是虚幻的，但是却收获了实实在在的有滋有味，这种悖谬性是生活的真谛。"我认为"几乎被人们在文章中说滥了，但就像卢梭谈到自己的用词方法一样，当我说"我认为"时，虽然含义通常是惯常的理解，但在这里，其意思却是"我的一切只能靠我自己"。

由此看来，有一种悖谬现象是，获得美感的前提是摆脱自己，所谓艺术陶醉，就是忘我，那情景我和环境（自然环境或内心的与个人荣辱利害无关的纯粹思想）融为一体，摆脱自己，这是最为关键的一步，与此类似的是摆脱对他人的消极印象（即使他人有种种不遂自己心意之处，也就是抑制怨恨）。由于这两种摆脱与摆脱人们世俗的欲望息息相关，实现了这两种摆脱，就等于消除了叔本华所谓人生痛苦的来源，好像成为一个"不食人间烟火"的漂浮在云端的高人、一个绝对寂寞者。他与认识无关，与时间空间无关，即使他是有认识能力的，是生活在时空之中的。

这种摆脱，例如一个文明人不需要借助于考古学就可以不动声色地在顷刻之间转而用原始人的眼光看待周围的世界。这种身居特殊环境而抽离特殊元素的情形，叫"还原为纯粹性"。即使最微不足道的东西，也会有自己的纯粹性，这就是琐碎事物中的美，它是我们摆脱具体烦恼后静观的产物。我们并非旁观者，而是投身于这些纯粹性之中，只是享受事物而不是拥有事物。享受是美的，"拥有"却属于利害关系。优美是容易的美，壮美是困难的美。

摆脱，又叫转移，用一种新的尖锐的兴奋能量替换旧的，这种替换因人而异，无法统一，每个人都有自己的特殊方式，那惹你的人只能干瞪眼，因为这是极其隐蔽的绝对不会伤害别人的"私人精神生活"，又叫做不依赖任何别人而自己快乐起来的能力。这种替换或者转移（即替换与被替换之间）是绝对任意的或不讲道理的，它们之间原本没有任何关系。这种替换的结果，就是遗忘和新生，它们甚至在短短的一天之内也可以发生多次，它要求这样的精神能力，而且又是悖谬的：即使在情绪表面极其不稳定的时候，我们自在的本质仍旧是冷静与平静的。

如果用一句话描述美感，那就是摆脱烦恼与投入情趣的同时性。任何烦恼都不影响情趣——这功夫不是短时间能修炼出来的。以我的体会，读书、思考、写作，是适用于我自己的三个步骤，它的要求既简单又苛刻，而且都是独处情况下的"自由活动"，由于它的本质是感受事物本身的美，因此并不会伤害他人，这是一种高雅的道德行为。

第八章 以艺术的方式活出你自己的价值

用想心事的方式（心思的艺术）获得幸福，而不是直接拥有物质享受获得"平庸的幸福"。人从自身感到的幸福远比从周围环境所收获的要大得多！所以，孤独并不比周游世界更不幸福。与其说幸福在于从周围或别人（这些都属于外在）那里获得点什么，不如说在于从自身中（这才是内在）拿出点什么——真正使我们心满意足的，是内在而不是外在，是感受而不是感觉。内在或者感受，因其直接的亲自性而直接触及人的心灵，环境则是间接的。心里美，人们才会觉得环境美。因此，相同的外部事件或者环境，对两个人不会有同样的影响。甚至面临完全相似的环境，每个人也都只是活在自己的世界里。这取决于一个人从哪种视角观察世界，例如"女人最大的心愿，就是有人爱她"在视角上显然不同于"让我自己一个人好好待一会儿"——这两种情形都可以称为"从自身感受到的幸福"，却是多么不同啊！真正的趣味是内心的情调，它取决于精神的能力，与拥有多少金钱无关。

在内心情调上敢于冒险，就像登上高峰才会看见更加广阔的美景，而普通人多是墨守成规、胆小怕事之人，只能重复小小的快乐，而大快乐得冒风险——想象的胆量。内心的贫瘠比环境的贫瘠更为可怕，反之，丰富的心灵生活却可以弥补周围环境的恶劣。一双"丑陋的"眼睛，没有能力体会细微的美好！无论周围环境如何，只有通过人的内心，才会真正发挥作用，它是孤独发生的。我自己，就是一切——这说的是个性、与别人不同，很好！我的幸福你不懂。

平庸，就是看见大家都举手，我也举手。我当然可以举手，但一定得是心甘情愿的。个性不是指性格（脾气温顺或暴躁之类），而是内心的情调（精神风格），它是创造性的精神活动之来源，是一个人最为持久的快乐之来源。如此，一个人就活出了自己之所是。一个傻瓜即使住在天堂仍旧是傻瓜，一个天才即使在炼狱也仍旧是天才。

一个绝对孤寂的智者，可以从自己的思想和想象中获得美妙的消遣。因此，人生幸福最重要的因素，就是一个人之所是、他的个性。但是，时下的社会风气却是没人注意这个，人们只看重看得见的金钱，而不是更有教养——人不变蠢，确实比变蠢更加困难，因为显然一个贡献出自己所是的人，要远比自己能获取什么更有幸福感。我们看到如此多的人勤劳得像一只蚂蚁，从早到晚不停地为把自己的金山堆得更高而奔波不息，在这个狭隘的目标之外，他们就一无所知了，大脑空空如也。他们的内心是空虚的、想象力是迟钝的、精神是贫乏的，而且这种人围拢在一起，抱团取暖。这叫做物以类聚、人以群分。

感官的快乐也和金钱带来的快乐一样，是过眼烟云，能永恒独留的，是只属于自己的奇思妙想的快乐、著述能留存于世的幸福。容我再想一想：虽然一个大智者可能同时也很爱财，但一个除了爱财之外大脑空空如也的人和智者之间的对话，肯定是相互"对牛弹琴"。

一个内心丰富的人，精神才会强大。如此，才有能力抵制厌倦的情绪——因为丰沛的内心能无中生有，创造美丽的内心世界。

一个活出自己所是的人，比一个为身外之物（金钱、地位、荣誉等）所累的人，更由衷地感到快乐，更具有道德感。换句话说，别活在别人看自己的目光之中。超越这个目光是何等艰难啊，你得放弃以虚套为特征的社交生活，独守孤寂。在与人交往中，我是怎样的，决不掩饰。按自己的意愿行事，在生命中贯彻始终，这就是个性的标志。我的快乐只有我知道，别人想让我快乐，但别人想不到我真正的快乐之处在哪里。

正直的品性很重要，但它得是我自己认可的，因为我知道在漂亮的字眼下往往有很多我所不齿的污垢。我认为某举止是正直的，即使多数人怀疑，我决不退缩，这要提升为信仰。还是卢梭说得好，他快乐是觉得自己的心智天生就和别人有别，它是微妙感受（想象力）方向的差异，不是指性格。这给卢梭莫大的内心满足，而在那些只从外部生活状况观察卢梭的旁人看来，卢梭很悲惨。卢梭当然没必要理睬这些人，避开这些人的干扰是件多么惬意的事情啊！

快乐的笑声很重要，但它得是我自己认可的，因为我知道很多笑声是很猥琐的，我笑不出来。我的笑通常发自内心，并不出声。孟德斯鸠在他的笔记中说，自己起床一睁眼就感到心情舒畅，我想他秉性如此，并不是由于他看见东方的太阳正在冉冉升起。无缘由的高兴，是自信的标志，天才的感受与众不同。尽管不能让每天 24 小时都停留在上午的时光（因为上午是我心情最好的一段时间，我工作的兴致和质量俱佳，很是奇怪），但我可以想方设法。人生活的每一时刻所含有的精神质量，确实有巨大差异。就我而言，让上午的"瞬间"延长（极其专注、凝神的快乐），就等于延长了幸福。这个感觉令我振奋，好像我每天都有一段时间风华正茂。

劳动本身就是快乐，但它得是我所喜欢的精神劳动，上述所谓"忙着活"就是这个意思。没有精神劳动、大脑无所事事，这令我难以容忍。很多人宁可体力劳动也不愿意脑力劳动，还有很多脑力劳动者没有从本职工作获得快乐，这是由于他们难以理解艰辛的思考本身就是快乐的事情，就像冷水浴让人痛快一样。在冬季里太冷的水痛快淋漓地浇灌全身，享受那别人害怕的，做到那别人做不到的，这就叫"天生和别人秉性有别"——它一点儿也不费钱，甚至都不费毅力，就像我不知不觉地写了很多心里话，没觉得是靠毅力写出来的，因为这种劳动的感受，比吃饭都香甜呢！一口气写完了一段意思，要暂时停下来品茶，那是享受，又是积攒下一段的能量。是的，上午真好，就像我生前和死后的时间，都与我无关。我要好好享受"出生后"和"死亡前"之间的时光，把其中的每个瞬间都变成"上午的快乐"。要像孟德斯鸠学习，自己起床一睁眼就感到心情舒畅，它与室外的天气情况无关。这怎么能够做到呢？这怎么就做不到呢？我想到了禅，但本质却是保持心情平静的能力。万物齐备于我，我就是上帝，尽管这不是真的，但我觉得这就是真的。于是，它就真的是真的了。这个道理，很多人一辈子都不会明白，就像童话《小王子》中说，大人们不懂一幅画看似"礼帽"，其实画的是一头大象。

作家为什么喜欢写作呢？我觉得就是享受自己的心事，并当成了自己的生活方式，这当然是文字对人造成的异化现象，但卢梭不应该对此加以谴责，这种异化也成就了他自己，这就是他的文字作品。这就是人类文明的标志，是人类对自然状态的改造，是最宽泛意义上的艺术，享受自然状态里原本所没有的东西。在此，所谓艺术，就是创造（写出）一个新的感受（念头）。为什么哲学家和艺术家往往长寿呢？因为身体健康其实不是身体本身的事情，而是精神状态的事情，哲学和艺术都属于纯粹精神，它能愉悦身体，减轻压力，它的效能甚至超过了体育活动。外部环境糟糕？没关系，不理睬就是了，我上面描述了个人可以创造适合自己的精神环境，就像除了自己忍受不了冷水浴，任何别人都没法在这件事上拦住你，因此一个人不快乐而身体不好，只能怨他自己。外部环境就是有天大的本事，也无法禁止你冷水浴。

摆脱被奴役，有一个绝招，就是"绝对的个人主义"，奴役人的人不是坏吗？那就让他坏到底。这绝招的前提，是忍受孤独，因为没人理你，你得有哲学家和艺术家的潜质。

人们不是受事实本身影响，而是被自己对该事实的想法所影响。人们总认为事情本身才重要，但这种"认为"本身就已经是一种想法了。想通这一点，对人是莫大的心理安慰，因为发生任何事情都取决于我们怎么看它，我们内心的功夫，就可以花费在"看它"上面了，它的效

第八章 以艺术的方式活出你自己的价值

果是千差万别的，但都验证了人的本质确实是精神的，而且是孤独的精神，因为说到底，是你自己怎么"看它"。以下，就是上面"看法"的应用：一个智慧之人不顾一切地从烦恼之中摆脱出来，想要安静与闲适，过着有节制的生活，尽可能少与外界接触。也许对他自己的所谓同胞有一点儿体验之后，他会选择隐居的生活，或者如果他是一个伟大的智者，可以选择孤独。因为一个人越是能与自己为伴，就越少需要他人——的确，别人也帮不上他。因此，高智力者总是不合群的。确实，如果智力的质量能被数量所代替的话，也许值得与平庸的大众为伴，但不幸的是，一百个平庸之辈加起来，也赶不上一个智者。

或者孤独，或者平庸——在一个智者看来，最宝贵的是独处的时间，他要创作；对平庸者来说，独处是难以忍受的，他感到厌倦、沉闷、无所事事，宁可去社交，与同类型的人混在一起，他误将感官刺激等同于心灵生活，他是一个缺乏思想深度的人。庸人们只是想方设法消磨时间（其时间多得令他们发愁），智者则惜时如金，他们多的是设想，少的是实现设想的时间。

一个人应该自己创造自己的希望，别指望别人，别指望外面的世界。一个人的一切都只能指望自己。一个人越是能从自身找到快乐的源泉，就越能感到幸福。幸福就是这样的自足性。人生在世最幸运的，莫过于具有人群中稀有的丰富个性天赋。活出了自己，为自己最擅长的事情而献身，是奉献，不是索取，而最傻的人莫过于为了在人前显赫、为了地位与荣耀，而牺牲了自己的灵魂、自由与独立。

最不怕孤独的，是真正有独立自由精神的知识分子，而"目不识丁者的闲暇，不啻于形式上的死亡、活着的坟墓"。要闲暇有价值，只有高贵的精神才能做到。有精神的活，叫做复活，它区别于动物性的原始欲望。"我的哲学没有能力让我拥有财富，但是却让我省去了很多金钱。"

普通人把自己幸福的赌注，押在外在于自己的事物上面，如财富、社会地位、妻儿老小、朋友、社会等,以至于当他失去这些的时候,他幸福的基础就被摧毁了。换句话说,"他的引力中心,不是放在自己上面"。对此,说得残酷一点,这也是变相地被自己喜爱的东西所奴役。就像你豢养什么,就得承担失去它们而导致的痛苦。爱×如爱己,这一向被认为是高尚的道德,但它是从自身异化出去的道德,我这里决不是在提倡自私自利,而是从正面分析我们把原本"不是自己"的东西,当成自己的全部,就会掏空自己的个性风格和独特的才华。

在自身之内而不是之外寻找幸福,看来这的确是一个严重的哲学问题。它并非纯粹形而上学的话题,就像一个人生病了,是靠药物还是靠锻炼自己身体内部的机能治愈疾病,是两种截然不同的方式。实在说来,鲜有人单靠药物就能长寿的,长寿本质上靠的是自身内在的活力。

灵魂的财富看不见摸不着,别人也抢不去,它只是通过一个人内心的强大展示出来,独享自己的内心,对外别无所求。他承诺只做自己,他漫长的一生、每一天、每一时刻。他把自己创作成了一幅充满灵气的作品,他是他自己的作品。如果一个人生来就知道自己的才华所在而没有闲暇奉献出这种才华,那他就是世上最不幸之人,就是最为凄凉的悲剧。反之,他就是这世上最幸福的人了。

人们宁可忙碌去外面折腾,也要躲避闲暇,因为闲暇往往需要高贵的精神活动去填充,普通人不具有这个能力。因此,自由只是精神贵族的追求,而蠢人宁可用自己的选票换点钱花,对于目不识丁者,自由是无用的奢侈。识别这两类人最简单的方式,就看是否喜爱独处(不受外来打扰的闲暇)。难的是保持静心什么都不做。是静心地想心事(它是广义的,包括阅读与写作),而不是焦虑。愚蠢是自然的,很容易;不愚蠢是不自然的,很困难。因此,智慧之人总是显得古怪傲慢、难以接近,智慧既是痛苦又是幸福。与别人的看法不同,我觉得天才的环境从来就不差,因为天才所需要的,都是普通人放弃的,例如书籍、独处(读写、想心事),这两种人并不会构成在利害关系方面的直接冲突。

换句话，一味抱怨环境的人，不配做天才。

普通人只需要感官的快乐，所以喜欢外面的世界，喜欢交际；智者不满足于感官快乐，而要智力本身带来的快乐、纯粹心灵的快乐，这些只需要向内追求就可以了，所以朋友不多，康德一生也没有离开自己的家乡小镇。行万里路并不会自动带给人智慧，智慧取决于人正直的品性和脱俗的想象力。

独处而不感厌倦，古代中国人的智慧称其为"禅"，它是道德与智慧双重修养的结果。它不厌倦，因为可以自足——心灵的快乐，感官的快乐只是次一等的。获得感官快乐取决于环境、年龄、财富、身份、社会地位等，它们是易逝的，但心灵的快乐可以超越这些条件，因为心灵有这样的根本意志：视死如归！换句话，纯粹心灵的生活，是一种复活的生活，它是只懂得感官快乐的人理解不了的。心灵是自足的，意思是它不仅自己满足自己，而且是纯粹的满足——令人惊奇的是，与这种满足相对称的，并不是需要，很多人难以理解的，正是这一点（脱离需要的满足）：需要本身是不可能获得满足的。财富就像海水一样，你喝得越多就越渴，这也适合对于名望的追求。财富、名望、身份等，是追求感官快乐的自然而然的延伸，属于同一个家族的成员。

需要是不能满足的，因为"满足"的瞬间，与"没有满足"的感受是同时发生的，我们想要的事情本身往往并不像事先想象的那般美好，而且另一个我们没有得到过的×，时刻又在诱惑我们（我们身处充满欲望的社会），总是觉得自己还没有得到过的东西，永远比已经得到的东西更美好，尽管这是一种不实际的幻觉，但人们永远离不开这样的幻觉——这是心理事实而非物理事实。但是，心理事实的"真实性"或者重要性，永远都超过物理事实，因为就像叔本华以上说的，人们只是表面上觉得自己受到的是事情本身的影响（其实这是自欺欺人），但事实上受到的，不过是自己对该事情本身看法的影响，"永远是还没得到的东西更好"——这就属于"自己对该事情本身的看法"，不是说它事实上是真的，而是人们宁可相信它是真的，它是促使人活下去的一个坚定信念，既然这属于人性，即使智者如叔本华，反对也没用，永远消除不了。这里不是讲道理的场合，而是自我心理暗示与安慰的场合。

以艺术的方式生活，就是说，与其相信智力，不如相信心灵。我们对一个人最初的、刹那间的印象在此时此刻就是最真实的，后来我们发现这个人还有很多与此印象自相矛盾之处，后者也是真的，这个例子适用于所有人。有的人似乎只有智力而无心灵，其心灵是干枯的，这是一些可怜的人（但我们不要恨他们，恨是一种出于智力或者因果关系的感情，而不属于纯粹的心灵生活，后者对于一切生灵只是爱怜，与恨之间不形成对应关系，超越了仇恨），没有美感，不懂得如何以艺术的方式去生活。

还有，要把人与人之间的瞧不起与歧视区别开来："瞧不起"就像性欲一样，它是一种自然而然从上到下涌起的真性情，是智力、身体、心灵暂时达成的一致——既然它们是人性的成分，就不是不道德的，而是道德的，因为它迫使人做点什么。做点什么呢？就是努力去消除人性中那些或窝窝囊囊或不把人当人看待的无趣与猥琐，如果视而不见不去鞭挞之，即使没有同流合污，也不能说在人格上是高尚的。在这个意义上，放肆自己的真性情是一种冒险的行为艺术，可以将它作为一种生活方式（既然怎么活都是只活一辈子，那就选择心灵的方式、最不做作的方式），做一只牛虻去刺激人，或者说马刺——尼采的风格。与其说"瞧不起"或者蔑视的态度是针对别人的，不如是激励自己的，它时刻要人反省自己：我是不是很平庸？

以艺术的方式活着，就不能像一个学究那样思考。是否是一个学究，并不在于形式上是否以读书写作的方式占满自己的时间。我的判断是，如果一个人的文章中的一页堆满了现成的概念而不是直接打动人心的思想细节和形象，那基本上就是一个学究。如果只是貌似概念却是抽象而滑动着的精神积聚、凝神的过程，这就不是学究，而是一种高雅的艺术—思想描述方式，它确实让人理解起来有些困难，但是困难的思考，本身就是创造性艺术之必要组成部分，它与学究风马牛不相及。抽象的感性与生活中的智慧完美地结合起来，使一个哲学家同时成为语言修辞的大师，从而创造性地改变语言的风格。把"人是生而自由的"（这是抽象的感性理解）与"今天是我自己的"（这是生活的细节）结合起来理解，这是典型的生活智慧。他不仅把哲学从天上拉到地上，而且进一步拉到我们身边。"今天是我自己的"，每个人都可以从中获得自己的理解，从中所浮现出来的，并非一个概念（例如"幸福"）的意思，而是一连串具体的行为（例如，接着读一本兴趣盎然的书籍，接着写一个就要被自己解决的新问题，与一个亲密朋友小聚）。

  从修辞角度，"今天是我自己的"要比"我是我自己的时间的主人"更加生动，更能引发丰富的联想，前者虽然朴素但意思并不透明，尽管不透明但每个读到的人似乎又都明白句子说的是什么意思，读者会无意识地以自身的阅历联想到自己。"我思故我在"用类似推断的方式确立了一个概念，它自身成为一个经典的哲学命题，并成为近代哲学的起点，以至于"我"远离了我变成了抽象的自我意识，这种有意无意的篡改使哲学从地上升到天上。"今天是我自己的"则更像一句哲理诗，与"我思故我在"相比，更与我有关，更有人情味和亲切感。也就是说，不学究，是生活的智慧。联想的最有力的条件，是形象、设想某种情景，就得与我的距离很近即在我的能力之内。情景比概念更能打动我，但哲学家毕竟不是纯粹的诗人，哲学家的语言功力，妙在表面上所使用的类似朴素形象的表达，其实却是抽象精神的凝聚，这就是"深刻"或者深入浅出，它必须率真而没有城府。在这里"率真"不是说老实话，而是说"不可能的话"……

  人性的一个弱点，也是害怕孤独的一种延伸形式，就是希望自己被别人谈论，如果你赞美一个人，即使言过其实，也会大受欢迎。人们宁可当"被评论"的奴仆，也不愿意无人理睬。人们将别人眼里的我等同于我的情形，也有反面，那就是当你被众人丑化的时候感到不愉快，无论不愉快还是得意扬扬，都不来自自我评价。以绝对自信（无论他人如何看待我）的态度，过我自己所选择的生活，说说容易，真正做到，何其难哉！

别人意识不到我本来的价值，永远如此，因为我也意识不到别人的价值。因此，我与别人都不该被责备，互不相欠。我要反省的是，为什么要在意别人的议论？最有效的抵抗方式，就是写出我的存在而不是在别人面前显露我的存在。这与惯常看法（即观其行比观其言更重要）正好颠倒，能显露一个人灵魂的，是他的文字本身。

我与别人之间，是意识的相撞。别人对我的看法无论好坏，都不是我的。我的 = 直接的、赤裸裸的；别人的 = 间接的、掩饰的。既然互为别人，很多人没有了自己，他们只有我这里说的间接性，他们就为它而活着。很多学者也是这样，没有自己的思想，自己的头脑不过是别人思想的跑马场。他们活着，似乎就是为了评论这个人的思想好，那个人的思想不好。他们要翻书，要念稿。但我觉得，要离开这些思想拐棍，任由自己天然的思想冲动，这就是思考我之所是，做我之所是，而不是别人眼中的我应该是，后一种情形葬送了多少人一生的年华啊！王尔德的一句话是天才的：受他人影响是不道德的。

当然，这很悖谬，我引用王尔德的话，不就是用他的话表明我自己的态度吗？因为我自己的分量不够，找个名人以便鸣锣开道，因此任何一句有道理的话，它是有道理的恰恰在于肯定能找出例外来反驳它。如果一句话刀枪不入永远为真，它就是一句毫不可爱的废话。

只要一开口去评论或者解释，就会发生悖谬的情形，因为语言不能同时说相反的话。如果躯体上有两个头同时讲话，虽然南辕北辙，却更能接近内心的真实。心事是七上八下的冲劲，脱口而出却成了有条理的间接性。乔伊斯的晦涩，在于他极力想接近这些冲劲——不是一种语言的情形超出了语言的界限，就好像真能用语言说出美酒的滋味一样，但是语言的悲剧在于,它永远代替不了体验。

不要看重外来的荣誉和别人的评价,因为它们根本就靠不住,就像我无法决定我的作品之命运,我的责任首先是消遣精神,在这个过程中我快乐过了,能有机会将作品摆在读者面前,这就是奢望了。说什么人的本性是自私,但人们却如此看重别人的思想与评价,毫不在意发挥自己与他人不同的思想能力,这种"自私"有点费解和复杂,它应了这句话:如果一句话刀枪不入永远为真,它就是一句毫不可爱的废话。日常经历告诉我们,多数人都把事情搞砸了:他们把别人的思想当成自己价值观的最坚实的基础,他们更关注别人是怎么想的,而不是发生在自己脑子里的想法,但事实本来就是一个人自己的念头才是最直接的、第一时间浮现出来的东西。因此,多数人都把事物的自然顺序颠倒了——将别人的观点视为真实的存在,却将自己自发地冒出来的念头视为(别人思想的)影子。他们把原本就是派生的东西看成是主要的东西,就好像认为自己在世界上被描绘出来的肖像比他们自己本人还要重要似的。这就误把间接性当成直接性,把不自然当成自然,这叫做学问上的虚荣,它也是一切虚荣心的缩影。

古怪的是,这虚荣是以一种其实并不真正在关心自己的方式"关心自己",甚至不惜害了自己,就是要让自己身上的羽毛在别人看来美丽漂亮。如果说"间接性"只是某种手段而人本身才是目的,那么这些将事情自然秩序搞砸了的人,却极不自然地将手段当成了目的本身,这等于忘记了人本身,忘记了人的本真是在活出自己。我在这里所描述的人的本真状态或者原样状态,并不是在辨析关于"人"的概念,这一点非常重要,因为当我们将"人"视为概念并且试图以各种方式定义"人"的时候,就是在某个极端方向上偏离本来的、活生生的、五颜六色的人性。

事情就坏在盼望,盼望的性质与承诺一样,其不可实现或无法兑现,往往并非来自自觉的欺骗,而在于两者都无视时间时刻在改变着正在发生的一切，无视时间而许诺将要来到的和当下的心事相一致，这情形永远不可能真实发生，这是一种老实的乌托邦。还有一种乌托邦是不老实的，那就是堂吉诃德式的，它不推论，就是从当下临时发生的人和事情中漂浮起来的幻觉，它来去匆匆、不可预测，在这里无视推论与无视规则是一回事儿。它不焦虑，在于它事实上消解了盼望，因为此刻的一切念想都是瞬息万变的，而盼望之所以成立，前提是在一段相对长的时间内保持不变。这相对不变的盼望只是一个空洞的形式，而瞬息万变的念想及其行为才是真实的内容，这就是瞬间的意义——这种"不正经"却是正经的，因为它"实事求是"，但其更贴切的含义是以任意拧着的方式夸大事实，而唯一的事实是内心的事实。

任意拧着，就是说，不相信以假设的推论作为前提的判断。于是，"盼望"被消解为相信一切事情都可能发生。这相信及其发生，首先指人的内心。例如，加入了"瞬间"这个实事求是的内心维度，内心的冲动与平静其实是一回事。举一反三，类似这样的"一回事"性质种类繁多，它们组成了一幅又一幅拧巴的图像（这很像是现代艺术），这些图像活动起来就是电影，但与其说这电影是放映出来供我们观赏的，不如说我们自己就是这电影里的风景或事件。这很像是女人的哲学，因为印象中女人比男人善变，例如女人的眼泪来得快去得也快，但我这里不想陷入这个争论，而只是还原出"善变"本身。甚至完全可以去掉"善"只留下变。诡异的时间，你的原形是一个女人——这个例子是否肤浅？跑题？它把深奥的概念与一个形象连接起来。但是，无论多么深奥的东西，要想接近它首先得想象它，得想到某种情景，反之则可以把似乎肤浅的情景想得深奥，这种表里关系就像呼气与吸气的关系一样，单独只有呼气或者吸气，人就得窒息而死。

于是，我对调了显与隐的位置，对于一个毫不起眼的事情，或者似乎平淡无奇的一天，可以像乔伊斯那样写一大本书，写出来的原本都是"隐"——这些变化莫测的心事与其说是盼望，不如说是高难度的精神消遣。于是，可以说外部世界和人的心思，是关系不大的两回事。只有肤浅的人，才会将心思只花在显现出来的外部世界。换句话说，必须以"不正经"的方式沉浸于想象之中，否则生活就难有趣味，与其说趣味在于以看到的方式经历着什么，不如说趣味在于以想到的方式经历着什么。"不正经"的含义不是惯常的狭隘意思，而是如此积极的意思：命运想让我发生什么，我倔强地偏偏不让它发生，也就是反俄狄浦斯情结。我心里可以螳臂当车，尽管在显现的世界中做不到，但我说过了，人实际上只是以心情的方式活着。命运不能选择，但心情可以选择。比如周围环境压抑，我能玩味这种压抑，环境拿我无可奈何。细微的快乐足够我们享受一生，只要内心足够勇敢和敏感。

事情越有价值，做起来越难，但乐趣正在这个难。最本真的冲劲，这种本真无比复杂。"难"中的乐趣，就是享受这些复杂，就像慢镜头相比正常速度的画面，能细细品味更多的、原本看不见的事情细节。这个慢相当于显微镜，就像以凝神的方式扩展瞬间的体验，等于延长了时间并创造出显现之外的新的精神生命。

要做一个耐人寻味的人，就像一坛老酒，滋味一言难尽；就像一部天才之作，每次阅读都能品出新鲜意思，这很困难；就像女人那样诡异：虽然她的眼泪来得快去得也快，但是她的感受来得慢去得也慢。所以我说，虽然叔本华和尼采"瞧不起"女人，却正是这两个人的思想，开创了哲学的女人时代。因此我断言，这两人虽然智慧，却自己也不清楚自己到底说了些什么。男人和女人谁更专注呢？不要如此一般地提出问题，而要看所专注事物的性质。既然利科可以转引一句"活的隐喻"——"时间就像一个乞丐"——我也可以说"时间像一个女人"，并且不把这句话当成一句诗，因为它实事求是、恰到好处，不解释，就是不解释。

念头越是符合当下实际事件，就越是短命。能长寿的，都是由眼前事件漂浮起来进而浮想联翩的句子，这些句子的意思，似乎与当下所发生的事情已经没有关系了。换句话说，这些句子由于适合一切相似的场景，进而超越了时空，我把这叫做"不是一种语言"，例如"床前明月光，疑是地上霜。举头望明月，低头思故乡"。"不是一种语言"就是天才作品的灵感之源，是其方法论上的奥秘。就是说，由感官所感觉到的任意因素出发，滋生出一连串似乎与直接所感无关的东西，有点像无中生有，此时此刻，误读不仅不是错误，而且是成功的必要条件。就像毕加索说的，他读爱因斯坦的书，什么都没读懂，但是不要紧，他懂了很多其他东西（即有了很多倘若爱因斯坦知道了也会感到目瞪口呆的新想法）。

换句话说，在哲学—艺术家眼里，没有任何事情是绝对消极的、没有用的，它们一概是生命的一部分（包括死亡）。因此，即使我明明知道叔本华是一个"悲观哲学家"，但我硬是将他理解为"乐天派"。"不是一种语言"还是这样的情形，就像蒙娜丽莎的微笑，无论从哪个角度欣赏她，都会觉得她是在冲着自己微笑。也就是说，这微笑是一种抽象的感性。这也揭示了为什么天才倾向于精神孤独，因为交往（社会生活）会使一个人不得不委屈自己的意愿而去顺应别人，一个人获得了合群的快乐，会下意识地（因为没有空闲时间）压缩自己没有实际用处的胡思乱想，于是长期习惯于如此群体生活之人，就画不出或写不出"蒙娜丽莎的微笑"了。严肃的学者必须考虑如下的抉择：做一个在交往中思考的"狄德罗"，还是做一个只能在体验孤独中思考与写作的"卢梭"？

确实是感情，但却是抽象的，这就像是没有对象的冲动，只是冲动。因此，也可以说，抽象的感情，才是回到了感情本身的感情，它是只有人类才具备的高贵本能，动物只是被眼前所发生的事情所累所困扰。抽象的感情，也可以叫"近而远"，就像李白那首"静夜思"，它不是与人交谈的气氛，只能是孤独的精神产物。它至今仍旧能被我们欣赏，就是因为它表达了抽象的感情，它不仅适用于李白写它的情景，而是适合古往今来的一切类似情景。

孤独的精神产物，很难被拍成电影，因为电影上演的是人与人之间发生的故事。若是只有一个人及其玄想，这画面效果既枯燥又晦涩，它距离现实生活本身太远了。但是否能有某种折中的办法呢？这是高难度的折中，它得主要通过画面暗示思想，而不仅是暗示感情。思想与感情的区别，在于思想是抽象的（远的），感情是具体的（近的），例如阅兵式暗示的思想多于感情，异化现象（这是思想）也可以暗示出来，例如用田园风光对比这样的画面：一个人整天被程序化的劳作所占据，使自己不再像一个自然人，而只是一个被利用者，成为一种实现某种身外目的的手段或者工具。但是，要把暗示与说教加以区别。区别的界限，在于说教之所以是"说教"，是因为说教=说谎，如果一个人在公开演讲中所说的话自己都不相信，就不会有感人的效果。如果非常真诚，即使是罪恶的念头，也有震撼的效果，它是赤裸裸的、一时说不清楚的思想，但在性质上仍旧是引人思考多于情绪。

一个死刑犯在被枪毙之前，刽子手令其脱掉身上的大衣，这个几秒钟后就不在人世的人，找了周围一块干净的地方，放置自己的大衣——这画面非常严肃，毫不做作，没有丝毫娱乐成分，但是却引人入胜，每个人都会不由自主地联想到自己的临终时刻会发生什么，这个效果就超越了时空，具有永恒性。这个维度，是当代中国电影缺乏的——我们太想通过台词叙事甚至讲道理，但是电影的优势，恰恰就是用画面弥补语言的不足，画面为主，语言为辅，如果颠倒这种主次关系，就不是电影艺术了。言简也好，言繁也好，都不重要，真正重要的，是意味深长。超越字面和画面的元素，这些元素如果以感官为标准，那就是虚无，但这虚无令人震惊、深刻甚至有趣味。以艺术的方式思考与生活，就是从感官内容中唤起超越感官的精神气氛。就艺术内容而论，这与题材无关。就日常生活而论，它与周围环境无关，因为完全是性灵和悟性在起作用。换句话说，重要的其实并不是人在经历什么，而是人从经历中正在想到什么。一个人念头的品质和素质决定这个人的本质，而不是他与别人的关系处理得好不好。

一个人是自己的作品，所以他首先在乎的，是自己的感受，而不要模仿别人，在支持和反对什么等问题上，决不能别人举手我也举手。你之所以举手，只能来自你自己的感受。一个人活着要成为自己的作品，而不要类似一部机器上随时可以被换掉的螺丝钉（型号一样，新旧不同而已）。如果一个人的一生就像这样的螺丝钉，那么就像叔本华说的："他们绝对不知道活着的价值，他们有眼睛却只能看到物理的世界，却看不到性灵的世界，因为他们没有后一个世界。"

自己的作品，暗含着高度自信，自己活着的价值并不在于别人承认与否。如果"螺丝钉"太多，即使天才也要被埋没，因为在很多情形下，天才的命运就是"对牛弹琴"，鲜有知音。如果每个人都是自己的作品，那么作品之间就会相互欣赏、借鉴、评论，天才就不怕别人不识，就会在自由竞争过程中脱颖而出。

人是愚蠢的群居动物（人在与人接触时，不是变得更有智慧，而是由于不得不顺从，从而变得更愚蠢），人们的快乐或者痛苦总是在和他人比较之后才获得的。如果每天不做如此下意识的比较，人们往往会觉得空虚无聊、无事可做，就像人们聊天时总是贬低某个不在场的别人，以收获自信（事实上，这是一种变相的自卑）。其实，真正自信的人，并不需要从别人的无能中收获自信。自信的人总是首先看到别人的长处。喜欢和别人比较，与喜欢被别人谈论，在性质上是一样的。它源自人类天生的虚荣心，即使一个真正的英雄，似乎也要从别人的赞扬声中获取最大的快乐。由此观之，一个能独享精神孤独的人（陶然自得），内心比一个英雄更为强大。

一个自信的人欣赏自己的能力，即使无人喝彩。只要有真才实学，名气是迟早的事，但它只是个副产品，有或没有这个副产品，人首先要自我欣赏（这个自信与虚荣无关，因为虚荣是渴望来自别人的喝彩）。

欣赏自己哪方面呢?欣赏自己最有天赋的方面,如果有人此刻对我说,"我不知道自己的天赋在哪里",那我只能说:"你很可悲"。如果我这里的思考略微跳跃一下,那么读不懂哲学经典著作,就是非常正常的,那些反复读的人不懂得这样的道理,它是别人的天赋,我不可能融进去变成作者,因此我并不建议精读,只读懂其大致思路就可以了。你越是用功注释,就越是丧失了只属于自己的天赋。天才永远对自己说,别人的天赋是别人的事,对我来说是次要的。像梵高这样的天才,他的绘画作品,直到他死,也没获得社会承认。梵高自信地对自己说:"这是社会的损失而非我的损失,看到他人如此愚蠢,没有能力欣赏我的作品,我感到很快乐!"(这是小说笔法)这快乐来自将自我的智慧才华与别人的愚昧无知相对比,这个原理是:一种高层次的文化有能力欣赏(懂得)低层次的文化,但是反过来绝对不可能,一个低能儿绝对理解不了一个天才。

天才所具有的不是通常所谓的"擅长"(普通天赋),天才具有这样的天赋:他是一种崭新思想的开创者,他只是开创(海德格尔所谓"无路之路"或"思之路"),他不研究,他本人被后人(永远地)研究。一个天才永远不要以获得社会承认作为人生目的,被承认只是偶然的,是才华的一个副产品。只要想通了这一点,排山倒海般的快乐就会不请自到。名声虽然有用,但是对于笃信形而上学的智者来说,名声的最大用处,在于与别人共享自己的虚荣,可以姑且将此虚荣当成暂时的娱乐,就像西装革履去照相馆拍个肖像,但那场合要被人摆弄姿势,所以独自在家穿着背心短裤挥汗如雨(当然是在炎热的夏天)写出舒心的句子,才是发自天性的、独享的快乐。在这个意义上,梵高的一生决不悲惨,因为他已经大大享受过如此性质的快乐了。

死后才渐渐获得的好名声比活着时的名声更真实,因为它通常不再是"溜须拍马"的结果,它经受住了时间的检验。当然,梵高是不会知道自己的名声了,但如上所述,他非但不悲惨,反而很快乐。虚荣心是非常可笑的，就像自己明明深切感受到某种刻骨铭心的快感，却非得等到别人告诉你这是快感，你才敢于承认它的性质，这种愚笨简直可笑之至。

会心的快乐，就是说它得触及灵魂。有的人确实没有灵魂而只有能力消费感官享受，灵魂是从感官感受升华出来的精神（一种自我超越）。我说某些人没有灵魂，是指没有这种升华的能力。那些有创造能力、那些拥有精神财富的人，才会享有永久的幸福，它是一种别人永远抢夺不去的幸福能力。这种能力可以使一个人用自己的一生，将自己创造成一部独具风格的艺术作品，这作品打动人的灵魂（它是由一个风格独特的灵魂写成的，尼采说是用个人的鲜血写的），而不仅仅是触及感官。

一个人坚信自己的才华，就会坚信自己的作品迟早会有心灵高贵的知音，道理非常简单，自己是人，别人也是人。只有人，才最有能力欣赏人。阳春白雪和者盖寡，思想先锋永远是寂寞的，这是寂寞的幸福。普通人读不懂高难的著作，就去崇拜权威或者头衔，一向如此、前赴后继，批评这种现象，是一件白费时间与精力的事情。头衔的重要性在于起着鸣锣开道的夸张作用，就像古代中国皇帝出门的情形，旁观的"小民"看到如此气派大动静大的场面，就以为后面轿子里坐着的人，也是"了不起"的，即使那人只是拥有世俗权力，在精神上可能就是一个侏儒。崇拜强权，基本属于动物世界的原始思维方式，但我们首先是人。

创造性的思想，就是以新的方式，把某些事实组合在一起，这些事实可以种类不同，可以来自不同的领域，它们越是来自日常生活，越是容易被人接受。人们会感到亲切，因为这些生活细节无一不是人们所熟悉的和知道的。人们会感到惊讶，因为人们虽然熟悉这些生活细节，却从没有以如此这般的方式跳跃式地将它们连接起来，原来熟悉的日常生活，一下子具有了人们不曾想过的面孔。这很像高明的服装设计师或者电影导演，知道如何剪裁布料或者画面，这里叫设计或者导演，哲学和艺术领域也叫它想象——某些被创造出来的、令人不安的精神诱惑，从平淡之中生生创造出事件，就是人的身心，还可以装扮成那样、那样行为与思考。它们是困难的，人们屏住呼吸张大嘴巴，看见眼前正在发生着的一切。

上述创造性的思想，沟通不同领域里的事实，消解事物之间的原有界限，或者叫"解构"。它要求作者有发散式的博学头脑，思想之路朝着四面八方，并没有事先的问题与立场，一切思想都是当下正在如此发生着的（把我们的大脑与心情，以如此这般或那般的想象方式，连接在一起）某种场景，而且随时在变化，这就是所谓的绵延。重大的题材？细琐的小心思都是重大的，只要它没往惯常的方向跑。重复？对于同样的就要在不远的将来即将发生的事情，再想一次，就可能是昨天忧，今天喜。因此，重要的不是正在发生什么，而是对正在发生和将要发生的事情，我们想到了什么。

很深奥的哲理：孤独（主要以独处的方式）是快乐的还是令人悲伤的？思想者最不害怕孤独，人们总想凑在一起，其实并非在一起时果真有什么幸福可言，而是想转移自己的注意力，是在逃避思想，使自己处于不独自思考的状态。为此，人们不惜去外面表面忙乱其实却"无所事事"、一事无成。事实上，人在一起时充满着钩心斗角，不如意事十之八九，但人们就是在幻觉里觉得自己已经获得了忙乱的享受，却从来不会认真思索享受本身到底是怎么回事，因为这种思索本质上是独自思考（独处）的结果，是超越自我（自我去外面忙乱消遣的天性）之结果。换句话说，孤独能使人变成神（尼采说是"超人"），它并不否定消遣但是却改造了消遣的本性，孤独之中的消遣是最纯粹的精神消遣。但是，这里还是有悖谬：既然做一个彻底的隐士几乎是不可能的，甚至是痛苦的（因为人毕竟不是神，人在最厌恶人的时候，还是需要人，需要人之间的感情寄托），那么，对痛苦的超越就不是否定意义上的（不是否定与他人在一起，"在一起"所带来的不仅是痛苦，还有快乐），而是意味着升华，即对痛苦的看法发生了快乐的改变（身体会生病衰老，这已经是痛苦），这就是哲学治疗的疗效。关于哲学治疗的第一句话，来自苏格拉底：哲学就是练习死亡。转译成现代文，就是学会如何度过一生，因为死就像出生一样，超出了个人控制的能力，但是如何活，或者生活方式，人可以自主选择。因此，哲学治疗与人的自由选择本能，关系密切。

上述"升华"或者转化，有积极否定的意思，即事实本身没有改变，但是我们看待它的态度改变了。这转变发生在灵魂深处，与感官世界没有直接关系，就像是一个人如果没有丰富的内心世界，即使他周游了全世界，却只不过收获了一大堆感官内容或者风景照片，却没有细腻感受这些画面的能力。

拥有独享孤独或者超越自我的能力，一个最为明显的好处，就是能保持持久的内心宁静与快乐，这是那些整天在外面忙乱的人最羡慕的，其原因在于前者拥有更多的不受限制的个人选择的自由，后者则不得不与他人妥协或有更多不得不做的事情（"不得不"即原本并不愿意做）。也许有人会和我抬杠说，既然有独享孤独的能力，那就去监狱里好了。这倒是一个颇有启发的情景。其实，监狱并非狭隘的，福柯曾经说，看见学校的大门就联想起监狱的大门。如果生活环境就像是一座没有围墙的大监狱，那么，善于独享孤独者，是精神上最强大、对精神崩溃最有免疫力的人。换句话说，"监狱"限制的只是人身的自由，但是却限制不了人内心的想法，这就像美国电影《肖申克的救赎》里的情形，或者现实生活中的南非黑人领袖曼德拉，监狱成就了一个人内心的伟大，它是活生生的灵魂磨炼与升华的真实历史，它揭示人最伟大之处，是孤独中的自由意志之伟大（人之伟大不仅在于与他人比较而显现其伟大，更在于从个人自身精神之强大而展现其伟大），甚至就人之为人的本质而言（人是由单个个体组成的，人永远是独自承受，共享是暂时的），这种伟大超过了建功立业的拿破仑的伟大。

叔本华给出的解决方案，是回避，而不是享受在与人争斗过程中获胜的快乐，这有点消极。如果生活中的悲伤是真实的而且无法避免，那就应该迎着它上，而不是逃避。质言之，就像爱一个人（爱生活本身）就得懂得与这个人必然会有的冲突一样，爱本身既是幸福又是痛苦，爱一个人或与别人的友谊，就是漂浮起来与之交往。漂浮是这样的可能性：它搁置冲突。但是，回避对于个人也有积极的一面，即烦恼少的结果就是心情宁静，增加了快乐的可能性。总之，哲学治疗是教人如何在无法容忍的情形下去"容忍"但又没有受奴役，只有在心情遭遇两难的情形下，哲学治疗才能派上用场。例如，对于生活本身就不能说或者快乐或者痛苦，既然痛苦与快乐是搅在一起的，那就只能在克服痛苦中获得快乐，就像攀越悬崖峭壁。

"痛苦"就像"荒诞"一样，它们处于日常用语与哲学概念之间，既不具体也不抽象，而是处于两者之间、模模糊糊。视角不同的人一读到它们，就以为已经知道了它们的含义，结果就发生了不必要的争论。我说"不必要"是因为它们不像"北京是中国的首都"那种指称明确的判断，而是隐喻别的意思，从而得与一段描述连接起来，才会有所明朗。我认为它们是处于日常用语与哲学概念之间的表达，可以叫诗意表达，它们比哲学概念生动，又属于日常语言中的抽象感受，有点像言不尽意的表达，本来不能表达却硬去表达，它的诗意在于它不像"北京是中国的首都"那样真实，但是与哲学概念比较，它更是人内心感受中的真实。这也破解了"孤独"本身就是荒诞的（"荒诞"在此的含义是两难、自相矛盾），因为赤裸裸的孤独，就像注定要在孤岛上死去的鲁滨孙，人类语言对他已经毫无必要，因为没有交流的机会。孤独得以成立的前提，是有语言却没有真实的交流，因此它不仅指个人处于独处的状态（不是完全没有交流，内心独白已经是自我交流），也指虽然在与人交流但处于彼此互不理解状态。

"厌倦"也属于"痛苦"与"荒诞"家族,适用上述描写,叔本华使用了这个不是哲学概念的"哲学概念",消解了思辨哲学的边界,他是关于人的生存哲学的奠基人,但也不是横空出世,古希腊哲学中有其来源。我不同意叔本华之处,在于他认为痛苦(包括厌倦)与快乐势不两立,我却觉得,它们彼此相互包含,甚至彼此以毒攻毒,就像知晓了必死就抓紧快活地活着。快活时随时都会滋生知道自己必死的念头,这是快活中的心理事实、无法回避,那么你说,哪里会有纯粹的快活呢?不会有的,这是心理危机的关头,这个关头需要哲学治疗。

怎么治疗呢?首先要有将心思飘起来的能力(升华),烦心之刻取其静,超越自我,做自己的旁观者,自己的风景就是自己,它是一种真实的虚幻力,若能将其延长,内心的焦躁就会平缓。

灵魂之所以比感官复杂,在于灵魂是以走神的方式专注,以至于专注与走神其实是一回事,柏格森称之为绵延,德勒兹称之为反俄狄浦斯情结、"精神分裂",就像有效治疗厌倦情绪的办法,是身处厌倦的环境时想着快活的情景,仿佛那厌倦就是快活的物质道具。叔本华不能如此想问题,在于他太拘泥于形而上学的二分法了,例如现象世界与自在之物世界的区分。世界上的事情或者事件从来不是界限分明的,不是一件事情结束后再发生另一件事,而是同时发生不同的事情,人在某时刻只能取其一件而舍弃其他,但只在物理世界是这样。人的精神世界转换速度快,完全可以同时产生"南辕北辙"的荒谬念头,这是一种积极的焦虑。

犬儒学派持一种返回自我的道德,它不瞄准社会生活,这固然是它的天然缺陷,但所谓创造性的思想,无非在一个方向上走极端而已。第欧根尼以逃避他人侵扰的方式获取快乐,是近代以来某种类型知识分子之雏形。中国古话叫"独善其身"。

俗话说,人无远虑,必有近忧。对这个被认为富有哲理的警句过分解读,可能导致更令人担忧的情景,因为实在说来,人们的"近忧"

要比"远虑"更为迫切、真实、确定,而"远虑"却只是人们根据目前已经有的知识对于将来要发生的事情的某种设计或者打算,它含有极大的不确定性。人们不是怀念过去,就是盼望未来,唯独对于最为真实的现在,却交了白卷。过去了的,已经不再存在。将来的,还不曾存在。活在现在,活好现在,就是最为真实的生活,我们只是真实地活在当下瞬间。瞬间,这是最为真实的、不是幻念的"东西"。由于时间永远在绵延,"现在"会成为过去即变形为记忆——如果它是值得的,就是美好的怀念;如果它是不值得的,就被称为后悔,但是已经无法更改,时间不能倒流。如果当下、现在、瞬间活得精彩,将来回想起来,就会为自己感到自豪,但是将来对自己曾经的生活能否有自豪感,还是取决于现在。叔本华道德观的一个精彩之处,在于告诫人们当下的生活质量,才是人生最重要的,它是真正的生活内容本身,它不得不是创造性的生活,即有别于过去与将来的"差异"——由于瞬间转瞬即逝、瞬间与瞬间之间是性质的差别,而不是数量的差别(不是钟表指针移动的一个空格),这就对于人以何种方式选择当下的生活,提出了极高的要求。它很像是在极短时间内下意识的身心活动质量。这个质量之所以在性质上是创造性的,并不取决于人是否平庸,而首先是学理上的,即实际上当下与过去处于一种"没有割裂的断裂"关系,而将来也极为可能是当下的某种转折,这里根本就不存在直线。

叔本华开创了哲学的"女人时代"是以此隐喻生活的真实内容就是"破涕为笑",情绪改变的无常性是真实的,但传统道德习惯却无视甚至鄙视这样的真实,它使人们长久地为过去某一瞬间的错误选择而内疚甚至痛苦,牺牲了当下的大好时光与年华。叔本华告诫人们,要为现在而活着(我们只能拥有现在),不为过去,也不为将来;唯一值得的就是现有的。当然,这个说法需要补充,它是一种抽象的说法,"现有的"千姿百态,而不是唯一的。虽然世界上同时发生着千姿百态的事情,但在某个瞬间,人只能选择拥有一件事情,因此这个说法还暗含着自由选择的重要性。它甚至也在学理上和人的心理事实上肯定了"喜新厌旧"的合理性，它是心理事实也就是道德事实。尼采高度赞扬叔本华开创了这样的传统：把人性问题挖掘到如此深度，使之成为重要的形而上学问题。

以上我提到几个汉语成语或俗语，它们同时具有积极与消极双重效果。它们的缺陷，在于人们接受它们现成的、所暗示的意思，这使得人们不能以批评的态度从反方向分析其积极的可能性，从而难以升华到哲学的高度。

将来比过去重要得多，因为过去已经存在，将来有待存在，所以生活就是创造，它取决于我们的自由选择。虽然将来重要并且令我们憧憬，但最好的生活态度是：将来与现在融为一体，而且奠基在现在。这里不要区分先后，当我们说有盼头，意思是它与当下正在做的其实是一回事，而不是说将来会有个现成的好东西在那里等着我们拥抱它。瞬间的空间化＝当下的举止活动。

怎么去过一种富有创造性的生活呢？必须把独立思考与积极寻找结合起来，即身心一体的活动，它不是日复一日的重复，重复只表现在生活形式，生活内容不同是因为我们有能力发现千姿百态的"金子"。换句话说，瞬间不但与自由选择有关，而且与任意的偶然性（遭遇，它是"运气"的实际内容，是反命定论的）有关，道德观讨论到此，叔本华已经进入"非理性领域"，越过了康德哲学的边界线。还有与快乐异曲同工之妙的，它把快乐与智慧连接一起（不是平庸的快乐）：智慧是另一个不请自到的宾客，它就隐藏在某个地方。智慧与快乐一样，虽然经常隐身，但也不时闪烁，它们使我们深信：生活是值得过的，这不是说我们无所作为等着运气降临，而是永远有抓住机遇的可能性，只要坚持、有韧劲，这是真的。

启发是一连串的，瞬间与偶然是人所害怕的，因为人们在可预知的情形下，才感到安心。但是，安心虽然舒服，却没有了惊讶。瞬间、偶然、任意性之所以重要,还有一个秘密所在,我现在可以挖掘出来,那就是它们都直接指向纯粹个体性、个别性、独一无二,不能归纳为一般性的纯粹个别性。从语言角度,这是一种很荒诞的情形,因为词语本身就是"一般"。所谓创造性的理解力,其实是从具有一般本性的词语中联想起个别的情景。

比如"荒诞"一词,就是一个"一般"或者感性的概念,人们在这个词语上的争论并不会有标准答案,它的实际效果在于,不同的人从自身出发,会想到某个个别情形或情节是自己心目中的荒诞性。学究们只是停留在思想的表面,即想在"正确的解释"上达成一致,天才的思想家却只想到当下活生生的、正在发生着的个别情景。换句话说,才华是在无意识中发挥作用的。

不要轻视偶然性,偶然性是真正的幸福之源:偶然性总是一种幸福。何以见得?我们的生活就像是一次冒险的旅行,是从不同视角看到的风景,乍看的模样若等我们近处观察,就改变了。这正是我们所希望发生的事情,我们经常发现某些别的、比我们原本想要寻找的更好的东西。我们在不同的路上寻找和发现,而这些路不同于那些曾令我们毫无收获的路。

什么是偶然性?偶然,就是瞬间发生的事情。这些事情之所以不是一般的或重复的,全在于"偶然"等同于视角的转换(即使是看同一道风景),即发现某些别的。这转换、这些别的,就属于体验的细节了,这些描述既是时间的也是空间的,更是心理的,发生在我们内心世界——遭遇意外之喜,但不是天上掉下来的,而要有时时敏感的内心,女人的哲学是易感的哲学,是建立在敏感精神之上的悟性或者洞察力。自然世界中的偶然事件是难以预料的,但我这里强调的"征兆"指的是物理—心理世界中细微的改变。例如,象形文字就是一种"征兆文字",它以征兆的方式隐约而模糊地表达意思,其中有"抽象的感性图画",它们是机巧的心灵凭空创造出来的,没有一定之规,有各种各样的例外（意外），就像同一个汉字有着好几种写法。

与其积极追求幸福，不如消极地避免烦恼。后者也许开放了这样一种态度：在可信和可不信的模糊状态下，首先选择不相信。普遍的信誉与社会公德有关。如果人与人之间只有外表的虚礼而内心互不信任，社会公德近乎崩溃，那么，人们就会选择彻底返回自我（别人指望不上），很少有能交心的朋友，使得最真实而惬意的社会生活只局限在极小的私人小圈子之中。于是，道德面临着重建。这个过程是自发的、缓慢的，凡是人类社会曾经经历过的教训，还要再经历一次。就是说，由于普遍的不信任感已经严重威胁到人类自身的幸福感，人们如果不集体商议以切实有效的新的社会契约解决这个问题，那么社会多数人会觉得趣味丧尽甚至生不如死。没人愿意管别人的事情，除非到了危及自身生命安全的时刻。所以，这是一种被迫的自由，就像社会上被迫服从的现象一样。

上述的意思，就是让人们不必悲观：事情从来就不会朝向如人所愿的方向发展，而且既然这是人们的愿望，就像人们事先已经享受过了一样，其在幻觉中的实现也没有多大意思。换句话说，真正的幸福总是意料之外的，即事情实际上总是以这样的方式出现：我们的初衷原本这样，结果却发现了（发生了）那样的效果。无论是怎样的效果，它就是最为真实的生活内容，也就是生活细节的不可预知性。它是中性的，其具体的方向总是即刻发生、即兴发生。炼金术士本想从铅或铜中提炼出金子，结果却推进了化学——错误的前提却获得了智慧的果实，它的成就并不归功于设想而归功于即兴的才华，也就是一些瞬间的情景才是精彩的，即发生了别的、生活在"别处"、经历一个新人或一个熟人的陌生之处。与其说新东西的性质是物理意义上的，不如说是心理感受上的。

第九章　我与自己的关系

　　没有纯粹的我自己，我就是我所经历的人与事情：我是书卷气的，因为我长期读书写作；我是粗糙与细腻的，我容易想入非非，因为我总是通过具有象征意味的符号去"接触"实际事物。一个一味顺从别人意见的人，就缺少了知道自己到底想要什么的能力。如果他对自己说"怎么都行"，那就等于说他是全能的，由于这不实事求是，结果就丢掉了真正适合自己的。所以，害怕自主选择，等于放弃了自己的品位。换句话说，真正知道自己需要什么，这已经是一种能力。很多人的需要其实是别人制造出来的，做着自己不适合做的事情，但又不得不这样，于是就试着喜欢这不得不做的事情，这是一种消极的变异，它使一个人有虚假的幸福，即他或她之所以感到幸福，是因为他或她看到别人以为自己是幸福的。

　　我们的幸福，很简单，跟着感觉走，至于因果关系、根据之类，是人们在事后强加在事情之上的。在事情发生的时刻，我们对将要发生什么，心里其实是没有绝对信心的。做起来再说，因此胆子大敢于尝试的人，更容易成功。尝试中有我们的品性、特有的能力。我们只是事情结束之后，才说自己是否做得恰当准确，而在事情发生的时刻，没有如此的判断，当局者迷，我们只是事情的当事人而已。每天做事情时，我们凭的是——可以比较准确认定的——是否有兴趣、是否会有满足感，而不是难以判定的重要与否、正确与否。也就是说，距离较近的临时性才与我们的生活息息相关。灵感和天分通常只是即兴表现出来的——关键时刻，如果我们总能抓住它们，就等于延长了生命。

总想着将来，收获的焦虑会多于喜悦，因为不确定的因素太多。想着当下，情形就不同了，因为它可以马上实现。为了不浪费生命，人们总是让自己的时间被可能实现的事情所占满。我们绝不应该忘记，当下是唯一的真实和确定无疑的，而未来总是和我们的期待相反。而过去，也非常不同于我们曾经认为它所应当是的样子。如果我们总不能获得我们所期待的东西，那么"愿望"究竟在生活里能起到什么积极作用呢？这首先要分析愿望与时间的关系，人不要被远距离的愿望所奴役。愿望越是当下的，就越难称得上是愿望，因为这种愿望与实现是一回事，它就是一种临时的意志。这种开心，使人成为新人，它让期待落空，并且使之成为一种新的乐趣形式。它使我们对他人的评论变得十分困难，因为所谓评论，就是在下判断，而让期待落空，其实是对判断本身的否定。

人们会夸大眼前正在发生着的事情的意义，此刻的评论或者承诺，并不表示订立了某种契约，而只是揭示了人们的热情。根据在于，人们的注意力很快就会转移到别的方面，就像一条行驶在大海上的船，船所经过的后面的波浪很快就会归于沉寂，而只有船在经过时，海面上才是热闹的。

所以，在生活中，"只有""单独""这个"，总之唯一性的人或者事情、事件，事实上我们只是在它们之中度过自己的时间，我们要珍惜它们，因为它们绝不以同样的面貌再发生一次。区别这些有差异的"它"，需要我们有绵延而细微的感受力。它会冲淡我们对过去曾经经历的事情的后悔，以及对将来才可能发生的事情的焦虑，因为这是两种不必要的、自寻烦恼的情绪，它们极大地浪费了我们本来就极为有限的生命。我们肯定人生中充满了不确定性，但一定要紧紧抓住那些我们有能力抓住的、相对确定的事情。

只要人类存在一天，世界上就充满了痛苦与不幸。由于每个人天性各异，永远存在着我极度不喜欢的人，难道我会傻到把自己本来可以为人类奉献思想的宝贵时间去和那些我永远也说服不了的人争执吗？为了避免苦恼，我绝对不把时间浪费在无谓的事情上面，我把一切无聊的事情搁置起来，最为有效的办法，就是转移注意力，也就是冥想的能力，但绝对不是冥思苦想。卢梭从来不"苦想"，他讨厌那些极度思辨抽象、不带思想形象的范畴，他的冥想并不辛苦。冥想是我与自己的飘飘然关系，它让我忘记了世俗的烦恼：它通常以"好像"的方式呈现在我眼前——我的生活就好像骑着一辆自行车长途旅行。我到过很多地方，要经历很多十字路口。必须在这些路口转弯，我不能不选择，但我没有多少时间选择。我决不为了争执而争执，当我遭遇明显愚蠢的言行时，我会冲动，而这些愚蠢的言行却成就了我的灵感。

我的意思是说，我批评它们与逃避它们其实是一回事。争执只是冥想的一个副产品，争执就是在十字路口向某个方向转弯的一个借口，而借口只要想找，总是找得到的。蓄意不赞同？是的，某个人非常雄辩，找不出任何理由反驳他，但我不喜欢他甚至可以说是厌恶他，不为别的，只是由于他说得太好，很是圆满，使我有种被奴役了的感觉，我不喜欢。有点缺点好，真理都是有缺点的，波普尔就曾说永远有理的东西都不是真理，因此不让别人说心里话的人是穷凶极恶的；安徒生说皇帝知道自己的真相是光着屁股却让周围的人喝彩。皇帝和喝彩的人难受吗？绝不！他们只是不自信，他们是精神失败者。真正自卑的人就是公开场合嗓门最高的人。

也就是说，人只是自己，活出自己就是最大的道德。人不是活在真空中，会影响别人和受别人的影响，但不必在意这些影响，更不必靠这些影响而活着，因为你在意什么，就会被你在意的事情所奴役——你依赖它。要区别共鸣与影响（或赞同），由于每个人天性不同，共鸣就像爱情一样，一样的感情，却是两种迥然有别的深有感触。影响的真正危害是丧失了自我，换句话说，两个人的关系再好，他仍旧是他，我仍旧是我。这与自私无关，俗称的"自私"有一种外部的标准，而"我仍旧是我"纯然是超越功利的精神个性。

只要我有生机勃勃的被自己的想法激动起来的能力，就能对来自外部世界的任何影响不动心，就能忍受那看似最难以忍受的，因为争执或说服别人要花费时间，而且不可能有真正的说服。也许有人真有能力改变世界，但这所需要的环境条件太多，他需要很多人的配合，但活出我自己所需要的不过是自己灵机一动的能力而已，它招之即来，根本就不需要他人配合——这才叫活得有道德，因为它不麻烦别人。我与我自己的关系，就是不求人。我可以说"你鼓舞了我"，但我不说"我依赖你"或者"没有你，我可怎么活。"我宁可固执地相信不可能的事情："我只靠自己就能活得很好！"这种倔劲甚至在外表上彬彬有礼、与世无争，绝非匹夫之勇。每个人与别人相处的方式取决于其性格与品德，每个人都有这些方式的选择权，我要尊重之，没有资格妄加评论。我可以不喜欢，但态度要尊重，如此而已。

看穿事情之本质的能力，等于给自己节省了时间。所谓本质，没什么特别深奥的，本质就是看似不同的每天都发生的事情之中的相似性。发现了本质，就去发现乃至发明真正有差异的事情，即另一本质，这是困难而有趣的新事情。例如，都是冥想，但我厌烦再说什么生活就像骑单车旅行之类的话了，我现在想，生活就像一个掷骰子的游戏，灵感和生活中的巧遇，不就好像是骰子吗？痛苦使我不知道世界上还有很多我从来不曾享过的福，这给我以希望，但别将这希望圆满化，希望只意味着我得去遭遇，只要动起来就有希望，思考与感官行为配合起来就有希望，甚至从来不要说什么我很倒霉，要思考"倒霉"以至于爱怜它，因为它以其独特的方式训练我如何与之相处，并且从暂时的苦闷中受到启迪——去创作（做另一件事情），以便摆脱它。

我们往往比自己所认为的更加愚蠢。公正地说，反过来也同样成立，一个人比外表看上去更有智慧。换成"我"，我既智慧又愚蠢，两者都是真的，因此事情的真相是悖谬状态，但行为意味着骰子落地就选择成真，人们痛苦地干着使自己快乐的事情。叔本华"我们往往比自己所认为的更加愚蠢"之所以说得精彩在于它是一种有智慧的偏见，如同"一个人比外表看上去更有智慧"。既然自相矛盾的双方都是真实的，那么对任何一个人做的任何判断都不过是以偏概全，因此活得令别人失望是一种独享的乐趣。一句话说得有力量在于它是智慧的，但"它是智慧的"之标志，却在于它说得"不对"而只适合于某瞬间场合，离开此情此景，智慧的表达则需要另寻出路。在这个意义上，评论或解释他人的思想，永远赶不上写出自己独有的思想（不拘形式，形式上也可以是评论）。我活得令别人失望，是说我挣脱了命的束缚，这意思别人往往想不到，想不到我到底是怎么想的，想不到我竟然是这样的人。实在说来，我也不知道自己到底是怎样的人，因为还有明天。孟德斯鸠一大早起床就乐呵呵的，因为还活着，还有希望完成《论法的精神》。希望在于我还很有思想潜力，我能改变自己现有的思想，有能力创造别的思想。

　　一个人还有希望，就在于他有绝望的能力，如果觉得难懂就把"绝望"换成"冲动"。在浓厚的执行兴趣的能力及其过程之中，发生了在外人看来似乎不值一提而对于我自己却是如此惊心动魄的日常琐事，它们把生命的燃料恩赐于我，令我热泪盈眶，它们是真的但在形式上却是虚幻的或者说是假的。在生活的多数时刻，一个人在决定某个重要步骤时，其行为并不会朝向恰当做事的清楚明白的知识，而是来自人自身最深处的内在冲动，可以称其为本能。冲动是神秘的能力，它既是刀刃又是伤口，它不是迷信，因为每个人都曾经冲动。迷信是相信自身之外的力量，而冲动是自身的力量，因此冲动给人的幸福是迷信不能给予的。"冲动是魔鬼"是评价，这个"正确的评价"并不令人冲动，因而它并不美丽。既然不美丽，它就不正确。换句话说，冲动有自己的逻辑。一句话在令只有说者和听者都心跳加快跃跃欲试的情况下，才具有真理性，即鲜活的身体之延伸。

就以下意义而言，冲动不同于利益，因为冲动是纯粹私人的、无法公约、难以言表、根植于自己精神骨髓里的兴奋方向，因此才会有这样的事实：同一件事让张三难以忍受而李四却感到快活无比。单调的生活培养乏味的人，从而出现这样的咄咄怪事：生活目标清楚明白的人在努力实现自己的目标过程中并不冲动，因为他只冲动了一次，就再也没有新鲜感了，就像多数掌声只是出于礼貌而并非真的受到感动。冲动之美妙，在于不知晓原因而深有感触，就像当我发现一个人不再莫名其妙的时候，此人就难以再引起我的兴致。

高兴的速度越快，真实的成分就越多，因为无论一个人多么圆滑，只要他是人，他的假笑总能被人感受到，况且生硬挤出来的笑容既然是出于算计而非发自内心的真诚，就得有个酝酿的过程，就得花费更多的时间，而身心一体的冲动往往一蹴而就，它是真理，就像划过夜空的闪电，这话倒过来说同样成立：划过光明的黑暗，就像大白天做白日梦，以超现实的方式过现实的生活，就是去发现和发明"没用的心思"，抓住类似的念头，此时此刻抑郁与天才其实是一回事，但日子过得太现实的人根本不知道有这回事儿。于是乎，知道得比别人多，就像太长寿的感觉一样，既哀痛自己的孤独，又心满意足，但这两种感觉，都属于广义上的冲动，但凡冲动都无法向别人解释清楚。

我与我自己保持快乐关系的关键，在于冥想的能力，我得让我自己莫名其妙，让心思复杂起来，别劝人往好处想，我保持乐观心情的途径，是凡事往坏处想，我先在想象中接受了最坏的结果，这样想的效果却往往不错，我有思想准备，准备接受莫名其妙：出生就是走向死亡的开端、害你最深的人可能是曾与你友谊深厚的人、今天蓝天白云明天就可能雾霾重重。就像我最爱体验同一个人判若两人，因为莫名其妙总是令我兴奋，进而刺激我的灵感，就像诗人的脑子从来就不曾清晰（至少在写诗的时候）、告别也许是背叛的开始而非思念的开始、今天的敌人明天就可以是朋友，反之亦然，因为你与我都是人，彼此都会犯错误并且因此而显得可爱。

人之痛苦，在于总设想自己是好人而别人是坏人，不愿面对自己在曾经的某个时刻也是自私的、背叛的、害人的，但却也大可不必为此深深自责，因为你也曾经是天使，这就叫想得开。如果一个人煞有介事地滔滔不绝地向我说假话并且就像是真事似的，那我的注意力就转移到研究一个骗子的面孔（或声音，如果来自不见面的骗子的电话）是啥样的，与真诚的容颜差别何在，总之只要有心理准备，旁若无人，心情是想坏也坏不起来的。在多数情况下，你所面对的事物之性质，的确取决于你的心态，没有心情参与其中，单纯外部世界所发生的事情，不过就是"一块石头"。

人生是荒谬的——此话积极，它反抗反抗不了的命运，例如人必死。过一种创造性的生活，就是以给自己制造困难为荣、以舒适安逸为耻。选择一种有缺陷的但却是创造性的生活方式，快乐存在于自己有浓厚性质的工作劳动之中，我从来不知道度假是什么滋味，但一点儿也不觉得自己可怜，因为在我这里，工作和度假完全是一回事。不必截然区别劳动与消遣，劳动本身就是消遣，就像体力劳动者的脑子同样在无休止地活动。任何事情的妙处，都在于它不是其表面看上去的东西，这不仅是玄想而且是真的。人与动物的本质区别，在于人有不接受"条件反射"（例如巴甫洛夫用"铃声"与"食物"的必然关系，训练狗的生理反应）的能力。生理反应属于人的动物本能，而人可以选择顺应还是抗拒自己的生理反应（例如自杀），这就是超越动物本能之上的人的本能。换句话说，人的本能主要是：1. 不服从所谓的必然性；2. 从A联想到任意B的能力，或创造新的可能性。

形式是必要的，但只是维持生存的需要，例如霍布斯说每个人都是一心想伤害他人的白眼狼，他是先把坏事想绝了，再想防止相互残杀的最佳办法即在"社会契约"原则的基础上建立政府。意思是说，政府人员本来也都是"坏蛋",只得用法律形式制约他们干坏事,而且由于这些人拿纳税人的钱,就比普通人有更少的隐私权,可以天天骂他们,而他们给纳税人做好事是义务,就像公交司机每月拿工资给乘客开车,有什么值得表扬的?再比如,穿衣、吃饭、性交本意是为了御寒、活着、繁衍后来人,但人类的欲望早就超越了这些本意。我的意思是说,人活着的形式本身之最低程度,虽然是必需的却也是最乏味的,而人活着的意义却主要在于有滋有味,于是剩下的话我不说读者也会自己去想象。这就给过剩的需求或者欲望本身"正了名",但物质的奢侈先得有想到的能力,它叫创造或非同凡想,因此以上我关于人的两个根本本能可以合二为一,叫精神奢侈的能力、想"无用之事"的能力、创新趣味的能力。日常生活中,可以自己给自己创造这样的精神环境,而无视周围的白眼或者重重阴郁。作为必然性,死不过是一个形式,就像人的身体构造虽然一样,但活得精彩程度有天地之差。在这个意义上,作为物理事实,死虽然非常重要但却也什么都不是,这又是悖谬,活着既困难又容易,两者都是真的,哪方面占据上风取决于人的心态所创造的心情。

我与我自己的快乐关系,前提是抵制"人是环境的产物"这个真理,因为无论外界发生了什么或对我形成何种意料之外的压力,这些严酷的压力不是无但我固执地将它们看成无,我拥有给自己制造快乐的小环境的能力。对我而言,这个小环境就是大环境,就像我的死亡只对于我自己才是货真价实的重大事件。人要活得明白,先要在心理上将自己逼到绝处。

推动精神文明进步的思想天才,往往是被追认的,因为天才乍看起来,很像是患有精神疾病,其基本特征是脑子安静不下来,而身体却保持安静,普通人却是相反的。天才和英雄一样不怕人世巨变,普通人则期待平安无事。对于天才来说,无事,只有过日子的形式而无激动人心的内容,是不可忍受的。怎么叫有事?就是改变,就得给自己制造不舒服，或设计一个非常困难的目标，就是在"难受"中获得快乐的能力。生活中本有的难受已经够多了，还要自己继续创造"难受"？生活中的真理就是如此："如果某人能够以平常心接受不幸，这是因为他知道在生活中会发生很多可怕的事情，因此遇到这些麻烦在他看来不足以大惊小怪。"① 这个人能在不幸面前平静如水，在于他拥有主动去爱的能力：奉献自己应该而且有能力奉献的，绝对别计较别人是否回报。

克服已经发生了的不幸事件，得靠心理的战斗。有一种方法叫以毒攻毒，比如去思考和写作一篇难度极高的学术论文，就等同于从不幸事件中"逃跑"。不幸已经存在，但不幸在我的写作过程中并不存在，写作中艰难的快乐取代了曾经的不幸。

居安思危，我已经先害怕过了，因此真正值得害怕的时刻到来之时，恐惧指数就不高了，这和快乐的道理其实性质一样，你不可能从同样一件值得高兴的事情反复获得同等新鲜的快乐，古代皇室贵族们去打猎，也是想寻求冒风险的刺激。事先的演练是讨厌的，但人们为了面子、为了不出意外，这是一种必要的虚伪，就像一个人不时会讨厌自己一样。我对自己的言谈举止在别人那里产生的效果，根本无法预判，于是，那些效果或好或坏，就由它去吧，我只做自己能做的：竭尽全力不违心说假话，这并不等同于说正确的话。

在我与我自己的关系中，有一个成功的体验与大家分享，就是抓紧时间，必须把白天最有效的时间，专注于做自己最有兴趣的事情。这专注的能力，是搁置一切外来压力的前提。压力，集中到一点，无非是出现严重伤害自己的后果之可能性十分巨大。但是，对于这些可能性，我事先就预料到了，在肢体疼痛之前，我已经先在心里痛过了。在真正的伤害到来之前，我已经把这些伤害在心里演练过多次了，即使是我即将

---

① Arthur Schopenhauer, *The Essays of Arthur Schopenhauer*，［德］叔本华著，［德］桑德斯译，世界图书出版公司2011年版，第140页。

死去，也不再有想象中的那般恐惧，更不用说不值一提的令我失望之类区区小事了。尽管外界的好评会满足我的虚荣心而令我高兴（我坦率承认这是事实），但没有好评，能锻炼我的自信心和意志力。与其说迅速专注的能力＋抓紧时间＝事业成功，不如说成功与否不是最重要的，它只是一个不取决于自身的副产品。我在意此种专注时刻所带来的幸福感，我在尽我所能显示与人不同的精神个性，它们是如此纯洁，令我自己为自己而大为感动。"自恋"一词是侮辱人的，它遮掩了与别人无关的"人与自己的关系"是人生最为重要的内容，那些深刻认清这个事实的人，精神最强大无畏，撤弃了一切靠不住的依赖感。如果说与人分享是奢望，那么我自己已经快乐过了则是真切的事实。这显得像是喧闹人群中的陌生人，所以我选择在特大城市中生活，不被人关注的日子是多么美妙啊！

当我觉得某事一定会发生，这虽然能起到安慰自己的作用，但另一种期待更能鼓舞我，那就是事情还可能以别的样子发生——这样的想法是积极的、勇敢的。要区别奇迹与迷信，创造奇迹靠个人能力，迷信是依仗自身之外的力量。

人漫长的一生，不过是永远活在当下而已，只有当下是人可以实际拥有的：仅有的差别是，在生命的起点，人还有大把的将来时间，而在生命走向终点的时刻，人们回首曾经度过的漫长时光。与过去和将来比较，当下更真实、更迷人、更宝贵，它意味着选择、创造、陌生，一切思考与行为都发生在当下，这就是"抓紧时间"所意味的丰富内容。"当下"不仅意味着此刻和现在的场合、气氛等，还意味着"我自己"。"当下"与"我自己"的互译性，拓宽了其各自的内涵。一切貌似故去和将来的内容，只有被当下唤醒才存在，而且只存在于、改变于当下。

"当下"又与"感同身受"互译，换句话，一切貌似远的东西只有在变换为近的东西时，所发生的理解才是活生生的，就像对于"外星人"之类绝对他者，人类不得不根据自己的形象和语言去描述它们的模样，无形中外星人变成人类想象中的可能性。同样道理，拓展了的貌似他者的因素，其实仍旧是难以察觉的"我自己"，因为这些因素影响我、唤醒我、启发我。这广义上的"我自己"令我即使在独处时也不再感到孤独，因为在如此多维度的感同身受过程中，我所有的内外感官都被延长了，一切在物理状态已经死去的或尚不曾存在着的东西，都可以在此刻仿佛是活着的、有生命力的，它们栩栩如生，给我以幸福或苦恼。

习俗观点认为，认识的"有用的朋友"越多、拥有的财产越多，就越快乐。叔本华指出，恰恰相反，人们在回首往事时，往往说童年时期最幸福，但尚没涉世的小孩子能认识几个人呢？至于钱财交易之类，儿童就更无概念了。为什么呢？我觉得人之间所谓理性关系，和财产关系一样，其合理性背后不过是算计，而算计本身已经不属于天真了。天真的内容，就是全凭兴趣在玩耍，也就是活出"我自己"，而人们为了处理好与他人的关系和财产关系，就不得不放弃全凭兴趣玩耍的天真态度。孩子的快乐是心灵上的，至于成年人沉浸于抽象的数学或哲学之类，已经属于形而上学的"思之乐"了。心灵之乐，要置身于（或内心想到的）形象与场景，例如它不表达"水果"甚至也不说"一个苹果"，而说"拿起果盘里的这个娇小的红苹果，一口咬下去脆而甜"。总之，观念是抽象的，而心灵的本性是天真的细节，或许可称为生动的印象。

孩子活在当下，没有过去，也形不成未来的观念。孩子的印象中充满了各种各样的第一次接触，因此生动活泼，甚至终生不忘。成年人对周围世界难以产生新鲜感并因此而羡慕孩子，觉得自己"吃不饱穿不暖"的童年时光比丰衣足食的现在更有意思。换句话说，新鲜印象带给人的快乐，不可能被奢华的物质生活所取代，那印象来自纯粹的天真，成年人已经在相当大的程度上丧失了天真的能力。

重复是天真的敌人，自由想象力是天真的朋友。天真时期的"智商"最高，幼童的母语能力几乎全凭自身的联想天性，无师自通，无需语言老师，其中的根本原因，在于身临其境的生动印象，就是幼童的生活方式本身。成年人多注意做事的目的、意义等观念性的东西，而孩子的兴致只来自事物的外观形象。身临其境的态度就是专注其中、忘我，仿佛自己就是其中的真实成分。这个态度，不同于旁观者的反思态度。身临其境靠直觉促进思考能力，它可以是无前提的，而反思靠范畴预判和假定之类，做符合逻辑的思考，它是有前提的。

钟表时间永远以同样的速率发生，但人会感觉时间过得太慢了或太快了，这已经是一种虚幻，但它真实地影响到人的情绪，就此可以说人真实地活在虚幻中，即时间真的有快慢之别（但并非爱因斯坦意义上的）：无所事事会觉得时间过得慢，但奇特的是，人在新鲜感或者印象最为丰富的儿童时期，也觉得时间过得慢。我觉得似乎不是因为孩子盼着长大，而是由于孩子不像成年人那样觉得日子每天都过得差不多。印象多不仅给人带来快感，而且似乎延缓了时间。孩子的众多印象是从周围环境获得的，成年人要保持自己的童真，一个重要弥补方法是靠自由想象力唤醒内心制造新鲜印象的能力。

人越是在意什么，就越是能记住它。你觉得今天环境很惬意，是因为你今天心情不错；你觉得某个相貌平平的人很漂亮，是因为你对此人有感情。一个看破红尘的人之所以感到世界无趣，在于他并不珍视众多美好的感官印象。一个人不可能什么都在意，但人活着要有非常在意的事情，才会觉得生活是有意思的。这些在意或者浓厚的兴趣，可以超越年龄的界限。一个老年人还有孩子气，说明他是一个非常热爱生活的人！人要以有感情的方式活着，首先得有爱的能力，实现从在意到爱的转化，最重要的标志在于真正的感情或者爱是无条件的、超功利的，这种道德责任不但不是生活的负担，还是生活的动力和乐趣。

一个人经历得再多，和整个人类相比实在是太渺小了。心胸狭窄的一个重要原因，是只停留在个人经历上，以为只有亲自拥抱的"私有财产"才是自己的,这种人认为联想是无用的能力,更不懂得读书的重要性。古今中外的书籍是这样的思想金矿,它象征着全人类曾经有过的心思,或化成心思的印象,它培养起读书人的自由联想力。活在自己永远不会亲身经历的场景中,却感同身受,心胸豁然开朗,生活世界变得丰富宽阔,一切亲身经历的事情仿佛都同时也化为别的事情了,人类超越功利事物的幸福感,正来源于此——那不存在的东西是存在的,而且这绝不是自欺欺人、望梅止渴,因为此时此刻,人的感情是真挚的、纯粹的。

年轻时会觉得生活过得慢之另一个理由,是由于年轻人只可能根据自己度过的有限时光测量光阴,这光阴还似新鲜出炉的,显得亲切而重要,生活就囚居在如此的岁月中,即使是已经过去了还是铭刻于心,可以说年轻时的生活似乎充满着偶然性,显得慢而长。经历得少,心理会显得年轻,并以此而觉得生活快乐而充实,因为每天都在发生新鲜事儿。问题不在于它对老练的心是习以为常的,而在于它对于年轻的心是"第一次"因此是欢快的。叔本华这里所谓"偶然性"就是"第一次"的意思,也就是遭遇,而如此的遭遇完全原本可能是另外一个样子。

如果一个成年人有勇气尝试新鲜事物,他的心理就是年轻的。他没有吃老本,他靠挣新钱活着。换句话说,不是今天花的钱明天还如数到来(日复一日),而是花了今天(的钱)没明天的(的钱)。表面看,这是给自己制造生活的困难,实质上是过一种创造性的或艺术的生活——像是不断"犯错误"的生活。而人工智能的死穴,就是它不但不犯错误,而且还自动纠错,它是"非艺术的",进而人的本质在于人有自由意志即不讲道理的灵活性,在于极其偏执地认为不可能的事情是可能的。人具有任性地欺骗自己的可能性、"睁眼说瞎话"的可能性。总之,就是去过一种"不正确"的生活的可能性。在这些方面,人工智能也许能战胜人脑,却永远在人类复杂无比的心灵面前一筹莫展。反之,人的本质在于人有灵魂。人用精神的能量强健自己的身体。若年老而仍旧有旺盛的精神创造力,就是快乐而令人羡慕的晚年。他的身体可以衰老,但他精神的本钱永远花不完。一个人不死是可能的,那就是他的文字被世人承认,他的精神和作为能够流传下去。

一个老年人发现自己比同龄的老年人,甚至比中年人在心理上更加年轻,这惬意是花钱买不到的,就像身体的健康。心理年轻的标志,比如对事物产生深刻印象的能力、好奇心、敢尝试新事物——要有这些,就得让自己的精神保持饥渴状态,去创造需求,内心经常对自己说:"我还能行!"如果时间被很多生动的体验和印象填满,就会觉得日子充实而显得因慢而快,否则就显得难捱而无聊。换句话说,单纯生理上的长寿而没有精神的愉悦满足感,是不足取的。年老而心理年轻,就好像把哲学思想写得非常富有诗意,各取年轻人和老年人的精神优点。

热情,或者爱的能力,要保持终生,它的年轻形式是冲动,它的成熟形式则是洞察力。如果没有兴趣或者懒得去想,洞察力就根本无从谈起。与反思不同,洞察力是在证据不足的情况下迅速而准确决断的能力,它为我的生命节省了时间。一个人可以爱任何事物,但一定要精心维护和拓展爱的能力,要去制造自己爱的精力——迅速给自己制造精神闪电的能力。叔本华由此将多数人看成"傻瓜"是他的极大偏见,但若是他这么想是为了彰显和他人不一样,凸显自己的自主性,就与卢梭殊途同归了。毫无疑义,多数人是迟钝愚笨的,会随着年龄的增长而越来越像机器,他们所想、所说和所做的,和他们的邻居一模一样,任凭发生什么也不能改变他们的性情,也不能令他们做出点别的令人惊喜的事情。这是批评多数人大脑懒惰、缺乏独立自主的自我意识。换句话说,人越是挖掘自身的精神潜力(自觉地不去模仿别人,甚至也不受别人影响),就越是人而非机器。叔本华蔑视程序化的、不动脑筋的生活方式。一个人若丧失给自己制造新鲜感受力的能力或丧失对新事物的好奇心,无论其年龄如何,在精神上就已经开始衰老了。

第十章　活出你的风格，你成为自己的作品

说多数人是平庸的，不是说愚昧，而是来自这样的事实：多数人并非在从事自己最有兴趣最擅长的事情，他们的不幸，在于他们的谋生手段竟然成了他们的生活本身。不平庸者，是指具有突出的创造性能力者，与其说是时代精神不如说是开辟未来精神的创造者。就写作而言，这样的作者是为未来而写作的，他们的文字太年轻，因而不适合当代大多数在精神趣味上已经基本定型的读者。

很多人不愿意动笔写作，在于缺乏这样的强烈愿望，即实现自己思想本身所产生的不由自主的冲动。很多人写东西是出于这种冲动之外的原因，在表现形式上，这些人具体的为人处世，和他们的文字所讲述的东西，是不一致的，他们的文字连自己都打动不了，甚至就连他们自己都不相信，这样的文字怎么会打动别人呢？既然自己都不感动，当然写作的兴趣锐减。一个作者不可能事先知道自己的作品是否能打动别人，这种情形使我想到了帕斯卡尔著名的打赌上帝存在的例子，我受此例子启发：读者是否与我（假设"我"的身份是作者）有共鸣是我事先永远不可能知道的，是可遇不可求的。但是，我是否对自己的文字感到心满意足、深有感触，我自己是知道的。衡量的标准，在于写作状态是否忘我，甚至忘记了时间、忘记了一切身外的烦恼、是否写得很快，这些我心里的事实，只有我自己体会得到（它们的确对我自己起到"哲学治疗"的巨大作用）——那么，最好的作者不是选择去迎合读者的阅读口味，而是满足于忘我的所思所想所写。要下这个赌注，因为完全不

必等到骰子落地，在赌的时刻就已经赢了，为什么呢？因为我在写作时已经赢得了内心的真实，我没有在文字中故意说谎话。

"writing"，写作、书面文字，是文学的本义。哲学作品也是文字作品，属于广义上的文学。哲学和文学都创造出意思：或者是思想的情景，或者是人物与事件的情景。如果把人物和事件融进思想情景之中，那就形成了有生动具体形象的深刻性。真正值得写的，就是为了传达文字本身的意思或意味而写。或许有人会说，为了金钱或其他文字之外的目的而写作，也形成了某种意思，我的回答是：是的，但这种"新意思"已经变味了、异化了，它们不再纯洁。最好的写作，就是除了"为了文字本身"，其他"为了"一概加以搁置。

多数作者所写的，都来自别人书里已经说过的内容。这些作者最薄弱之处，在于他们不能形成属于自己的独立想法，不具有这样的能力：他写出前人不曾想过的念头，他读了很多书，却从来不人云亦云。想与写，既不相同又关系密切：写的过程是迅速筛选出众念头的精神连线的过程；念头在内心是混沌的、七上八下、容易遗忘、转瞬即逝，其质量如何，只有在化为文字之后才会充分显露出来。与文字作品比较，如果所谓的"文字"只是口述即单纯的谈话记录，是难以深刻的。

我的意思并非说谈话者缺乏智慧，而是说传达念头的两个最基本的语言途径即说话与文字，是两种截然不同的信息载体，其中一个载体具有另一载体天然所不具备的特点（"媒介即信息"），文字能传达出念头和说话原本不具备的意味深长（有些意味只能用文字传达出来，不是说"说话"不想传达或不好意思传达这些意味，而是没有能力传达），而说话的口吻也具有文字所不具有的多余的热情，因此，说话与文字之间仅仅在传达基本意思的狭窄空间里有暂时的共鸣或"社会契约"关系，而在我看来，这种暂时的同一性是靠不住的，而且并不精彩，真正精彩的是相互（对方）所不具备的多余的、奢侈的精神，就像文字里的热情与说话所显露出来的热情，虽然都被叫做"热情"，但能细微体会出两种热情之间差异的人，才具有成为思想家的潜质。

在文字与说话之间谁应该在先或者谁速度更快的问题上，一律的"先想后说或者后写"的传统印象，也许并不一定是"一定如此的"公理。说话的速度可能快于想的速度，或者两者并驾齐驱，而尽管念稿子所用的时间远远不及写稿子的时间，但写作的确能写出事先没有想过的内容，写作与思想甚至可以同步发生，而不是"深思熟虑"即事先考虑过很多遍的结果。

一个作者以写作展示自己所思所想，一个口才好的人未必是一个有才华的作者，而后者却未必口才好。文字首先是"写给自己的"（这是"为了文字而文字"的另一种说法）。文字与说话相比天然就是不通俗的，文字就像内心独白一样，只为了"与自己交流"而不是为了与别人交流，即并不在乎别人是否懂或是否同意。尽管如此，文字作品只要一旦发表，在效果上就像运动场上的运动员或者通常所谓人生如戏中的"演员"一样，有的观众喜欢你，也有观众不喜欢你。这些喜欢与不喜欢本身，其原因各种各样、五花八门，不是"正确与否"的问题，而是偏爱与否的问题。

文如其人——这里的"人"不指人的外表，而指人的内心形态的特质，也就是通常所说的风格。风格不同于性格，性格是在外表上容易观察到的，而风格，无论是创造或显露一种独特风格的能力，还是察觉或欣赏他人风格的能力，都是精神本身所具有的才华。一个人的容貌能有特殊的精神气质，要比通过其相貌判断其性格更加困难，因为气质属于长期精神修炼的结果，乃直觉所得，属于本质判断。风格是心灵的容颜，通过风格判断一个人，要比观察其相貌更靠得住。这使人想起布封的"风格即人"。说一个作者有自己的风格，这是很高的褒奖，因为作品风格是文字表面意思之外的余音。心灵更接近用说话显示还是文字显示呢？表面看说话似乎更是内心直接显示，但与说话单纯表意相比较，文字才是真正的心声或心灵，原因在于，与说话这种现象性的直接行为不同，一个人的写作即书写，在性质上是一种来自心灵深处的行为，它就像危及自己生命的紧急时刻，人难以伪装自己的精神本色。说假话既可以通过说话的方式，也可以通过文字的方式，这两种假，都可以产生"假的像真的似的"的效果，那么如何通过外表判断其真假呢？我的回答是：看其语言所透露出的风格，因为风格最难以隐藏，当然，也最难以辨认。

风格要通过文字但却是穿透文字表面而传达给读者的感受，这使得风格超越了文字的字面意思。很多文章缺少风格，写得千篇一律，读了其中的一篇相当于读了一百篇。风格在性质上属于艺术，就像精神气质超越了面孔，观者看不见摸不着却留下了难以言表的印象。风格是天性使然，就像一个有才气的作家思想家，你问他是如何写作的，他不可能给你一个答案使你在自己的写作过程中加以效仿，因为你学不来，事实上作家也不清楚自己为什么会那样写而不这样写。笔下的文字流淌得很快，为什么要在动笔的瞬间选择某词语、某个句子、某标题而不是别的？这个问题并没有一定如此的道理，来不及琐碎的推敲，凭的是对文字的感受力或敏感，它与心灵活动的默契，在于心灵活动也是如此——为什么是这个念头冒出来而非别的念头，它是自然到来的，而且也拦不住。如此的心灵活动只要略加修改甚至原封不动就可以化为笔下流动着的文字。在这样的意义上，可以说文字是心灵的直接现实，其中有你自己的面孔气质。由于每个人的面孔都是不同的，因此"风格即人"——但这个著名的表述，其实指的是每个人都与别人天然不同，每个人的真相只是他自己。这个差异性是一个事实，但多数人却无视这个事实，在言行举止中努力参照别人或现成的"成功的人"，完全忽略了自己天然就与别人不同的潜质，如此在效果上，就是在精神上严重依赖他人或者权威，而不具有独立思考的能力，因此事实上很多人并没有自己的风格或者在精神上并不具有与众不同的能力，这些人的"风格"就是没有风格。

第十章　活出你的风格，你成为自己的作品

要想让文字有灵魂，就得与心灵之间形成真正的互动关系，就好像文字直接就是内心的独白，而且不加掩饰，这就是卢梭的《忏悔录》得以成功的根本原因，不仅由于当时的作者很少像卢梭那样写作，而且在于卢梭的天性或天赋，天赋如果不是来自心灵自身（它在性质上是一种本能），就毫无意义了。内心独白与写作之间的关系应该是直接的，就像上述"为了写给自己看的"（为了文字而文字），它在活动中绝不会考虑"应该与否"的问题，就像人看似不动声色，但内心始终在"自己与自己说话"，不如此说话是不可能的。若此，就能从文章中觉察出是否用灵魂（显露风格的能力）说话：要看作者是否在说自己的话而非模仿别人的话。在模仿别人说话的情形下，作者的话似曾相识，好像在别的文章中读过。作者说自己的话，是说出点真思想的必要前提，就像用同样的布料剪裁出新样式的衣服。

写给自己看或者独白的真相，就是沉浸其中而毫无必要说假话，任何内心独白都不可能是假话，因为假话有事先的算计企图，独白完全没有这个必要：独白的活动内容可能是在算计，但是独白本身在性质上不是算计，即它是真话而非假话。就独白或无意识的真实比逻辑法则更贴近心理事实而论，偏重形式逻辑推论的哲学一直在"说假话"，越是在逻辑上精心营造某种自洽的形式系统，就越假。类似这样的假，是人类社会必须有的，但是它们反过来成为奴役心灵的东西。

我对灵魂本意的理解与众不同，灵魂就是难以觉察其原因的灵动性。在这样的情形下，"原因"不再具有从前人们所赋予它的现成含义，但原因仍旧存在着，这等于我不恰当地使用了"原因"一词，相应地也就等同于不恰当地使用了"逻辑"一词，因为逻辑的本质元素，就是"原因"。但是，逻辑学意义上的"原因"过于死板，如同纸上谈兵一样，缺少面对实情实景的机动灵活性。兵法只具有"没有用"的有用性，天才军事家在具体实战中创造兵法，而决非单纯使用现成兵法。"原因"就是建立似曾相识的多元素之间的关系，而相似与否，是

由人独立自主建立起来的，这独立性因人而异，在每个人那里什么与什么之间有相似关系，不可也不必"英雄所见略同"，就像一个人可以无视事实极其固执地认为自己是一个天才，并不次于已经公认的世界天才。狂妄本身就已经是一种创造性了，它是一种即刻的语感反应。以上我改造了"原因"与"逻辑"，它也同时揭示了个人风格究竟是如何登场亮相的。

一个人用自己的母语写作，他作品的风格，就是他所属的民族语言之风格。例如，卢梭与法语、莎士比亚与英语、歌德与德语。母语就是一个民族精神呼吸的生命，从日常生活到内心独白，母语的风格都起到潜移默化的关键作用。

创造风格的能力：风格并不在于文字在讲述的"什么"东西，即风格与文章所谈论的主题无关，只与所讲述的事物以如此这般或者如此那般的方式显露给读者有关，一个貌似不恰当但说明"风格"的例子是"盲人摸象"：有的盲人说大象的模样就像一堵墙（摸到了象身），有的却说大象就像一根很粗的棍子（摸到了象腿），有的说这棍子并不特别粗（摸到了象鼻）——这都是由于他们碰巧摸到了大象身体的不同部位，这些途径或者路径问题，就属于风格问题，它们属于这故事里某盲人区别于别的盲人的感受方式。广而言之，没有什么事物本身，因为事物本身是显露出来的，事物必须得以某方式显露出来。换句话说，方式替换了事物本身，方式就是事物本身。"某盲人碰巧摸到"，就像某人天然与别人之差异、就像某作家用自己的话写作，就已经处于创造自己语言风格的过程——作者的才华，就在于以自己的方式描述任何事物的能力，即制造语言差异的能力。风格，就是纯粹的精神个性。

询问"他是一个什么样的人"，回答一定是变成了具体描述"他是怎样的一个人"（通过列举他所做过的事情）。若是在说明一个作家—思想家，就得描述他是如何提出和解决问题的——这甚至就是汉语遣词造句的方式，单字与单字的连接方式极其灵活，例如：一个笑字，有大笑、狂笑、微笑、冷笑、不苟言笑,如此等等。有能力第一个写出"似笑非笑"的作者,具有创造词语(词义)差异的才华,也就是语言的个人风格。单眼皮、双眼皮、白皮肤、黑皮肤,都有人喜欢,并不存在某个绝对的美女与帅哥的标准。也就是说,所谓时代风气的潜台词,就是暂时的某种同一化倾向,它不值得具有独立精神个性的人去模仿。"以我自己喜欢的方式",始终是最重要的。

风格又是一种形式化的精神,这形式是有血肉的,例如足球场上的巴西风格,说巴西人就善于以如此艺术的方式踢球,就像跳桑巴舞,就像中国人无论如何喜欢异国情调,但还是觉得中餐最有滋味。这就像一个人的价值只在于活出了他自己即"最爱自己",若别人只因他是个"单眼皮"(他的个人价值的象征物)而嘲笑他,那么这些"别人"是缺乏智慧的。

描述情节不仅是文学作品的任务,人们忽视了哲学是从思想细节起步的,古希腊哲学家几乎都是这样的,他们思考生活里的智慧,只是到了近代,西方哲学才显示了从概念到概念的纯粹思辨方式,抹掉了以感性为基本特征的思想细节。我觉得哲学要恢复古希腊的传统,重新重视思想的细节。哲学家是从思想细节起步的人,他们从看似毫无意义的常识中发现了可疑之处。最天才的哲学家有这样的能力,他们只要读某一本书的几页,就能准确判定出此书的价值,这里的"几页"就是思想的细节。

风格问题远远超越了其字面的意思,它不仅意味着个性、差异,还表明意向的偏颇甚至"极端的倾向",都是值得肯定的,而所谓中庸之道只对人之间的友好关系和社会秩序有帮助,却是创造能力的一剂毒药。换句话说,如果人们在选择时这也想要、那也想要,这种求得完美的心情之结果,就是要到了一个"平庸",就像一个笑眯眯的"大肚弥勒佛"。所谓"完美"就是在某人或某事物上面各种美好的因素都具备,但其中没有一个因素能达到天才的水平,原因很简单,天才是在某领域中天生的强烈倾向，也就是偏颇。

风格问题让我联想起人的本性，就是"一个错误的人"、一个有偏见的人、一个有天然的"歧视心理"的人、一个具有私人兴趣的人、一个有私德的人。平等、秩序、博爱等口号是公德，但这些口号的真实性，要落实在以宽容（即自由）为核心的法律之中，这个元法律的核心价值，就是公开承认每个人都有权利去"尽情地犯错误"即释放自己的天性，而不要因此而受到束缚甚至奴役。

要释放而不要压抑、不要伪装掩饰，写作的大忌就是先设想怎么才会写得好或用文字实现预先的标准或思想目的等，所有这些都是有碍释放的。一个有才华的作者用文字释放自己，暂时搁置一切不属于自己的想法，就会显露自己的风格。每个真正伟大的作者，都会以清晰、纯粹、确定的笔触，以尽可能简洁的句式，表达自己的思想。简洁从来就标志着事物的真相，简洁是天才的象征。风格从文字所表达的思想中获得了美感。但是，在假思想家那里，却是因为风格而认为其思想是上好的，但事实上，风格只不过就是思想的形态而已。晦涩是一种坏的风格，它意味着沉闷呆滞、浑浊不明。

所谓清晰，并非刻意的追求。对于作者来说，"清晰"的意思，就是此时此刻有表达的冲动而且知道自己想说些什么、怎么说。"清晰"是有厚度的，所谓"厚度"就是说作者此刻的思绪是复杂的，却用简单的句子表达出复杂的意思。作者并没有想刻意晦涩，如果读者一时读不懂，这不是作者的表达方式出了问题，而是读者的理解力一时没有跟上作者的思考速度，读不出作者所用词语的话外音。有才华的写作为什么一定会出现话外音呢？也不是刻意，恰恰是由于思考与文字的速度恰如箭在弦上不得不发，这"不得不"自身就是浓聚起来的冲动或力量，在效果上言简意赅，也就是词语的厚度，它有点像给事物命名，即创造概念的过程。如此出来的概念，不但不显得呆滞枯燥，而且是恰到好处、令人恍然大悟——于是，就显得富有韵味品位，也就是美感。20

世纪几位获得诺贝尔文学奖的哲学家，其作品就具有这样的鲜明特色。一个水平不高的作者总想着去模仿某种风格，或者在写作之前，就想到自己要写出怎样的风格。但是，出色的作者只需要尽情沉浸于写出自己此刻的所思所想就可以了，这已经意味着他的文字活出了自己的风格。

风格问题还给人以这样广义上的忠告：人生有限，要在有限的富有精力的年纪，投身于自己最擅长同时也是最有兴致之事，"主动选择"包括毅然决然地放弃那些虽然对自己有诱惑但效果肯定很糟糕的事情。能抗拒诱惑的毅力才是货真价实的意志。有些人原本很有才华，却将自己的大好时光，浪费在坏的嗜好之中，他们无法全身心地专注于自己最擅长的事情，缺少抗拒来自外部诱惑干扰的能力。当然，"知道自己适合做什么"，就像苏格拉底说的"认识你自己"一样，并不是一件轻松容易的事情，要付出时间代价。很多不善于思考的年轻人由于人生方向的选择错误，而被耽误了，再也无法补救。一个人表现自己才华与其日常生活之间，天然就是有冲突的，能化解这样的冲突，并使两者惬意地融为一体的生活，简直就是幸运之中的幸运事了！至于那些一辈子都不知道自己最适合做什么事情的人，实在是太多了。

应该从风格或"认识你自己"的角度出发，重新理解笛卡尔的"我思故我在"，康德的"自我意识"，卢梭、叔本华、尼采所共同倡导的"活出我自己"，胡塞尔的"现象学还原"和"意向性"，海德格尔的"此在"或"异在"，福柯的"异托邦"——我这样说，是在发现相似性。换句话说，隔离出某个具有"普遍性"意义的个别性或差异性，也可以叫它同时具有真善美含义的"奇点"——它独特、异常而又真实。

风格之第一要素，是"我要说"，而不是"要我说或解释别人已经说过的"。很多作者在没有"我要说"的情形下硬着头皮去咀嚼已经被别人吃过的食物，就不可能有好胃口。此时此刻，支撑他们写下去的动力，不可能是写作本身带给他们的快乐，而只能是写作之外的东西，比如为了钱，或者只是为了讨好别人。性工作者也是为了钱，这种性异化现象与坏的写作一样，尽管不可能被彻底杜绝，但这种行为的精神质量不高，因为他们都没有活出自己，而是在活出别人眼里的自己。

哲学作品很多，要选择阅读那些说出点真思想的作品。很多哲学作品没有说出任何新东西，所以在哲学史上没有地位。一个作者只顾写自己的真实所感，却能感动某些读者，是由于读者与这个作者之间心有灵犀，但这种唤醒，是作者可遇不可求的。一个好作者，就像一个人的内心独白一样，所使用的是简单清晰朴素的语言，只是在写给别人或照顾读者的情形下，才用上那些奢华的词句，这就像出于礼貌，人们在参加派对聚会时往往穿戴华丽。一个作者应该使用普通词语叙述不普通的事情，但很多作者实际做的恰恰相反，使用很大的词表达一个日常的平凡想法，用最为非凡、最献媚、最不自然的句式来装饰他们贫乏空洞的思想。

任何作者都是先想后写，无论写连接想的速度有多么快，想总要比写"先行一步"。如果写快于想，那轻则是一个"疯子"，重则就像一只猴子在敲键盘了。清楚的思想会很容易找到与其搭配的词语。如果一个人有能力想到什么，他就同样有能力用清晰、理智以及毫不含糊的词句去表达它。那些构思困难、用词隐晦模糊的作者，极可能是由于不确切地知道自己想要说些什么，他们对于自己想要说的东西，只有某种模模糊糊的意识。那么，问题很清楚：如果想要表达的意思在脑海里是清楚的，遣字造句就不会遇到大碍，因为先有的"想"不是赤裸裸的没有语言做基础的空中楼阁，把内心独白转换为书面语言，即使有差异，但是绝对没有康德的"现象世界"与"自在之物"之间那么巨大的无法逾越的鸿沟。

以上"写不清楚"的作者，是由于想不清楚，而想不清楚，是由于有意无意地掩盖了自己的真实欲望——冲动的热情被各种来自外部的无形的力量压抑了，这些压力在动笔之前就已经起作用了。坏的写作由

第十章 活出你的风格,你成为自己的作品

于要顾忌这些压力而写得痛苦缓慢,好的写作就像独白一样自然流淌、顺畅快速,像清澈的泉水一样纯洁透明。

于是,坏的写作就是这样:作者其实并不清楚自己正在写出的句子的含义,他用晦涩的概念表达本来非常朴素的意思。他欺骗了读者,让读者以为他完全理解自己写的东西,而我们谦虚善良的读者们在读不懂时,会觉得作者水平高而自己的理解力达不到作者的要求。于是,对于任何一个作者来说,应该明确写作是有道德要求的,那就是决不写自己本来并不真懂的东西。

形成个人风格,就是有一种思想感情上的冲动。于是,有话要说,不说出来就不痛快。在这个时候动笔,说出来的话,就是你自己的。如果一个作者内心深处无法产生说自己的话的冲动,没有如此的激情或者爱,那么他写出来的东西,就是索然无味的。冲动与"我要"之间零距离,冲出来的话简洁生动有力,即使其中有出自真情的大字眼,却因其有真实的内容,使得感情与文字搭配得恰到好处,就像一件裁剪得恰到好处的衣服贴在身体上,而缺乏这些真实内容的作者,他写出来的词语,就像一个人穿着一件肥大而不合体的衣服,看上去很不舒服,那不是他自己的东西。

一个太谦虚的作者是写不出好东西来的,好东西来自一个为自己骄傲的作者,他太狂妄以致只相信自己的感受,他不实事求是只认为能给自己留下深刻印象的东西才是真实的。从这些印象、感受中走出他自己的思想,他坚信这些思想极其重要,就像耶稣对基督徒十分重要。至于别人怎么看待他的思想,只能在世俗层面上带给他快乐或烦恼,而绝对不会影响到他对自身能力的信念。对于一个正在做自己最擅长做的事情的人来说,热情即能力。在他身上,他主动自觉地去爱与有能力去做之间,没有任何距离,两者之间相互解释。写作是思想的直接实现,如果思想本身意味着爱的能力,写作就是这样的行为能力:它实施爱、实现爱。

一个好作者言简意深，但他没有说一个好读者能从好作者那里举一反三（"言简意深"与"举一反三"之间，有难以觉察的相似性），读到一个好句子，就能联想到"100"个类似的好句子（它们不是同时浮现在眼前的，而是随想随明白的）。一个好读者，是一个给点阳光就有灿烂能力的人。这种相似的联想力，对于写作行为也是极其重要的，它并非在以同一性的方式重复。重复是枯燥的，不会产生爱而只会令人厌倦。写作过程中的联想，就是寻找相似性的过程，但这里所谓"相似"，只是看上去相似其实并不相似，这就像每个人五官的生理结构是一样的，但不可能有两个容貌完全一模一样的人，而且一个人的性格既可以像一只猫或知识分子，也可以像一只狐狸或商人，相似的过程无穷无尽。

　　人类幸福感领域里的不幸，其中一个原因，在于总把当下暂时的幸福当成永远如此，这种幻觉只是一种良好的愿望，这愿望极其顽固，以至于一个长寿的人由于在心理上有这样的顽固倾向，因此其漫长的一生，不过等于只活了一瞬间，他不愿意相信一个人在不同的环境下能成为别一种人。人类心理有个根本特征，即一心难以二用（勉强"二用"，其精神质量会很差），一段时间只能专注于某件事情。但是，即使在一天之中，这样高强度的专注也很难一以贯之，所以必须休息（或者走神消遣），这就有了三个不同的情景或镜头。也就是说，广义上的移情是幸福的、道德的，因为它符合人的天性。但是，就一个作者的文字而言，这些"移情"现象是建立在相似性基础之上的、不知不觉的。他自己的态度，始终处于专注之中，如果没有如此专注的能力，他将一事无成。

　　以上，人类夸大瞬间为永恒的现象，与其说是人类的缺点，不如说是天性。表现在语言上，就在于人们经常用一个具有普遍性的大字眼描述当下的此情此景，例如一个处于热恋中的青年对姑娘说："我爱你！"但姑娘此时是不理智的，她根本就听不出青年人甜言蜜语的真实意思，是"我想亲吻你"！但这里并不存在故意欺骗的行为。作者们在写作时也会时常像这个青年一样：用不当的大字眼替代具体的行为和思想细节。为了还原出真实，要将大字眼消解为小字眼，就像一个又一个串联起来的当下的小幸福，就构成了整个一生的全部幸福。这就是德里达"解构"一词的真谛——专注过程的"中断"并非真的中断，而是还原出更加具体的行为和思想细节，不是只活在某一个瞬间而是活在很多个性质不同的瞬间，这种情形当然比"只将某瞬间永恒化"更为真实。这是一种奇特的以走神的方式专注的过程。科学天才爱因斯坦和艺术天才毕加索，也是如此思考与创作的，他们的天才之处，在于指出传统所认为的 A 的真实情形不过是 B。他们的才华就在于有能力从 A 中发现 B，而普通人只盯住 A 本身，从一而终。

问题还在于，不仅有 B，还有 C，如此等等，给我们很多细节上的幸福。"法国的散文风格更令人愉悦……法国人尽可能地以最自然最具逻辑的方式，延伸他们的思想问题，将思想一个又一个方便而有序地列在读者面前，以至于每个问题之间处于不可分割的关系之中，读者关注了前面的问题就得关注后面的问题；另一方面，德国人却把问题都搅在一起，因为想要同时说 6 件事情，而不讲究先来后到。"①这里，叔本华的意思是，写作和思绪不同，思绪可以是混沌的，处于各种选择的十字路口，但是一旦落实在笔下，就得井然有序，娓娓道来。一个人可以在不同时期爱不同的事物，但同时爱不同的东西，就会陷入"圆的正方形"式的困惑之中，给人一种思想无法落实的挫败感。

更具体说，叔本华批评德国人愿意使用长句子，而且还喜欢在句子中使用括号，加上烦琐的注释，仿佛有意刁难读者制造阅读的障碍似

---

① Arthur Schopenhauer, *The Essays of Arthur Schopenhauer*, [德] 叔本华著, [德] 桑德斯译, 世界图书出版公司 2011 年版, 第 237 页。

的。他也是暗中批评了康德式的哲学书写风格。"这些有很多括号加入其中的众多长句子,就像一个盒子里面还有一个盒子。"① 这样的句子,似乎只是给读者半句话,要实现后半句话的意思,中途要转很多个弯,以至于由于中途另有所爱,后半段话的意思,可能永远实现不了啦! 就像上面那个青年本来盯着 A 姑娘看,突然 A 姑娘的面孔变成了 B 姑娘,此刻由于"我爱"后面的"你"迟迟没有说出口,直到 A 姑娘的脸庞变成了 B 姑娘。长句子是永远处于路途之中的令人焦虑不安的句子,它犹豫不决、显得不干脆利落、拖泥带水,"没有办成任何事情"。这样的长句子很像是一幅拼贴画,它与"一气呵成"没有任何关系。"一气呵成"才会尽兴施展才华,而拼贴画是令人扫兴的,就像不可以想象正在聚精会神写作的叔本华会立刻停下来去吹奏他的长笛,或者正在电影院里兴致勃勃观看《福尔摩斯》的维特根斯坦会停止观看,从上衣口袋里拿出叔本华的书读上几页。这种"精神分裂"式的做法是违反人性的,因为精神入神需要一个从酝酿到高潮和退潮的过程,永不停歇地从一个高潮到另一个高潮,是不可能的,因为速度太快,从而享受不了。专注的享受即才华,在这个时刻甚至不在乎整个世界毁灭,它带给人的幸福恰恰在于不理智,而长句子由于过于理智了,从而没有了"一气呵成"的美感。

不停歇地从一个高潮到另一个高潮,是不可能的,就像空中楼阁只能出现在乌托邦的世界;就像句子晦涩是由于思想镜头转移的速度太快,缺乏中间环节;就像如果恋爱没有经过相互调情的阶段就直奔主题,就异变为缺少人性的动物行为了。

一个好作者用简洁的话语,去叙述复杂的事情,而一个差作者相反,用复杂的话语,去叙述原本很简单的事情。

---

① Arthur Schopenhauer, *The Essays of Arthur Schopenhauer*, [德] 叔本华著, [德] 桑德斯译, 世界图书出版公司 2011 年版, 第 238 页。

精明的统治者会用各种各样的方式转移民众对国内严重危机的注意力,一个沉迷于电子游戏的孩子听到妈妈喊他回家吃饭,根本就无动于衷,民众像这个孩子吗?统治者像这个妈妈吗?

在人类进入网络信息时代、在图像与视频的时代、在表演似乎胜于思想的时代,书面语言过时了吗?没有,书面语永远不会过时,书面语是人类灵魂的精准记录,每一次这样的记录,都像是一次临死时的遗书。随着20世纪科技发明的出现,人类的语音和曾经的身影,已经能够长久地保存下去了,但在这种保存得以可能之前,文字已经把"语音"和"声影"保存5000年了。文字保存了几十个世纪以来,处于不同文明形态下形形色色的"我"曾经有过的心思和举止。是否发明出自己的文字,甚至是决定一个民族是否强盛、是否能够繁衍下去的最重要标志。一个没有自己文字的民族之衰落是必然的。语言的精髓不在于说话,而在于文字,因为文字是理性、逻辑、推理能力以及在此基础之上的想象力的象征。人们批评知识分子说话酸溜溜的、文绉绉的,这种批评是在用野蛮战胜文明,因为所谓文人气,往往就是指书面语表达。作为文字主要构成因素的某词语或某概念,是某种类似经验无数次重复的凝缩,这种高度概括有着坚实的现实基础,它们作为心理积淀历经一代又一代人传承下来。概念简洁而深刻有力。

文人的内在标志,在于书面语,狭义的就是文字,广义上的书面语就是文人之间的"说话",它比普通百姓之间的聊天多了一层漂浮起来的精神气息。这种形而上学的气氛中,有文人苦思冥想的智慧精华,但真正有价值的精华一定是干干净净的,即文人的标志是独立思考——为自己而思考,不是为了任何自身之外的别的任何事物"出谋划策",在这个意义上,中国民间高度赞赏的诸葛亮式的谋士,并不是纯粹的文人。

严格说来,中国文化传统中,"为自己而思考"的士人是极其罕见的。既然我们缺乏这个精神维度，就要补充之：这个维度的精华搁置了"为了某身外之物（国家、主义等）"的公式，它的精神支撑或者活着的理由，从"为了天下"变成"为了我自己"（但不是为了我自己的功利性质的私心，比如家庭、家族利益等）。为自己而思考的文字，才是真正有个性、有风格、有哲学智慧的文字，而任何为了这之外的目的的文字，在性质上都是被这些目的本身所奴役的。"为自己而思考"，就是彻底自由的思考，它摆脱了一切，连同"我自己"都摆脱掉了。这种自由思考的艺术天然就是悬浮起来的，但这并非意味着它谈论的是妖魔鬼怪，而是说它用哲学—艺术的眼光看待日常生活里的一切，将它们深刻化、神秘化了。这里的"神秘"不等于迷信，而是说想象中的快乐。

中国文化一个不好的传统，就是混淆了知识与智慧，我们夸奖一个人上知天文下知地理，其实是赞扬一个人有知识，但知识并不会自动地转化为智慧。一个记忆力好的人能记住很多知识，但是现在一个人的记忆力再好，也比不上人工智能。如果考试只是考察一个人的记忆能力，那就等于是假考试，因为这样的考试方法，无法考察他的智慧程度。所谓智慧，是一个人通过独自的思考选择知识的能力——将不同的知识加以对比、类比、联想，然后通过创造性的想象，也就是批判的过程，形成属于自己的想法。智慧者通过已知的路，走出尚无人走过的路。

进一步说，智慧在于将某某与某某联系起来思考的能力，正是从这样的联系中，迅速显露了思考的质量：为什么与这个联系起来思考就会有真正的创造发明，否则就会毫无成效？这与天才诗人或象棋大师与平庸的诗人或棋手之间的区别，是相似的：问题并不在于懂得规则，而在于创造性地使用规则。"比较"的意思，就是思考其中的相似与不相似，但不是任何比较都具有学术意义，要具有文明创新价值，就得在使现成的价值观幻灭的过程中，从虚无中孕育出新的精神生命。"相信"的形态处于改变之中，但"相信"本身依旧存在，它是人还要活着的根本理由。

知识本身并不能教会我们如何思考，一本标题为《如何思考哲学问题》或《如何才能成为一个哲学家》的书，读者读过之后，并不能获得书名所承诺的效果，不是因为别的，而恰恰是因为作者声称自己已经知道了并且能够告诉别人如何思考并成为哲学家。但事实上就像巴菲特不会写一本《如何赚大钱》的书（与其说不屑于写，不如说他知道不可能教会别人有能力赚大钱），哲学家既不是被教会的，也不是被某个教学研究机构培养起来的。就本质而言，所有真正的大哲学家都是自己把自己"培养"起来的，靠自己的悟性，其真实内容就是"为自己而思考"。

我以上的说法似乎是自相矛盾的，因为正是一个大哲学家的作品启发了另一个有"慧根"的人成为后来的大哲学家，但真实的情形其实是这样的：一个为自己而思考和写作的哲学家，他的文字启发了他并不认识的某个人，这有点像天启，但它与"教会他"之间，有着微妙而本质的差异，即这个被从睡梦中唤醒的人，并非原原本本地接受了启发他的人的全部想法，他只接受了其中最为关键的某一点，并且和他自己独立的想法连接在一起。也就是说，虽然他是被影响的，但唤醒的已经是一个新东西了，这就像海德格尔的《存在与时间》与萨特的《存在与虚无》之间的关系，或者叔本华的书与尼采的作品之间的关系。

将某某与某某联系起来，这就像人有能力做选择。有人说人工智能也会选择，如何与人的选择能力区别开呢？很简单，人工智能只会按照人类事先给它输入的"正确的"选择程序，而人能做看似不合理的选择、貌似荒谬的选择、已经有的选项里面所没有的选择、从虚无中创造新的选择（无路之路），甚至"不选择"也是一种选择（弃权）。这就与政治有关了，因为在漫长的人类历史中，政治制度都是压制人的独立思考力的，几乎等于没有选择的机会。换句话说，是一眼能望到尽头的人生，它的道德义务有一个东西方都适用的总公式："你应当因为你应当"。必然的可能性等同于没有了可能性,"可能性"成为一个多余而"邪恶"的词语。

阅读和学习是任何人都能凭借自己的自由意愿去做的事情,但是这并不意味着每个人都有能力自由思考。思考要由感情激发起来,就像大风引起的火灾;思考就是要对正在思考的事情保持强烈的兴趣。哲学的本意,是爱智慧,智慧是爱出来的,首先要有强烈的愿望、感情、兴趣,然后才有专心致志的思考。很多作者写的哲学书枯燥,是由于对自己所写的东西没有感情,理性要有感情作为基础,才能够深入。哲学关注的问题是非常抽象的、困难的,普通人难以忍受的,这全在于哲学是一种"超越"的智慧,它位于常识与宗教之间。哲学又不同于自然科学,哲学是只有真问题而没有标准答案的智慧。

阅读与思考缺一不可,"错误的"读者让所读的东西成为压制自己思考的"主人",有智慧的读者从来就是以批判的眼光对待自己所读的东西。批判,脑子里就得有自己的东西,而"脑子有"的前提,首先得心里有,也就是喜欢或者爱,然后才可能去琢磨,琢磨起来才可能深入。不要在思考之前,被别人驱动"应该这样想或者那样想",而要自主选择自己怎样想,就像一个迷路的人不得不下赌注,决定自己要走的方向。

习惯于被奴役的脑子,不仅不想要自由意志,还会对自由意志颇有微词。就像一个从小被管束娇惯的孩子,长大之后会缺乏独立生活的能力。独立能力,就是选择能力:在没有命令的情形下,怎么办?怎么说?怎么写?怎么做?它的实质,是靠个人奋斗!如果靠别人,个人的能力就变异为"靠别人的能力",它是一种变相的被奴役现象,因为它等于已经把自己的身家性命托付给别人,等于没有了纯粹的自己。一旦指望不上别人,自己就彻底"空心"了,这样的精神是极其脆弱的。悲惨的是,这种被奴役的心,知道自己是被奴役的,但同时也知道自己不可能有独立的可能性,不是外部环境的不可能,而是自身能力的不可能。于是，它甘心情愿被奴役，并以两种方式聊以自慰：1. 作为被奴役者，他反过来去奴役别人。2. 忘记纯粹精神领域的问题，沉迷于感官享受与物质生活。

考试之所以令人厌倦，是由于我只能像标准答案那样想，没有我自己的选择或我自己的爱。也许标准答案是正确的，但是决定我是否爱它的因素，并不在于它是正确的。这个正确的答案不是我所爱，而我可能爱那些被人们视为不正确的东西。于是，"应试"式的学习，就成为一种折磨。但是，当一个人自己主动要想时，他就只服从被此情此景引发的自己此时此刻的内心。这尤其对于一个读书人有重要的启迪作用：如果只是从所读的书里学习思考，就不过是个学究。要把所读的书看成一个"外部事物"，更要从一切自己所介入的（遇上的）"外部事物"（包括遇见的人）中思考，用于被思考的东西远远不只是文字，而是由于我们介入而感觉和感受到的一切因素。

扼杀一个人自己的思想的最为安全的方式，就是总是捧着一本书在阅读，别的什么都不做。这种现象解释了为什么博学的人与聪慧的人比较，是迂腐迟钝的、没有创造力的。① 因此，有学问的人活在书页之中，而天才的思考者活在大自然这本书中，正是由于有了这样的天才，世界才被唤醒，朝着更加仁慈的方向。一个人应该拥有的思想，就是生活的真相。阅读，就是去理解，这是一种必要的麻烦和危险的思想陷阱，在这期间就是用别人的脑子代替自己思考。如果一本书给读者指出了错误的方向，怎么办呢？如果是一堆貌似思想实则不过是精神的垃圾呢？它们在效果上难道不害于将原本有聪慧潜质的大脑"烧坏了"吗？要特别警惕这样的书：一开始就声称自己握有真理，就像要在现实生活中远离那些总是自我表扬的虚伪傲慢之人。要关注那些从第一句话开

---

① Arthur Schopenhauer, *The Essays of Arthur Schopenhauer*,［德］叔本华著，［德］桑德斯译，世界图书出版公司 2011 年版，第 249 页。

始，就能拉近读者与作者距离的书籍：这样的作者往往并不会刻意讨好读者，而只顾埋头思考自己的心思。

如果你不是通过阅读别人的著作，而是通过自己的思考发现了别人的书里已经写过的"真理"，你不应该感到沮丧，而是应该为自己感到自豪，因为它是你独自发现的。同样在读一本名著时，一时兴奋写出自己的心得，而在对此书的继续阅读过程中，竟然发现这些心得正在被该书作者以相似的句子加以阐述，这给你以自信：你也是聪慧的，而且读进去了。这种心领神会的能力，是阅读的第一要义，它使"真理"成为你的精神血液的组成部分，再也不会遗忘。真正的思想，就是由这样活生生的思想组成的。所谓活生生，就是说，不做作。

只是记住了名人名言，不算真本事。名言说得再好，也不是我说的，况且名言已经"被完成了"。如果我有能力用我自己的独立思想对名言做批判式的理解，生育的就是我自己的思想之子——我当然更爱我自己的孩子，因为它是我亲生的，这是出自作为人类一员的我的天性，我绝对不愿意用任何公共性取代我的这种私人性（用海德格尔的话说，这叫"亲自在场"或"此在"），否则人类每个个体的幸福都将不复存在，因为每个人都只是他自己。我和我自己的关系，自然朴素、赤裸裸、原汁原味——善良、邪恶、无聊、丑陋，智慧、愚昧，都是我自身所携带的个别因素，它们之间相互冲突，几乎到了互不相识的程度，但它们之间又相互转化此伏彼起，甚至相互之间具有匪夷所思的因果关系。但是这些因果关系不具有公共性，它们只在我自己的心里是成立的，能慰藉我的心灵，在别人那里根本不可能有这样的作用，在这种情形下无论我如何向别人解释，别人都不可能有切身的理解。聪慧的、直觉能力强的人，能看出我心里高兴或郁闷，但即使别人是一个旷世奇才，也不可能猜中我此刻高兴或郁闷的细微原因，因为这些原因转瞬即逝，就连我自己都觉察不出它们的根据何在，因为一旦我进入分析问题的状态，我的兴高采烈就是别一种性质的了。所有这些灵活机动、毫不做作的细微之处，就是一个人区别于他人的本性。

这个本性肯定是一个活物，它只与自身和谐一致，这是令人产生真实感的情形，与这种情形相悖的是一切预先已经安排好了的情形，它只设定一个总的初始命令及该命令之下的各项程序，然后就是绝对重复的自动运转，它是非人的，就在于它不犯错误、排斥例外，从而不是一个真正有生命的活物。

思考"和谐"，和谐并不是同一性，而是差异因素在融为一体的瞬间相互享有，但这种情形并不只是发生在固定的两个个体之间，谁与谁之间会有相似中的共鸣因素，在哪一点上共鸣，是极其微妙的、难以琢磨的、可遇不可求的，因而是罕见的、宝贵的。它需要有一双善于发现的眼睛和紧追不舍的毅力。它甚至是人活着的希望和根本理由：痴迷与沉醉的能力，就是与一个不是自己的他者之间发生的罕见相撞，只要人还活着，就永远有这种相撞的可能性，它需要智慧与勇气，还要有那么一点儿运气。任意两个点之间都可能发生精神与物质的连线，因此，我们要想那些还没有想过的事情，要去那些还没有去过的地方，要见那些还没有见过的人。

一个人确实读了大量的书，却也确实像是什么都没读过似的——这可能是思考与写作之前的最好状态：不是虚无的"虚无感"，在这样的精神状态下自由想象、自由发挥，凭借的是迅速而准确的洞察力，这种精神状态及其诞生物都是活生生的。怎么判定是否处于该精神状态呢？很简单，是否处于渴望或想要的状态，似乎除此之外别的什么都不想。这很像是尼采曾经说过的，从一颗有冲劲的有生殖能力的思想的种子，生长发育成为精神的参天大树。这个过程越迅速，就表明精神的繁殖能力越是强盛。这个思想的种子，就是"属于我自己的思想"。

有些人耗尽一生去读书，从书籍中汲取他们的智慧，这就像是从到过某个国家的许多旅行者那里打听到有关这个国家的确切信息。这样的读书人对于这个国家，也能讲出很多东西，但是他们毕竟没有亲自接触过这个国家，就不会对它有亲知，而那些以思考问题的方式度过自己一生的人，就很像上述的旅行者，只有他们自己知道自己正在谈论什么。为什么靠自己思考的人可以被类比为去过某个国家的旅行者呢？因为是自己亲自思考，就像用自己的双脚踏在他国的土地上面。亲自就是直接，没有中介，它包括了一切私人体验、我的直觉、我的自由想象、我的自由意志、我的即刻反应，它们是最原初最直接的思想行为，如果直接化为写作行为，它就形成了我的书写风格：它不是装出来的，它活出它自己。它变成一本书，相当于思想博物馆里的一件展品，一件不考虑读者如何评论自己的艺术品。亲自思考，就已经相当于在实践，它包含一切物质实践的要素和效能：兴高采烈、悲痛拒绝、无聊难忍、义愤填膺、含情脉脉，如此等等。亲自思考，就是带进自己的感情去思考。我把我的思考直接化成我的文字，化成我的生活方式本身，仿佛其中有我的眼睛、双手与双腿。亲自思考也像旅行者那样触及事物本身。

独自或亲自想问题，千万不要将自己的心思强加给别人，让别人接受，如果别人不接受，就惩罚别人。不要做一个把思想与奴役他人联系起来的人，不要做一个不允许别人与自己公开辩论的人。

"动"是保持沉醉状态的前提，我们不要问什么是时间，但要时刻提醒自己——时间在自己身上时刻都在发生作用，这作用就是我们只有在保持变化状态的情形下，才是真实的。我们可以把每个时刻都当成会产生创造性思想的关键时刻，因为这是实情，就像"因为"这个词可以用在看似没有因果关系的两个因素之间，我们可以自主地创造这样的关系，而且不止一个。这动起来的思想不仅是原样的思想形态，它同时是艺术的即美的，但它从不自夸自己很美，它只是显现自身的美。

在无所事事的时刻，为什么人会感到无聊难捱？因为这个时刻就只剩下了生活的空壳子，只有钟表的指针在滴答作响，而我们手头没有被任何事情所占据--暂居。有事可做就是在消费时间，劳动不是谋生的手段，劳动就是生活—生命本身，不劳动状态和死态是等值的。可以把工作本身当成一种消遣，在心满意足的写作过程中，获得了和消遣一样的快乐心情。它是一种积极主动的、有品位的高级消遣，因为其中有自己参与和创造的才华，它可以说是只有极少数人才有能力享有的最为奢侈的幸福感，众多浅薄寡味的庸常之人理解不了这样的幸福感受，反而可怜这些整天埋头写作的人，视之为无趣。

在从事自己喜欢的工作时，心情处于喜悦所带来的平静之中，心无旁骛，没有时间去思考自己的不幸。我这里不是指轻松，而是说在写作中的紧张感是令人愉快的，就像人类在创造新生命时虽然累得大汗淋漓，但是却欢喜异常，看别人创造奇迹远不如自己亲自上阵去创造奇迹，这就是活着的本来意义，就是说要有困难，克服困难的目的并不是要消灭困难。这不是给自己找麻烦，因为生活本身就是"麻烦"的。反正都是麻烦，于是我们宁可去寻找自己喜欢的麻烦，而"喜欢的麻烦"就是"喜欢"一词活动起来的结果，它拓展了"喜欢"一词的含义。

不是喜欢之后的麻烦，而是喜欢本身就是麻烦的，就像有的忙乱是灵感降临得太多使得卢梭应接不暇，手忙脚乱。但是自己高兴起来也是有条件的，它可能是由于突然想到了以前快乐的事情，或者突降了一个美妙的句子，这两种情形都表明，大脑和心灵处于活跃状态下，非常有利于好心情，它要灵活而不要死心眼。对于一个思想者而言，阅读永远是重要的，它相当于去感触去遭遇，卢梭成名作《论科学与艺术》是由于读到了征文的题目。仅凭题目？是的。善于阅读者不在于读到了什么，而在于如何理解所读到的东西。灵感来自自己，在读物中并没有写。阅读就是去消化，消化的过程，就是你认为自己读出来什么意思，这个"你认为"是没人能管住你的。

自己的独立判断，它在自己心灵中位居首席，可叫它"精神王子"，它是真正的"我认为"，紧接着的一切谓词都是自己自由意志的产物——人是自己的君王，但这种自主性即至高无上性只对自己是成立的，它尊重作为一个纯粹他者的他人，但是在这里，"尊重"和敬佩乃至喜爱，暂时并不存在过渡关系。"尊重"是一个原则，即它具有法律意义：我与你之间互不干涉、互不强制，在这个意义上尊重并不排斥蔑视，只要在蔑视的同时我并没有在法律底线上越过"尊重"的原则。法是必要的公正，它是清楚明白的，但是返回判断时，就用自身的视角"我"理解法律，这就出现了有益的相互冲突的情景，没有普遍性，"我"的权利就得不到保障，但我珍视我的权利的最好方式，则是在以上"尊重"原则下"活出我自己的价值"。我承认为了世俗生活的安定必须让渡自己部分的世俗自由，这就是遵守社会规范，但精神自由是绝对独立自主的、无法让渡的——甚至在这一点上法律与智慧之间在"我愿意"的表述中达成了永久的自由契约，它规定了看不见的而又实实在在的元法律与元道德，它看似没有感情却有着最为深邃的感情，就像天才哲学家共有的目光。

　　爱智慧需要爱的能力，这个能力最终落实为你要把自己的思想写出来，并且在读者中产生共鸣，这是至关重要的，否则你就只能与自己结婚了。这又是一种悖谬的情形，出色的作者并不是为读者而写作的，但却是由于获得了读者的高度认可，他才是出色的。叔本华没有注意到"悖谬现象本身"也是清晰的，他没有从对于"充足理由律"的批判中显露悖谬本身的价值。但正是叔本华开启了20世纪意义上的人生哲学，后来者如萨特，明确指出了"我"是我自己的他者，即我是我所不是的东西。确实，这是荒谬的，但它是真实的荒谬：任何一个概念都不能从自身的定义中得到澄清，它的性质是在与其接触的任意别的事物中得以揭露的，这些别的事物，在时间上朝向尚不可知的未来，在形态上显现为可能性，一切都处于漂泊着的偶然状态之中。在它面前人人平等，没有人能逃脱掉如此带来的焦虑状态，这就直接进入了人的内部，它是心灵问题而不是单纯的生理问题。

　　于是，我有一个极其复杂的我自己，只有在与他者相连接的情形下，才表明我具有创造能力。没有这样的能力，自主就是一句空话。于是，一切都变得复杂起来，词语不再是字面的含义：孤独意味着与有异于自身的任何因素接触，因而独处者并不孤独。反之，缺乏深有感触之能力者，即使身处闹市也会倍感孤独。但孤独的含义在随时改变着，我马上意识到它是一种幸福，因为孤独意味着瞬间自由接触任何事物的可选择性，它具有不受约束的可能性，因为它有赖于丰富的内心生活即想到的能力，而想到并不一定意味着真实经历过，如此等等。对于不爱思想的人来说，解释概念的思想活动本身一点儿意思也没有，但我能在孤独中觉得生活是有意义的，却时刻离不开我在思想——无论我的身体处于何种状态，无论我的身体活动与精神活动显得多么不协调一致。虽然我快乐离不开我在思想，但是，思想本身并不是我快乐的全部原因，还需要纯粹思想之外的其他物质元素。

此刻，我在思想，做这种状态的现场直播，它无比广阔，遥远又近在咫尺，就像萨特在小说《恶心》中描述过的，有点黏糊糊，但其实是一种挥之不去的思想气氛，在它流畅期间，我心里有某种说不出的甜蜜感。在思想卡壳的时候，有一种不知道向哪个方向走的焦虑，这是萨特说的吗？其实是我说的，但其中肯定有萨特的影子，无必要去考据，考据会破坏现在的思想流畅之气氛，什么都要有一点，我是说思想镜头最好在最高潮的时刻转换，因为后面的念头我已经知道了，观众和读者也知道，因此就是重复或者衰落的开始。最好每个句子都有点意思，连接起来不但会形成新的意思，还会制造思想的悬念。念头太多了，就会不知所措，所以要专注，即无论是思考还是写作，一次只能处理一个问题，可是虽然它们是排队的，但是思想的道德不但允许插队，而且只有插队才会有新的思想情节与故事，不要阻止天生的越轨倾向，因为越轨制造新的意思。思想和生活一样，得处于有意思—渴望—想要状态，至于此刻是否在独处、年龄性别如何、是否有生命危险等等，并不是最重要的，因为这些因素是人人不学就有的，但创造精神财富的能力（有意思—渴望—想要的能力）就是另一回事了。

　　我在思想，当我把想法写出来的时候，与我自己说话就是与别人说话——卢梭的《一个孤独的散步者的梦》就是以这样的方式写出来的——最重要的思想是在独处时的奢侈而多余的思想，因为与书面语打交道，在性质上天然就比与人说话要深刻得多，因此讲课与听课，不如写作与阅读的效率高。做一个现代哲学家，读与写本身，就可以构成其学术生涯的全部内容，而听与说，或者生理学意义上的耳朵与嘴巴，与敏感的内心感受相比，是不重要的器官，或者说是思想器官的外在形式，但文字不是，文字的字形一点儿意思都没有。与欣赏画册不同，读书不是去欣赏文字字形的，而是琢磨品味词语句子里的思想韵味。没有口音的陪伴，精神反而更加纯粹、超越时空，可以被任何时代的人反复阅读，从中产生的敬佩是针对思想本身的，似乎写出那思想的人的"物理状态"及其命运，不过是思想本身的副产品，读者先是仰慕一个哲学家的智慧，然后才会对其生平有兴趣，这种"从天上"的兴趣所导致的"对人世间"的兴趣，使得哲学家比任何时代的政治家、军事家、科学家都更为神秘、神圣、奇怪。难道不是吗？那能够看透一切的先知不是神仙、天使、魔鬼，而是一个与你我有着同样世俗需要的血肉之躯。这是令人震惊的，因为这血肉之躯与其思想之间没有因果关系，进一步说身体甚至成了思想力的负担，就像写出《追忆似水年华》的普鲁斯特那样。

　　精神与身体不成比例，就像以思想为职业的哲学家其实没有传记。读哲学家的传记纯属消遣，读传记是读不出一个哲学家的，得读其作品。

　　阅读与写作都是默默的，没有动静。写出好作品的动力在于自己死后仍旧会有人阅读、给人以启迪，自己的精神事实上得到延续进而"不死"是可能的；阅读好作品滋养的首先不是感官而是心灵，奇妙的是，丰富深刻、富有情趣的心灵能改变一个人的容颜。人们会说：这是一张思想者的脸。"白面书生"的说法，含有对纯粹精神生活的轻视，它只看到了世俗权力的力量而忽视了独立与自由思想之力量。就是否轻视一个沉默的、孤独的、不合群的人，能检验一个社会的文明程度，要看这种人是否不被排挤，甚至能活得很好。

阅读与写作都是默默的，没有动静，此时此刻，享受着"不在场"的感觉。不要嘲笑作者用自己并不熟悉的语言，写出自己也不知道的东西，因为一切新思想都是如此创造出来的：失去了方向，在某一位置又不在某个位置，位置无法确定，这就是"我不知道"的意思，但是它有别的意思，尽管说不出来，但是感觉很好，这种情形人人都经历过。言语不通，并不会影响到心有灵犀，它们是感受的"奇点"。

在"奇点"处，发生了古怪的不可思议的事情，它极其稀少，类似一个刽子手要求死刑犯在被处决前脱掉身上的大衣，这个死刑犯默默地将大衣脱下，放置在周围一块干净的草地上，很少人会想到这个举动是极其疯狂的，我指的是一切类似脱离正常心智注意力辐射范围的思想感受。在这个意义上，"奇点"的效果，就是德里达所谓"解构"，它由近而远，自发地越过了正常心智的轨道，走到了令我们感到陌生乃至震惊的领域，它们是在场中的不在场，或者虽然不在场但确是真正的诱因，它们是感受的黑洞。此时此刻，速度是获得真实感和创造性思想之最为重要的要素，因为停顿下来就等于回到了日常心智的结构之中，"奇点"或者鬼魂就消失了、不见了、溜走了。

这样，就接近了本真的历史时刻，它揭示出表面看一切都在重复，但事实上"奇点"无处不在，就像人的眼睛看不见的光线起着更为决定性的作用，不平凡的人用自己的"心灵之眼"思考，而并不单纯相信眼见为真。这就是心智成熟的过程，它类似于人类发明文字的过程，最先出现的是眼睛所创造的象形文字，然后才有眼睛"看不见的"提供给心灵"阅读"的字母文字或具有观念性质的文字，再后来，就是20世纪德里达发明的"延异"的或具有自行解构功能的语言，它不再重复与对应，它每每灵活地表明自身可能是任意联想到的别的意思、念头、形象、魂灵等等。它是不可定义或不可预先限定范围的，它是感染心灵的能力并因此具有难以琢磨的神秘力量。

奇点和解构，都把目光盯住精神的细节，我们活在细节之中，就像活在瞬间之中，总是当下即总是细节。细节能影响终生，终生都关注细节的人，才具有创造性智慧的潜能。

历史只是相似的事情不断重复发生——这是思想的细节，但还要更细，其实"重复发生"只不过是个形式，内容肯定随着时间场所不同而差异万分的，现在的手机，就是古人的马车轮子。这是思想细节中的细节，叔本华嘲笑句子里面套句子的写作风格就像大盒子里面还有小盒子，叔本华是不对的，如果大盒子里面确实有小盒子的话，就得用魔术师式的写作方法，不可以让读者事先猜到下一句话究竟是什么，就像看悬疑电影一样，惊险刺激。叔本华用另一种方式表达了同样的意思，我变一种表达，说他大致的意思：每个人的一年，都是365天，但是对于你来说，每天和每天发生的事情并不相同，或者说你可以自由选择每天与每天之间的连接方式，这个方式不是命定的或天上早就写好了的，正是这些复杂变化着的组合方式，使生命显得生动有趣。

化为思想力的细节，就是敏感的精神，它不是从已知到已知，而是从已知推测未知，与"莫须有"之间建立起"莫须有"的联系，怎么联想都可以，是自由联想，不要害怕想到什么，就怕你没有能力想到。自由联想要借助于比喻。此刻，精神的才华就体现在精神原子（复数的）之间建立起精神连线，这有赖于兴奋点和专注的方向，传统文化是保守的力量，精神要想有所作为，就得克服保守与懒惰。

两种不同的事物（男女、两种不同性质的文化、两个不同学科领域等）之间的相似性而引发的联想与行为的效果，将创造出一个崭新的第三者，即使这种相似性是假的，并不影响"第三者"的精神质量。就像一个不懂汉字的西方人只要看见一个汉字的形状，就等于进入了异域，心里会想：原来文字还可以是这样的啊！于是，他产生了非凡的想像。反之中国人在接触西方文明时，首先要激发自己的惊奇感，仔细观察它如何处理相似的事情（例如父母与子女的关系），尤其要注意细节上的不相似，以便提醒和启发自己：原来还可以那样啊！美满婚姻生育聪慧的孩子，这个第三者摄取了父母的优点，但是诞生了一个独立自由的新人。相互感染，这就是人类文明的发展史。

不顾两者之间的巨大差异，它们之间总有细微的相似性，相似性是各种隐喻与明喻的实质精神内容，就好像"以己度人"是人无法避免的天性，对于这个事实，我们不能用"它是主观的"就将它轻易打发掉，因为它同时也是思想事实，就事实而言它又是客观的。当"相似性"来自我的想象而没有事实根据的时候，该"相似性"的另一个文学术语，就是"比喻"——虽然事物之间不是事实上相同，但我们用这样的方式拉近彼此的距离，将它们变异为自己认为能感触的东西，以便有亲近感甚至爱它。两个人相爱，就是彼此感情的相似性。智慧是爱出来的，因为从已知或爱意出发，使原本陌生的他者与自己的爱之间产生共鸣，这叫做从无到有。换成哲学思想，也是唤醒那些与自己有共鸣的思想，以剔除的方式寻找心目中的思想情人，有一个非常简易有效的方法，那就是要对所阅读的东西立刻发生兴趣，而不是为了考试的分数建立起勉强的兴趣。实施这种情趣的过程有曲曲折折的感触，从中培养起自己的追求能力，能力最终化为自己精神的一部分，是不会"忘记"的。

去寻找与自己的思想之间有"相似性"的思想，无论是生硬的还是柔软的相似性，就让它们没完没了，直到获得了完全的品位，再轮换为下一个相似性。在这单纯、双重、多重的过程之中，新的思想被创造出来，但它和我们的兴趣是同一个过程的两种说法，就像萨特和德里达都以文学的手法写哲学书。既然可以像他俩那样写哲学书，为什么不可以像我这样写？可以像我这样写！

赫拉克利特的名言："人不能两次踏入同一条河流"，这是精神领域的显微镜。由于有爱的因素浸透其中，"相似"的思想效果就是冲动过程中的流畅，可以叫做一气呵成的逻辑，无论在这个思想过程中如何拐弯抹角，它们是引人入胜的雄辩。爱不是自恋，智慧也不是自省，爱智慧，是与某个不同于自身的他者因素之间，建立起相似或共鸣关系，而它们之间原本没有关系，是绝对陌生的。

当哲学家在事物之间建立起相似性的联想时，已经自动包含相悖的思维方向，即貌似相似的事物之间是有差异的，因此一切相似都是差异中的相似，在这个意义上"纯粹"一词容易引起误解，以为它指的是要素单一或单义，所以要用"复杂"补充"纯粹"一词的含义。思想就是在这样的词语替换过程中有所进展的，但它们不能是同义词之间的替换，思想创造的细微操作方法，就是在不同因素之间，建立起貌似相似实则差异的关系之能力。若是没有差异，思想就不可能有真正的进展。

亚里士多德也注意到，一个作者最重要的是拥有隐喻的能力，因为它是一种天赋，是天才的标志。一个人的身体只消化它喜欢的东西，同样一个人的心智只保留自己感兴趣的东西。换句话说，是那些适宜自己的思想体系和生命目的的东西。也就是说，爱思想像爱吃的饭菜、像喜爱某一种人一样，也是有选择的。选择的标准出自个人的兴趣天性。在这里，上述关于隐喻的话题，无形中转变为精神风格的主题，它很像是注意力或者意向性的切入点，这个"第一次"一旦切入就化为长期的思维模式（例如古代中国的数学与几何学，不同于西方的欧氏几何公理模式），这个模式在普遍形式的面罩下其实是某种被普遍化的个性精神延伸的结果。但是，思想风格之间并不是命定论的关系，它们可以因相互爱慕而结合，生出第三种风格，就像一个人似乎变得别人不认识了，其实他那仍旧是他，不过我们从来没通过那个视角观察他，所以我们感到惊愕。

第十章　活出你的风格，你成为自己的作品

思想力也是思想的倾向性，就像真正的爱是热烈的偏爱，博爱等于一个都不爱。作为理念或者理想，平等、博爱就像全能的神一样是人类的信仰，我们相信每个人都因偏爱（爱情是典型的偏爱）而拥有真实的幸福，但奇妙的是，偏爱与博爱之间并不存在不可逾越的鸿沟：当我们知道每个人的幸福都来自偏爱，当我们从偏爱的圈子中跳出来作为偏爱的旁观者，当我们喜欢人人都具有的偏爱，我们的精神就升华为理性的态度，也就是博爱。博爱就化为一种政治道德法律领域里的公共规则，尽管作为公德它略显不真实和冷漠，但我们从中提取的是其精华，就像尽管汤药是苦的但必须喝下去，因为若是只有偏爱的冲动，人类会死得更快些。

既喜欢偏爱，亦喜欢博爱，尽管在两者之间有着天然的冲突，但它们不是战场上的敌我关系，没有必要做非此即彼的决绝选择，所以萨特说，人的真理在自己所不在的场所。

以上也传达了真实的思想过程，像是举轻若重。从"轻"到"重"之所以可能，是由于它们之间有绵延无尽的相似性，从涓涓小溪到小河大江，以至于终于排山倒海势不可当，经历着从单纯到复杂的过程。从表面看，它是一个透过简单的表达看出其中蕴含着极其复杂的思想之能力；用学术术语，它就是德里达所谓"解构"，涉及哲学最为诡秘的时间问题，而在思考任何哲学问题的时候，一旦不考虑时间因素在其中的"腐蚀作用"，就不会是有血有肉的讨论，就只能像"空中楼阁"那样没有基础，没有实事求是。一切学术上的争吵，只是在强调某"偏见"的价值之意义上，才是合理的，就像球迷必须以参加比赛的某一方的拥戴者的身份欣赏比赛，那一招一式才显得精彩有力，就仿佛自己也亲自参与其中了似的（智慧是爱出来的）。换句话说，尽管空中楼阁与有血有肉看似势不两立，但缺一不可，其中的任何一方都有出彩的机会，所以一切精彩都是暂时的，彼此之间是轮转的关系，这两种不同性质的美丽，我们都需要，叔本华这样的大智慧者竟然没有看穿这一事实，他对

人生持悲观态度，可见智者千虑必有一失。

　　会说的不如会听的，为什么呢？因为倾听者有更多的时间去想象所听到的话语，而说话者的时间太少，只考虑被人家听懂，而无暇胡思乱想。同理，同样一个人，他的著作或书面语的思想之深刻性，要远远超过他在课堂上的讲演。这是因为一个人的著作是他心思的精华，即使他的演说能力非常强，他的著作之价值也远远超过了他当众讲话。这确实是一个细节：当我们有某种心思时，把它写出来与将它说出来，两者并不是一回事，而是有着微妙而本质的差异。"媒介即信息"，文字与说话，是两种不同的信息载体。在"言尽意"方面，字比言的能力更为强大。不能一概说，口语是生动活泼的而文字是死板的，因为事实上文字可能是深刻而活泼的，口语却是老调重弹而暮气沉沉的。一个人的文字能力确实比他与别人的交谈能力更能体现他的精神本质，这在卢梭身上体现得最为明显，只有躲在人群之外去写作，才能体现卢梭的价值，而在人们面前他几乎就是一个无用的人，毫不起眼、没有社交和办事能力。

　　文字是精神的精华，说话则是精神在反复"啰唆"。文字的精华何在呢？这很神奇，就在于似乎混沌的心思一旦直接化成文字就变得清晰了——我说"似乎"，是说心思在这个刹那间的"混沌"只是表面的，在这个瞬间心思只有一个"出口"即文字，于是众念头要想诞生或者出来，就得排队，只要排队就有了秩序。但这个秩序极其复杂，因为它的前后左右的关系是心思即时创造出来的，类比和隐喻的情形不可避免，于是有了一词多义等现象。

　　于是，文字既"固定了"又变化了瞬间的心思，就像过去、当下、将来三者之间相互蕴含的关系一样。文字的神奇还在于，它不仅比心思更文雅，而且能表达出超越心思所能想到的意思，在这个"神来之笔"的时刻，写作者自己也不清楚自己的才华来自何方，他掌控不了自己内心和笔头之间的相互适应关系，甚至会出现违背常规的情形，即笔头比心思还快，心思刚刚冒出一个词语，而在笔下这个词语就像一粒播撒在文字土壤里的种子，能迅速生长出更多的文字，令作者本人十分吃惊，因为并没有事先的酝酿过程。如果心思是文字的种子，那么文字就是心思在"开花结果"，但神奇的是一旦动了笔，写出来的文字自己就变异为新的种子而心思不再是纯粹的了，因为此刻心思是用文字代替自己思考，文字能力代替了心思能力，但文字毕竟不能完全还原为心思本身。

尽管文字和心思都不实事求是，但作为精神媒介，文字远比心思更为抽象，因为它是纯粹的无中生有的发明，这里所谓抽象，是指文字所表达的意思是世界上原本不存在的东西。文字促进了心思的理性化与复杂化，而不是相反，因为就像俗话说的，要证明你不是瘸子，你得走几步让我看看。你说你有思想，你得写出来。也就是说，写作与阅读，比与人交谈难度更大。同样道理，独孤而能保持快乐的人，比合群的人更不容易，因为孤独的人创造独有的、独享的快乐，并不在意出名与否、别人欣赏与否，而合群的人只是从相互依赖之中获得快乐。

第十一章　价值也在空虚与厌倦之中

人活着，但精神孤独，周围没有朋友、没有人陪伴，在这个意义上，也可以叫做"什么都没有"。普通人有如此遭遇，会觉得自己凄惨，但是，对于哲学家来说，这却是美好生活的必要条件和良好开端，于是奇迹发生了，是货真价实的魔幻成真实：书籍和猫一样成为自己最忠诚的朋友，永远陪伴自己左右。而读书尤其是写作，使"孤独"这个词瞬间就有了别的意义，它意味着与古今中外一切最出色的人类大脑交流的可能性，而且可以不受时空限制，就像按电视频道的遥控器一样，随时随地随心所欲地调换，只留下心有灵犀者。这是纯粹心灵的生活，完全不同于做事情或与他人在一起的物理生活。物理生活受制于场合，而孤独的精神生活不依赖场合，随时可以有，不需要与面前的人说话。物理生活和与人说话，可能是在浪费时间，因为这意味着我没有更多的时间想心思或者"与自己说话"。

心思在涌动，尽管任何状态下都可以想心思，但孤独状态最有助于想心思，这些奢华无用的心思，是哲学与艺术的共同源泉，用这样的心思化解精神的危机，不再觉得自己的处境寂寞悲惨，完成这样的精神置换，不啻于宗教意义上的确立信仰，超越的精神生活本身成了上帝。如此纯粹的心思永远没有完结——只要人还活着——因此永远处于意愿没有获得满足的状态，叔本华不应该把它理解为痛苦，因为它恰恰是幸福，给人活着以动力，也就是具有荒诞喜剧色彩的情形：人享受着"自己在努力"。

第十一章 价值也在空虚与厌倦之中

如果目标是预期之中的"某个当下",但当下从来都不仅是当下,当下的重要性就在于它是别的东西,就像眼前正在发生着的事情之价值,全在于它使我联想起别的任意一种曾经使我感兴趣的东西。把不同的事情联系起来,才会创造新的价值,但与传统哲学的思维习惯相反,这种联系不是逻辑上的对称关系,而是某些任意的感应关系。我的判断是"对的"全在于它是"不对的",因此思想的质量并不在于通常所理解的"对"与"不对",而在于究竟是在重复老旧的东西,还是卓有成效的创造,即连接起意料之外而情理之中的感人的新思想,它必须充满感性,大胆而刺激,也就是说要有文学味道,因为我们是人,不是智能机器。它必须是新的真理,深刻而袒露事物的本质,因为我们是人,活着不是为了做游戏,而是要发现乃至发明新的真理,使人类心灵得到新的愉悦与慰藉。

空虚感是从惯常生活中凸显出来的,空虚感锐利而刺激人的精神,它的消极就是它的积极,它不对就是它很对,这种种难以言表的情形,表明空虚感与语言是冲突的。当语言极力想去接近空虚感的时候,当语言最能描述空虚感的时刻,一定是使用了诗意语言、不是语言的语言、另一种语言、隐喻的语言、乔伊斯与德里达式的语言,它们非同凡想,也就是在制造根本差异性的思想,其中一种叫空虚感——没有任何事情发生就得"滋"出点事儿来,"滋"出点新味道。也就是说,得去创造新的感受供自己享用,这与他人一点儿关系都没有。

空虚感名不副实,因为它很快就会被最危险的事情与最快乐的事情所占满,而这并不是两种事情,它们合二为一,是一种事情。空虚感本身,就意味着发生了不同寻常的事情,若不具有精神贵族的气质,就难以患上"空虚症"。换句话说,空虚感意味着具有创造性的精神生活就要到来,就要发生不同寻常的事情。它很细微,但与平庸的只是浮于表层的日常生活有本质区别。

与他人交往的价值,在于突然发现了自己的价值。在这个过程中,给了别人什么和自己得到什么，实现了如此完美的嫁接，即它们直接就是一回事！这是填满空虚感的另一种方式，它必须令别人和自己都感到惊讶，就像一个人的空虚感和绝望感其实是暗含着自我惊讶的，对自己的这两种感觉感到惊讶，就像自杀之前还井井有条地安排身后的事情，双重的感觉意味着才华。它们发生在这样的时刻：做到了自己原本以为做不到的事情，我指的是凭借自己的思想能力和身体能力，而不是外界施舍给自己的任何好东西。

喜悦总是细节所带来的，就像年月日要还原为"时刻"。"时刻"要由某件事情显现出来，喝咖啡和洗冷水澡，和读书写作一样，都是我个人生活里的重大事件，其重要程度，在效果上等同于我被某个想法激动起来，并且比世界上某个和我一点关系都没有的所谓"重要人物"的逝世还要重要。与其指责我冷漠，远不如说它其实是人们的心理实事，只是不幸被我这个老实人忍不住说了出来而已。它显示了我们的学校教育没有能力给予我们的某些思想，例如做决定的最好时刻，往往来自灵机一动、即兴发挥（也就是出自直觉，而未必一定来自长期的深思熟虑），但是这没办法总结成知识，也无法明确它们到底来自哪里、什么时候来，所以教科书上就没有指出这些极其重要的思想内容，使我们的孩子只重视书本知识，而下意识地压抑自己出自童真的真切的思想冲动。

要对每个感叹日子过得太快的人说：你的生活虽然忙忙碌碌，但实际上却毫无内容。日子过得有内容的人，不会感叹日子过得快，因为这样的人，他的时间大都在创造性的享受中度过：创造本身就是享受，犹如劳动本身就是快活，这就消解了工作与休息之间的界限、劳动与度假之间的界限：我以痴迷的态度认真工作着。也就是说，填充空虚感的诀窍，是深切感受和实践 A 过程就是 B 过程就是 C 过程……它使我的思想感情复杂而迅速改变着形态，使我能迅速从绝境中解脱出来，并且与快活之间实现无缝对接，思想或行为镜头转换与衔接的速度之快，以至

第十一章 价值也在空虚与厌倦之中

于别人还没有意识到发生了什么，事情在我这里就已经结束了。有人会对我说，你这难道不也是快吗？我的回答是：如果一个人在一天之内想到的和写作的内容之多，顶得上很多人一天的"工作量"，那么这个人的时间相当于慢了下来。就像爱因斯坦说的，一个坐在宇宙飞船上的人，他的时间相对于地球人的生活，就慢了许多。于是，无形之中等于延长了自己的寿命。一个人虽然生活在地球上，但具有哲学—文学艺术方面卓越的想象力与创作才华，就相当于坐在"宇宙飞船"里了。

换句话说，永远都要让"现在"过得有意思，永远让"现在"处于自己喜欢的事情之中，我是说尽可能，而我说的"喜欢"主要不是享受现成的东西，而是要付出自己那些快活的脑力与体力活动：最伟大的智慧，就是把享有当下的生活，视为生命中最至高无上的目标，因为当下是唯一的实在，一切别的都只是思想的游戏。在这里，叔本华提醒我们，不能把当下和空想等同起来。当下要有物质生活的内容。但我认为，这物质内容是广义上的，它也包含了与空想截然区分的阅读与写作。尤其是写作，它是自主的化成物质因素（我指的是文字）的精神过程、脑力与体力的双重付出。当我写下关于做梦的思想研究的时刻，我在清醒地劳动，就不再真的处于睡梦之中。

流动着的"当下"：当下肯定是改变着自己的内容、形形色色，这就是最真实的时间。不能回答什么是时间，因为"流动着的'当下'"是自相矛盾的，是没有动的动，这是真实的而非想象的结果。站在地球上不会想到自己其实是"贴在"地球上转圈的——意识到它，文明就进步了，因为脑子复杂了更合乎事实。因此，"流动着的'当下'"情形，是十分真实的，它在考验语言表达能力。人类为了更为真实地接近自己瞬间的心思，不得已发明了修辞。广义上的隐喻或相似性，即表面上似乎没有联系的事物形态之间不但有联系，而且自身就是对方，例如静是动的，因为观察的参照系不同，就像同一个句子里蕴含着好几个"参照系"，这就是乔伊斯和德里达的表达方式，它们的晦涩就像对一个古代人说，"你不是没动而是随着地球运动的"。这个古代人听不懂，所以乔伊斯和德里达的表达是为21—22世纪的人类准备的思想礼物：没有动的动，它超越了传统人类的世界观、价值观、幸福观，因为它搁置了单纯的动机、因果、理想、目标式的思维模式。与它相比，这些思维模式是单纯而幼稚的，它一次只关注一个视角、一个意向，为一件事情愁得茶饭不香，它是简单的幸福，是抑郁症类型的精神。而乔伊斯和德里达写出的句子，即"没有动的动"的句子、一词多义的句子、双关语、同时的不同时性，是"精神分裂类型的精神"，它不是想不开而是想得太开了。就像轻轻按动一个按钮，在微信朋友圈发上一则想法，无数与自己认识或陌生的人读到我的想法，瞬间就有了几乎人类全部曾经有过或者不曾有过的积极与消极、喜欢与不屑一顾等感受的"大汇聚"——这就是德里达和乔伊斯想表达的意思，他们的晦涩全在于固执地不听维特根斯坦的话，没有在应该闭嘴的时刻保持沉默，于是他们只能收获极少的有灵性的读者。

  人类不幸的原因之一，在于过于相信自己的预判，智慧的人是不做预判的，甚至不做承诺，因为它们都靠不住，人们事先从来就不曾准确地说清楚将要发生什么，我指的是细节，因为事情是人做出来的，而即使一个非常笨的人，他的思想也是活的，会伴随突发局势的变化而变化。这使人感到幸福，因为人的压力和焦虑主要来自预判。人能自主地意识到发生过的事情不会原样地重复，知道事情即使有危险（这是自己无能为力的，就像自己终将得死），但人有能力做点什么使事态朝向自己所喜爱的方向发展，就是说，要行动，马上。不要在这种情形下贬低思与想，我说"思与想"是说它们也是行为，化为思想自由意志活动与写作活动的一体化，它们就属于"动"。只要沉迷于如此这般或如此那般的"动"，压力与焦虑就会不知不觉地消失。

  行动不可能效果完满，就像思考和批判不可能考虑得周到，太周密的行动者与思考者是不迷人的，因为他们的优点就是他们的缺点，他们

第十一章 价值也在空虚与厌倦之中

因太周到而丧失了使自己的才华在某个思想方向一气呵成"走极端"的机会，丧失了超水平发挥的机会，从而只能发表一些"大致不错"的看法，但思想是在"疯起来"时才有所创造，它和生孩子的道理是一样的。感情想入非非，才诞生了音乐与舞蹈，不会是事先的编排，而是不由自主地想跳舞，不是为了钱，太多的人不明白这个道理，成为身外之物的奴仆。

因此，"没有动的动"的真实倾向其实是这样——它令我们如此惊讶，以至于快要认不出它了：我们全部存在的基础，就是当下在场、永不停息流动着的现在（这话有赫拉克利特的味道——引注），我们存在的本性就是如此，也就是说不会由于得到了想要的东西而就此罢手不干了。我们就像一个向山下跑的人，只要停住不跑，就会摔倒。没错，这就像识别一个成功学者的标准很简单，没有人逼迫他，但他每天都忘我地工作。他自己"逼"自己，他"不往山下跑就要摔倒"。所谓摔倒，意思是说，觉得自己把时间消耗在人人都有能力获得的"享受"，就只剩下生命的空壳，而他生命的动力，是自己给自己提供的"新鲜氧气"。

如果真实的情景就是永远回来的"没有动的动"，它可以换成很多别的说法，例如别太在意实现愿望，因为从根本上说愿望是不可能实现的，但我们得处于争取实现愿望的姿态，这看似矛盾，但问题的关键，在于我们原本的初衷或者愿望，总是以别一种样子实现的，只要我们沉浸于这个只要我们活着就没有穷尽的过程之中，就能有效地遏止焦虑不快的心情，因为想问题与想自己是截然不同的两回事。"愿望"是意识，就是"愿望"所要的东西，我们暂时没有。想要自己没有的东西，破坏虚无感的方式，就是无中生有。例如，我们读出一本书中字面上所没有的意思。活着，就是去享受思想和物质上还不曾有的。

人得处于创造或创作的状态，弄出点儿新鲜事出来。如果没有处于此种状态，人就会感到无聊、空度生命，也就是白白地活着。别泄气，只要抱着去解决问题的严肃态度,从前不曾有过的快活即将到来。我把严肃与快活放在一起,让两者彼此融化,就像"没有动的动"。我需要处于虚无的状态,就像饿了吃饭才香甜,就像充分的休息放松,是为了更有效率地工作。

唯一永恒不变的,就是绝对不存在什么永恒不变。又像尼采说的,"希望"本身就是最大的祸害。尼采说得好,但可以再说一次"希望":最大的希望,就是不要去希望。如果没有"盼着"这一生命中最大的压力,也就是不再自己给自己施加压力,一切外部世界给我的压力就彻底坍塌了,而刚才它还对我张牙舞爪、耀武扬威。叔本华的悲观主义在这里忽视了一个细节,也就是人天然具有精神与身体上的饥渴本能。"希望"消解了但饥渴永远存在,只要还活着。于是饥渴就成为"希望"的异形形态,人能从吸一口香烟之中获得莫大的鼓舞,就像一个哲学家被一个从天而降的想法激动得热泪盈眶,这些满足既是身体的也是精神的,它对应着饥渴,人要从虚无中获得鼓舞与帮助。别人一点儿也不理解为什么我刚才还是垂头丧气,转瞬之间就变得容光焕发,任何人都没有帮助我,这叫做自助者天助!

不满足本身就是积极快乐的,催人赶快行动起来,马上,而不止停留在"想",写作不是落实想法而是更改想法,这个过程十分美妙,因为人的每个瞬间的心思都是平等的,并不存在什么特权心思。

愿望本身就已经是满足,因此愿望的实现只与形而上的心思世界有关,而与世俗世界无关,悲观的情绪从何而来呢?从出发点上我就掐死了悲观。我把想和写当成一回事,现想现写,解渴时的饭菜是新鲜的、热乎乎,这就使得文字蹦蹦跳跳、活灵活现——我再说一次,在这里愿意和满足完全是一回事,是同一种感受的两种说法。愿望不是一口需要不断添加燃料才能燃烧起来的大锅,因为愿望本身就已经拥有从自身取之不尽的燃料,这燃料就是每个人生来就有的热情,热情的别名,例如好奇心和想象力等精神的本性,食色性等身体的本能——当然,它们并

第十一章 价值也在空虚与厌倦之中

不像口渴与喝水之间这样简单的相互满足关系，满足口渴的渠道不一定非得是喝水，它有形形色色的转化方式。

于是，一个人只要有产生和保持自身热情的能力，悲观就无从产生，尼采就是以如此乐观的态度批评叔本华的，尼采认为严重影响自己健康的偏头疼，有助于他的写作，就像"产前的阵痛"一样是诞生新生命所必须有的，就像初生儿来到世界上的第一声哭叫决不意味着这个新生命的痛苦，而是新生命降临的赞歌。

于是，被正名了的"压力"，就像尼采的偏头疼，是创造新生命的组成部分，它促使尼采驱除烦恼，赶紧写作，转移注意力，要去播种，也就是写作。写作处于一种无痛苦状态即无愿望状态，因为愿望已经变异为写作过程中的痴迷，就像解决后者的问题就等于解决了前者的问题。很多情况下，问题不是被解决了，而是被忘记了，但奇妙的是，忘记或者不理它，有时真的就能解决它，就如同强烈的爱能使原本虚弱的身体迸发出惊人的能量，身体确实能受到强烈的爱的暗示和引导，从而有利于身体、精力的恢复与健康。

我的意思，不是像佛教那样灭绝对外部世界的欲望，而是说在享受外部世界时，要明白我们收获的只是一种感官上的或者心灵上的感受，而一个人越是有思想的创造才华，就越有能力在不接触外界的情形上，同样获得感官与心灵上的美好感受。无论是否通过接触外界的渠道，人所收获的都是某些内在的东西，就像波德莱尔在《假币》中描写一个人给一个乞丐500法郎的假币，在这个被社会道德谴责的世俗事件中，施舍与被施舍者都收获了某种性质的暂时的心灵慰藉（某种快感）。表面上的问题是获得某种身外之物，实质的问题却是独享某种美好的感觉，这些好感觉的实质是各种各样的热情因素，因此并不像外物那样轻易流逝。倘若生命就是由任意积极的内在价值所组成的，那就完全不会有厌倦这种事情：因为纯粹内心本身就能满足我们，我们将别无所求。重要的问题，还是保持想要的热情，而不是真的获得了想要的东西，因为在得到后者的瞬间，我们很快就发现我们所拥抱的不过是一种虚幻。换句话说，我们永远需要虚无感以激发热情，也就是"想要"，这就又回到了我上述"没有动的动"。

于是，我们就把心情变成了智慧，智慧是升华了的心情。若此，心思就由纯粹的智力兴趣所构成。当我们获得纯粹感官的快乐时，有能力迅速升华为创造新思想的能力，就像靠小甜点的滋味作为灵感的支撑，流淌出普鲁斯特的《追忆似水年华》。这情景，仿佛声音（任何一种声音，例如小教堂的声音）和触觉（任何一种印象深刻的触觉，例如走在儿时鹅卵石铺就的街道上，小石子顶着脚趾头）都是无形的文字，就是要消解纯粹的思辨观念，思想仿佛是一个有情节的物质场面，一个物理事件同时就是一个精神事件，彼此分也分不开。

于是，由于人具有微妙精神的感受力，能化腐朽为神奇，无聊厌倦的日常生活才能成为别的样子。

第十二章　浪漫与发疯

　　精神的最高状态，就是这样一种自乐——至乐，它是精神自我的消遣与陶醉、自由游戏状态、没有规则的精神游戏，我们已经在洛特雷阿蒙的诗歌中看到了。把荒谬当成孩子手里的玩具。虚无并非真空，它的名字叫晦涩，一种不透明中的趣味，小鸟在山林中鸣叫，这叫声的含义是不透明的。空虚感和无聊感，也是不透明的，这种"不高兴"难以用语言细致传达给他人。艺术家善于从莫名的痛苦之中创造出美感，制造精神的化学反应。音乐家让被折磨的灵魂通过音符说话，例如阿炳的《二泉映月》，而梵高则用着火的色彩转化焦虑而奔放的心情。同样的心境，哲学家使用了富有哲理的格言，格言并不解释思想而只是袒露精神的力量。必须简短、高亢！能把激情延长的人，就像能诱惑有温度的感情继续发烧的人，一定是调动感情的高手。最急切的吸烟需求，就是创作激情正在迅速提升的时刻，烟味儿散发着香气，犹如久困在牢狱中的囚徒呼吸到了新鲜空气。

　　作家在表达思想时应该有能力自我产生在庸人那里根本不是精神刺激的精神刺激，他极力捕捉的不是一句话，而是某个词语，他能敏锐地创造出一种令人恍然大悟的语感，让思绪顺着这种令人心旷神怡的语感尽情流淌，就像热恋中情人的眼泪——所有这些，在这个瞬间之前，尚不存在，但它们随时都有可能存在。我得到的唯一恩惠就是出生。每个人都是幸运儿，因为每个人都原本可能不会来到这个令我们又爱又恨的世界。只要给我时间，我就有能力写出不一样的思想，因为我在读一本书时,与其说是去理解它的意思,不如说是捕捉其中能带给我新鲜刺激的某个词语。这是一种走神式的误读,与原书的上下文没有因果关系。这很正常,人们在欣赏同一道风景时,每个人心中浮现的念头怎么能一样呢?这叫无中生有,自己鼓励自己,任谁也打不败这个"自己",除了自己本身。

从此,哲学像艺术一样有了发疯的权利,它是哲学治疗的一种崭新途径。既然哲学不仅要深刻还要有趣,不投入强烈的热情,怎么会产生有趣的疗效呢?在趣味之中人能忘记痛苦。从此,真挚感情的名字,叫"脱离实际",超越世界本来的样子。超现实主义绘画的野心,把两个原本没有关系的场景放在一起,由于有了这种新关系,两种原本平庸的场景就不再平庸,它有意制造了一个错误。错误的联系产生错误的联想,让旧形状变形,它不再是自己原来所是的东西,它的新形态正在形成之中。这是由于有柏格森式的绵延在起作用。这是真的,女大十八变,"丑小鸭"变成了"白天鹅",重叠地把两者画在一起,就等于画出了时间。

画家的眼睛要活在时间之中,就像电影镜头一样,绝对不能只有一个拍摄角度——思考和写作难道不是也可以这样吗?是的,只要加快速度,去掉多余的"因为"和"所以"。直接将洛特雷阿蒙的诗句移植到画面上,诗人就成了画家,这也是"智力的化学反应"。诞生美感的途径有千万条,不仅像狄德罗说的"距离产生美",而且还像毕加索说的,变形产生美,而且可能是更真切的美,因为他画出了时间。没有任何一个活灵活现的真人,像照片中的自己那样扁平,难道不是吗?智力的化学,绝对不要拦着有话要说的欲望。念头马不停蹄地接踵而至,思想转弯。转弯后还会发生怎样的思想情景,继续设想,就像一个农民在劳动时偶然挖出了一个泥人,结果却整出来阵容威武雄壮的兵马俑大军。这是一个不断否定原有判断的过程,所谓发现,就是去试错。

世界上的一切事物能产生一切事物,所谓原有的界限或者学科分

第十二章 浪漫与发疯

类,只是人为设置的思想障碍,要消解它们之间的界限,要诞生新的思想,就要从 A 联想到 B 和 C 也可能存在。思想之路就在脚下,不可能的事情就要变成可能。一个事实是由另外一个事实引起的,后者只是还没有被我们发现而已。在发现之前,一切都显得神秘莫测,而发现之后,与其说一切都显得如此简单,不如说我们要惊呼人类活跃的大脑能创造一切奇迹。教训只有一个,那些不幸的人经常被自己的想法吓坏了而不敢继续想,更不敢行动。那些现成的事实从来就不是"就要出现"的事实,就像同一个人刚才还百无聊赖,顷刻之间就变得活灵活现。古典绘画是怎么过渡到现代绘画的?这同样与哲学领域里的革命有关:人们发现,肉眼看见的现实,其真实性远不如内心感受到的心理事实。

一切发生,都发生在当下瞬间,它可以完全不理睬过去,而"将来"则是纯粹的乌托邦,因为"将来"不仅尚未到来而且永远不会到来。"将来"只存在于我们的幻觉中,而我们唯一有能力拥有的,只是当下、此情此景。还应该把意志理解为当下的冲动,而不应该是某种观念性的设计。冲动本身已经充满内容,而设计本身空无内容。换句话说,只有不确定性才会展示充满内容的情景或者实情,而确定性本身就已经是一个死物。"一切人都是要死的"——这判断无比确定但是空洞无物,它没有展示人生不确定的各种各样的细节,既不有趣因此也就丧失了思想的深刻性。"悖谬""错误"的真谛,在于它们离开了确定性,它们是"正确者"(确定者)站在"正确的"(确定的)立场上强加给"不确定性"的标签。如果我们暂且用这个标签说话,那么充满内容的思想实情就是:有独创性的思想来自荒谬的错误。而犯错误,就像女人嘴里的男人之"坏"一样,怎么犯错误都行,怎么"坏"都成,要"坏"出个性来,她不爱一个什么错误都不犯的老好人。为什么呢?因为某种行为究竟是否是坏的,将永远处于无休止的争论之中,但是从某行为本身获得的快乐,却是深有体会,是看得见摸得着的。

顺着以上的思路,天才能力的内心特征是"发疯",一个没有能力创造欣喜若狂的人，当不了天才。对于欣喜若狂，有时要做一种错误的理解，即它包括了精神上的各种极端行为、一种精神夸张的能力，例如在常人看来不必要的焦虑，在常理看来是无用的激情等等。但是，这种无用在精神细节上是有用的，正是这些细节成就了天才。这些，同样适合对于美的欣赏能力。由于陷入了有灵气的深思，美感超越了表面上的漂亮，例如在超现实主义绘画作品之中。

活出我自己！我自己开花，别人是否欣赏，与我何干？我不要做别人眼里的我。可是，在传统道德里，倘若我尽情任性地开花，不顾别人的感受，就好像是已经招惹到了别人，似乎自由本身就已经是一种邪恶，似乎从出生之日起，我就应该成长为别人眼里的样子，我不要过这种扼杀个性或漠视人性的生活，不要糟蹋只属于我的生命，它对于我只有一次，为此，我不惜付出深度孤独的代价。没人和我玩？我自己玩！过时的法律愚蠢地以为让一个人与别人隔绝是最残酷的惩罚，却不知道一个人安静地独享精神生活该有多么惬意和快乐。自由并不在于处理与别人之间的关系，自由是自己与自己的关系。也就是说，天然的自由是无法被剥夺的，即使周围都是栅栏。要对生命心怀感激，满心欢喜。口拙不要紧，心巧就可以了，幸福从来不是说出来的，而是做出来的。

德勒兹说，哲学是做出来的。按我的理解，他的意思是说，一个活出自己的哲学家，是活出自己的哲学风格。一个哲学家也是一个"文体学家"。尼采的思想在格言式的语言之中（例如他说，"凡不曾杀死我的东西，都使我更坚强"），他没有像康德和黑格尔那样写哲学书。尼采和康德分属两种不同的哲学风格，两人都文如其人，都很伟大。生命的本质在于意志，意志之高贵在于坚强。意志怎么做到高贵的？答曰：去超越的现成东西。例如，汉语是在使用外来语的过程中丰富自己的，人不仅在读书中更在写作中丰富自己，而如果一个人没有独立思考的能力，单纯的经历或者所谓阅历，可能会使自己更有城府或者更通人情世故，但这并不意味着提升了自己的精神创造力或者精神的质量。

第十二章 浪漫与发疯

"超越"一词不仅能在哲学意义上使用，同一句话里同时有几个不同的意思，这也叫超越，是这几个不同意思之间在相互关联中超越。句子自身的这种超越本身，具有美感。我写不下去的时候决不硬写，而是出门以快步走的方式散步，这叫走路的脚对写字的手之超越。散步回来，可能会比散步之前更有灵感，因为我刚才走路时，脑子并没有闲着。想不出来的时候（比如想不起来某个"曾经是熟人"的人的名字）也不要硬想，因为这种硬想就像用玻璃片在不锈钢板上划出的尖锐而刻薄的声音，令人极不舒服。奇特的是，当我不去想时，这个人的名字有可能会不由自主地自己冒出来，这就是每个人其实都具备的脑子的潜力。作为人的天然本能之一，思想随时随地都能开始，而决不仅仅是当我坐在电脑前才开始的。

乔伊斯的整部《芬尼根的守灵夜》一直在胡扯，但是扯的非同凡"想"，要有本事从中读出快乐，就像读同类性质的书《堂吉诃德》那样。绝少有人看出这两部书的相似之处，两者是在"胡扯"中偶然相遇的，就像洛特雷阿蒙笔下的缝纫机和雨伞在解剖台上偶然相遇那样如醉如痴，可见胡扯也不是一个样子的，也是能见思想水平和精神境界的。要有想得到的能力，比如聊天的原理就是胡扯，海阔天空。如果精神不自由或者缺少多维度的想象力，胡扯的水平就不会很高或者很低俗。如果"胡扯"这个名字不好听，那就叫它漫谈，这一点儿也不会改变事情的实质。如果漫谈中的思路转弯的速度太快，就会显得晦涩难懂，但其实有这种能力的人是思想高手，就像我们在惊悚动作影片中常见的飙车镜头。转弯其实是新刺激的开始，就像写作过程中不时会出现"但是"一样。但是"但是"不如"好像"更具有美感，读一本书的过程中，对其中的某段落某句子某词语，不要太较真，而要使它们不断地在"好像"过程中唤醒别的思绪情景，这种快速跳跃，就是创造性的阅读能力。

使心情艺术化，这是高雅的快乐，它与低俗的快乐的区别，是在想象力的层次方面,也就是上述"好像"的能力。艺术并不与科学冲突,就像快乐与科学不冲突。不但不冲突,而且是一致的。何以见得?答曰:使看似僵死的东西动起来,以揭示原本不明显的关系,在这个过程中恍然大悟,这种"悟"同时也是快乐的(感官的和感受的)思想,或者说既是艺术的也是科学的,既是有趣的也是深刻的。必须动起来,它强调的是速度,也就是时间。

有才华的文字作品,好像一棵参天大树,有主干有分枝,有疏有密,它来自有灵感的种子。这棵思想之树不可能是在温室中长大的,它要经历疾风暴雨,也就是怀疑与批判的过程。要使自己坚强有力,先要过一种不依赖别人的生活,忍受在别人看来是无法忍受的孤独,将这种常人眼里的痛苦化为你日常生活中的幸福。这时可以说,正是这没有杀死你的长期寂寞,不仅使你更坚强,而且更有精神创造力、更幸福。

但是上述情形,很令人困惑不解,它需要哲理上的证明。人们为什么害怕孤独?因为与世隔绝的孤独就相当于死了。处于孤独状态的人,就像一个死了的人,因为别人不需要你,一个人只有被别人需要时,才是他活着的证明。但事情并不这么简单,尽管在没有与他人日常交流(马克思说,人的本质是全部社会关系的总和)的意义上,可以说绝对孤独不啻于你死了,但这也暴露了一个西方传统哲学绝少接触过的话题:自觉选择孤独、选择这种"死亡"(像自杀)、一切都发生在自己与自己的关系之中——在这条死路上,传统哲学家们似乎没话可说了,因为一切思想似乎都是被用来交流的。一个反抗者的意义,在于存在着被反抗者。如果被反抗的东西不复存在,那么就无所谓反抗了。换句话说,关于反抗的思想,仍旧局限于交流的层面上讨论问题,这就像把爱和被爱联系起来思考的情形。如果一个男人爱上某个女人,但这个女人不爱这个男人,而且永无爱的可能,但是在这种情况下,这个男人还固执地爱她,这通常就被描写为悲剧,似乎这个男人固守着某种毫无意义的爱。为什么?因为不会有结果。为什么有这种想法?因为没有意向对象的"意向"是不可思议的。这等于把对象、动机、目的等人生重大话题从人的生活中抹掉了。意向总是朝向某个对象、想法总是关于某某的想法、爱总是有某个被爱的人或者事物，如此等等。但现在的情形是：如果意向为空，意向本身就失去了意义。所以，在这里，生活有意义的前提，就是意向不能为空，否则，生活就显得荒谬难解了。与世隔绝的孤独就属于这样的荒谬难解，它自觉选择了不交流，这相当于没有了"被关于"的东西，人们熟悉的生活动机全部失效，以至于"动机"本身也失效了。但是，我这里并不涉及悲观厌世的宗教话题，而是在探讨这样一种似乎不可能的可能性：为什么"与世隔绝的孤独幸福"是可能的，为什么这种"邪恶"的可能性是可能的。这好像在讨论某种魔鬼的存在是可能的，某种幽灵般的存在是可能的，精神深渊的存在是可能的，荒谬是可能的，虚无也是一种存在，如此等等。

这里不是在远离人性，而是在探索人性的新维度。德国电影《窃听风暴》描写了一个反抗极权的作家，但这个作家在影片中一句关键的话却不是针对极权而是针对自己的，他说自己最害怕的是孤单和写不出东西。虽然这个作家说的是心里话，但是他说得并不深刻，因为一切天才作家的共性，恰恰在于能享受精神孤独，思如泉涌——实事求是地说，这是一个人自身的亲自性，就像爱的能力一样，它与极权制度没什么关系，与反抗不反抗没什么关系。换句话说，任何强大的世俗权力，也无法真正干预到人内心的孤独与"写出好东西"的能力，这就像一个人总得亲自死一样无可奈何，囚徒和国王都得死，都得经历临死前的恐惧，在这个问题上人人平等。

通常被人们认为的恶棍和好人，在害怕孤独（就像恐惧牢狱）这一点上是共同的。能享受孤独的人是尼采那样的超人。哲学和文学艺术描写的永恒主题不是两个而是三个：爱、死亡、孤独。在这里，"孤独"不是词典上的意思，它由一组"家族相似"（借用维特根斯坦的说法）的词语构成：不可交流性、无法理解性、不可能的可能性、虚无、

"自杀"、荒谬、他者。这里是否可能实现一种智力的化学反应呢？就是转变难以忍受的孤独的性质，变苦闷为趣味，变恐惧为沉思，变"无动机行为"为下意识的创造性思想、死而复生。这些都不是"与他人交流"的问题，而是元哲学—艺术—宗教问题。

此刻，本来我想说，孤独能培养起敏感而微妙的精神，但是这个念头马上就被一种更强大的念头所取代，国王和囚徒都得死并且都同样得经历临死前的恐惧，分析这种恐惧，远比上述那个作家的精神反抗更有意义。我的意思是说，这种亲历的恐惧（想想还有很多必须亲自参加或亲自体会而无法被替代的身心行为）使我们回到了尼采所谓"原样的精神"，而卢梭在尼采之前早就描述了人的天然自由状态。很多肤浅的人认为卢梭描述了一个并不实际存在的精神乌托邦，殊不知人的身心行为的天然自由状态，就是后来尼采所发展的"原样的精神状态"，尔后则有各种各样的补充说法，例如弗洛伊德所诉诸的性本能与无意识等等。于是，与"孤独"共同组成的"家族相似"的词语，又增加了新成员：原样的精神状态、性本能、冲动、无意识、天然自由或者意志自由（以下随着我随写随明白的过程，成员还会不断增加，就像尼采说的，要有这样的精神快乐能力，只要给我一颗灵感的种子，就能迅速成长为思想上的参天大树）。这些成员之间各有自己的特点和情趣，而孤独是它们的共性。这孤独并不来自拒绝与别人交流或者拒绝共享，而在于即使在与他人交流或者共享的时刻，仍旧是孤独的，因为我无论如何不是你，那些只有我能感受到的神秘性不是我不想告诉你，而是即使我告诉你，你也不会有感同身受的理解，你永远不能成为我。

上述"不能成为"，属于精神的原样，就像天性一样。但文明史的一个重大转折点，就在于破坏这种"不能成为"状态，人类发明了各种各样的替换行为（文字取代口头语言、车轮取代了脚、歌声取代了船工号子，等等），即使是第一个发现这种疏远或者异化现象的卢梭和指出这些危险的增补性的德里达，也没有说到所有这些，都是用更方便的交流取代了孤独。人越来越远离了孤独，从而丧失了一种天然的只属于自己的幸福，并且本末倒置，视孤独为邪恶，唯恐躲避不及。

寂寞不是去"耐得住"的问题，而是去享受的问题。所谓"耐得住"似乎是一种被动行为，似乎是在克服困难情况下的一种无奈之举，而去享受则是主动去选择"如此寂寞"。它的优势，在于幸福的安全系数高，它选择了无论外部世界如何改变，都与我无关的精神态度：我奈何不了世界，世界也奈何不了我，但是我也不与世界之间相互折磨，我只是不理睬这个永远没有新东西的世界而已。既然天底下没有新东西，那我就自己生产新东西；如果没有人欣赏，那我就自娱自乐。总之，先绝望，尔后收获的，就全是幸福了。人们经常批评理想主义者，认为这些人总是往好处想。人们不知道其实先对世界持绝望态度的人，也是理想主义者，而且还是乐观主义者。这里有大智慧，因为已经先死过了，死而复活了，没有被"死"杀死的人，是世界上最快乐最坚强的人。有权力不叫强大，能战胜自己的厌倦心情的人，才叫真强大。但我说得不准确，应该是享受自己的厌倦心情，要有这种变化感受的能力。很多貌似强大的东西不是被打败的，而是被自我的无聊感所滋生的深深的厌倦所摧毁。极端无趣的生活会使人因精神崩溃而自杀，这决非耸人听闻。什么叫有趣呢？比如，人宁可被感动也不要听道理，但是如果真正感动的机会十分稀少，就会深陷无趣的生活之中，这与独处还是与很多人在一起毫无关系。有趣不等同于在娱乐，就像有高贵与低俗的"胡扯"一样，也要区分高贵与低俗的有趣，从施展自身的能力（不靠外部世界的人与事物的帮助）获得的趣味是高贵的，是他人无法从你手里抢夺去的天然快乐能力。我这里绝对不是在设想，而是在描述事实，就像你越是不许孩子做某件事，孩子对那件事情的好奇心反而越大，孩子会趁你不在家的时候，释放自己的好奇心，你的严厉反倒成全了孩子的胆量。无论就人类整体还是具体到每个人，初衷从来就没有以本来的样子实现过，因此，只有敢于承认自己的本质是"犯错误"的人，才是真实的人。

尼采第一次提出"上帝死了",是在《快乐的科学》,这是典型的尼采式语言,是格言。它高度浓缩,唤起不同的想象,可以使我们联想到它像是一句广告词。学究式的语言抽象干瘪乏味,要使哲学接地气或者充满人味,根本不必出现类似"实践哲学"的字眼,只要以类似"上帝死了"的语言娓娓道来,直接描述思想情景就可以了。

广告词是极难写的,它要用最简短的句子使人过目不忘。对"上帝死了"的瞬间反应千差万别,陀思妥耶夫斯基通过自己小说中的人物说到尼采这句话,其反应是:从此人什么都可以做了(没道德了)。但由于我比较神经质,从来不顺着字句表面的意思思考。我想到的,是上帝可能是笑死的。上帝可以任意创造一切而一旦创造出来后就撒手不管了,而且"人类一开口,上帝就发笑"。上帝能看见我们,而我们看不见上帝——这确实是极乐的境界。但是,鉴于以上情况,上帝也确实孤独。其实哪里有什么上帝,是人类把自己不具备的精神品质寄托在"上帝"这个词语上面并顶礼膜拜。人类希望自己能达到上帝的精神境界,但是却永远达不到。我觉得这里的"达不到",就是人类不可能理解永无休止的孤寂中竟然会有快乐。我们的俗语和古典诗词一向把类似的情形描写为凄惨("打入冷宫""高处不胜寒")。可以说体验上帝的快乐和体验魔鬼的快乐其实是一回事,因为似乎这里的人味极端匮乏,但如果我说这里存在着没有被开发出来的人性新维度呢?研究所谓"实践哲学"的学者难道不应该在这里深入研究一下吗?这里有实践和生活中的极端情形,可以说是其中最高难度的动作(如果可以把生活方式比喻为某种动作的话)。

上帝死了的画外音是"什么都可以不在乎"了,但是倘若"什么都不在乎"本身就已经意味着是上帝的根本性格呢?也就是说,其实上帝并没有死,道德还在,最高的道德就是自由意志(暗含"什么都不在乎",但是需要有哲学味的语言加以详细解释)——我这么说是否会把人的思绪弄糊涂了？哲学并不是故意绕来绕去的，但是每个行当都有自身的特点，哲学中的"绕"并不是做作地故弄玄虚，"绕"本身可能是精彩的，它告诉我们任何真正有价值的思想，不可能被简单的一句话打发掉，例如"上帝死了"。这里的哲学批判并不是不再理睬已经有的哲学概念，而是对这些概念重新解释，并使之具有焕然一新的精神面貌。哲学批判者的功夫并不在于考据（但是对传统有深入的理解，应该是从事哲学批判的前提），而在于"自己产生自己的思想"的想象力。

"偶然"这个概念非常迷人，它使人想到只要活着，时刻都会有自然世界和心理上的新鲜。虽然"必然性"实实在在，但却是一个死物（例如"人都是要死的"）。与偶然性相遇，就像与灵感相遇，这是鼓舞人继续活下去的一个重要理由。所谓新鲜，就是"不知道"与"知道"同时发生时的内心感受，它使人超越了间接性直接进入了事物的内部，我称之为"正在工作中的内心感受"。这个过程并不否定重复，但却是有差异的重复，因为活着就意味着在经历时间。这里有经历的厚度，所谓阅历就是厚度。格言或者广告词式的哲学，乃不是判断的判断，也就是作为感受的判断，由于它说得不全对（例如"人是机器"），因而从其他角度看是一个误判。可见哲学判断的力量并不来自它是一个正确的判断。哲学文章的力量并不来自批评别的哲学家说得不对，因为任何思想只要形成判断句，天然就具有局限性，批评者自己的判断也是有局限的。那么，思想的力量在哪里呢？在于真理是一个真正新鲜的角度，它使我们感受到从前没感受过的思想，它无中生有创造了新东西。

某东西是其所不是的东西，这里已经包括时间哲学问题，我来自非我，我也将化为非我，只要一说到起源就是在涉及"关系"，而只有与时间联系起来讨论，才有可能最真切地描述关系。尼采以上的论断涉及确定性与不确定性、界限与跨界的问题。他通过时间讨论不确定性，也是从时间出发思考任意某事物自身的局限或界限。时间不再像一条直线，时间是某种观察（体验、感受、思考，等等）角度的改变，时间绵延就是时间不断改变自己的拍摄角度。在这些改变的边界上，事物原有的性质不复存在。必须要这样，否则生活就会把人厌烦死的。工作、娱乐、饮食、睡眠，它们之间是彼此轮换的关系，对此，大独裁者希特勒也不会违背的，因为他毕竟也是人而不是妖怪。因此，严肃地研究这些轮换关系，要比"种族斗争的哲学"更重要，因为这种"斗争"属于异化出来的问题，而不属于事物的原样。某种非人性的斗争以人为的方式折磨人，使其不能睡觉，这就有可能使人成为非人（死掉）。所以，过一种不让人家睡觉的生活是没有意思的，因为人家会反抗即让你也睡不好觉，在这种相互折磨的生活中度过一生的双方，都太悲惨了，远不如我在轮换之中自我消遣的生活更为惬意，理由很简单，人的本性，原本就是这个样子的。

温水煮青蛙，人在不知不觉中被害死，还不知道自己是怎么死的，甚至还会感谢那害死自己的"东西"。我在这里说的"死"，是比喻人在不知不觉中成为动物或者"非人"，也就是丧失了思考能力。就世界范围内，当代社会生活带给人类的危机就在于，生活中的一切都被程序化了，人的一切举止都像是公式化的自动反应，即应该是什么样子的模本是现成规定好了的，我昨天中午去公园散步，见一位女士给她的两个女友拍照："喊茄子"，咔嚓一声。然后，被拍的女士之一接过相机："我也给你俩拍一张"。这样的对话和30年前一模一样，即情趣都被程序化了。程序化了的生活缺乏真正的情趣与美感，这种缺乏，与丧失了独立自由的想象力有密切关系。

数量思维还表现在人们固执地只追求"有用的"东西，它渗透到"喊茄子"这样的生活细节，而在相机"咔嚓"的那个瞬间，如果你目光走神，拍出一张"失败"的照片，就会由于不符合生活的常理而孤立了自己。为什么呢？因为"茄子"是有用的，而走神是没用的。这种程序化了的"美感"终将导致生活的无趣。换句话说，真正的趣味与快乐、真正的浪漫与独出心裁的精神创造力有密切关系，这种感受上的新鲜感属于事物性质上的改变，不是数量性质的思维所能解决的问题。数量思维的死板，在于永远把 A 看成 A，而在创造性思维活动中，A 究竟是什么，取决于我如何灵活地看待它。正是变化莫测的灵活性或者灵感，让我们觉得生活本身是有滋有味的。

具体怎么做？比如，可以发现陌生而细微的因果关系，微细到人们觉察不到自己为什么快乐，但是已经收获了快乐。获得人家的好感根本就不必到人家跟前炫耀自己，你默默而精彩地活出自己，自然会获得赞许的目光。你只要觉得自己在开花在快乐就行了，不要在意别人认为花应该怎么开。

以下描述与哲学治疗有关：怎么叫浪漫的心情？想到"真正的哲学问题只有一个，那就是自杀"——这与让人们以自杀的方式成为哲学家毫无关系。事实上自杀的哲学家凤毛麟角，绝大多数哲学家都没有自杀，因此这个判断显然不是"自杀"一词表面的意思，它真正的意思之一，是生活本来是没有道理的，就像不要去寻找生命的意义或者诸如活着的奋斗目标之类，但哲学告诉我们，这不是使我们悲观失望的理由，而是恰恰启发我们可以从任意角度（这个角度最好是选择自己的天性）无中生有地创造某种趣味而不是去实现某个"意思"（这里的"意思"是广义上的目的观念，例如年收入多少了、结婚了、生儿育女了、孩子培养得有出息了、长寿了、当上爸爸妈妈或者爷爷奶奶了）。我这里并不是否定这些意思对我们的生活质量的重要性，而是说我们不能去刻意追求它们，尤其不能以牺牲与这些意思无关的个人情趣作为代价，去追求这些刻板的意思。这些意思要让位给活出自己的天性并在其中获得的天然快乐，这些意思可以作为这种"活出自己"的副产品而出现，但是千万不要将这些意思作为我们整天想着去实现的目标，因为这会使生活变得死板僵化乏味；这些意思似乎是"活"给别人欣赏的。

换句话说，原因、动机、目标、计划等人为给自己制造压力的概念，也在人为地左右着自己的情绪，它的乏味在于忽视动机不明的快乐，而为了未来的希望中的某种快乐，甘愿忍受当下的痛苦过程，但在盼望的目标实现的瞬间，我们非常有可能突然发现这"实现"所带给我们的快乐，远不如事先想象的那般美好。通俗点说，我们为一时的痛快而曾经忍受的痛苦或者作出的牺牲很不值当。这个道理并不难理解，但是在历史上，人类为观念之争、输赢之争、权力之争，付出了极其惨痛的代价。

人在找马时却不知道自己已经骑在马上了，人在赏景时绝少想到自己也是别人眼里的一景。人们总是用一个事实解释另一个事实，但究竟在哪个事实与哪个事实之间建立起所谓因果关系，几乎是任意的。词与词、意思与意思、事件与事件，当然各自都不一样，它们之间究竟怎么一个接着另一个连接起来，这是文明史最为关键之处。也就是说，因果关系是必然的还是偶然的，是上帝事先在天上写好了的，还是来自人类自由意志的创造？我们总是下意识地用已经知道的东西去解释或者理解陌生的东西，这能给我们某种安全感和自信心，但这同时也会剥夺我们做出新发现的可能性。先承认自己无知或者不知道，等于选择了勇敢无畏的探索态度，选择了不懒惰，或者说给自己制造创造性的工作机会。

人类文明绝少分析"绝对独自一人"的情形，人类学、社会学，都是分析群体，以至于个人"什么都不是"，更不用说个人"孤僻的心思"了，它们绝对是要被文明记载所抹去的。但是，也有例外，凡是当我们以普遍性的口吻做全称判断时，"找出例外"就是创造性思想的开端，例如以"我"的口吻描述个人"私心"的两部《忏悔录》（分别来自奥古斯丁和卢梭）。以前人们还有记日记的习惯，也是想保留"我"曾经的心思，现在人们绝少记日记了，我觉得这是社会生活普遍平庸化的结果，暗含的意思是："我"和大家是一样的，"我"也忽视我，宁可与大家一起在追求程序化目标的过程中过庸常的日子，也不愿意"浪费时间"记下个人无用的心思。这心思是无用的，还由于时下

第十二章　浪漫与发疯

人们的心思基本一样，难有真正属于个人独立的微妙感受，也就没有什么好写的了。

《安妮日记》是孤独的产物，这个小女孩靠写自己的心思不仅在打发时间，而且以丰沛的精神内涵使用着自己的时间。但是，绝少有人会想，研究孤僻的"我"的念头本身，是否可以成为一门科学？这种可能性是自相矛盾的，因为"科学"的前提是被普遍承认，是建立在相互理解和交流基础上的。但是，孤僻的"我"的念头不可能被普遍承认，这些念头几乎总是以被人误解的方式"被别人理解"的。如果在这种情形下，我们坚持说研究孤僻的"我"的念头本身可以成为一门科学，那么我们就得重新定义"科学"——科学是关于"例外"的学问，是关于他者的。这个他者乃不是自身的自身，是自身的例外，如此等等。这个科学新定义并非来自我的杜撰，它的实质是将"不确定性"作为自己的研究对象，认为不确定性先于确定性，就像先有心思，再寻找合适的语言表达出来，内心的想法是不确定的、忽而这样忽而那样的，但一旦表达出来，就有了确定的词语选择，就突破了内心的混沌状态。

回到孤僻的"我"的原始念头，就是返回精神最原初的不确定状态，而这是科学的态度。研究不确定性，相当于返回微观世界，回到事物的原始状态，它观察和描述事物出场亮相过程中的细节：不确定的情形是如何被确定下来的，而确定下来的意思本身却是由不确定性所组成的，它们随时随地都会或华丽或悲惨地转身，在这个过程中，我们沉醉于焦虑不安，难以自拔。敏感的读者立刻会联想到，我这里其实也是在描述时间即绵延。不确定性的标本形态，就是时间。

在释放内心天性的过程中，全神贯注于这个释放本身，全然没有服从任何权威（经典文本、长官意志、各种条条框框）的想法，渴望喝下午茶的念头要比这些权威的思想更天真可爱、更深刻有趣，因为它正活生生地形成我天性的一部分，这是更细微的自然感情。与之相比，如果说中国传统礼教中原本含有些许自然感情的话，也是极其粗线条的，而且在漫长不变的死板中反过来异化为压迫活人本真的自然感情的教条。类似喝下午茶的嗜好是人都具有，在这个问题上强调中国人就是与外国人不一样，这是自束手脚的愚蠢想法，但是我这里并非是在强调人性的共同性，而是差异性，即一样是由不一样组成的。要在合适的地方强调"不一样"，才会创造出文明的新思想，而在人性问题上认为中国人特殊，不但不会创造出文明的新思想，而且会自废思想力。因此，我极其警惕各种各样的中西文化的比较研究，因为它自以为知道了中西文化各自是怎样的，而忽视了人性的复杂性，也就是共性和共性中的例外，但它是一种"杂交"的例外，就像某个中国人的文化性格像西方人，而某个西方人的文化性格像中国人。不研究人性，文化研究就成了空中楼阁，一切文化都是人活动的产物。人性中的例外，就是每个活生生的个人"孤僻的心思"，它表明人性是开放的、有无限的可能性。

要从"人被判定（含有惩罚之意）为自由的"读出"人被判定为孤独的"。言外之意，谁也不和你来往——人们非常武断地认为，这是对一个人最为严厉的惩罚，等于被判坐监狱。美国法院曾经判一个黑手党头子这样一种无期徒刑：在监牢里每天24小时中有23小时是独自一人。自由并不意味着身体行为上的，比如想去哪就去哪，想做什么就做什么。自由只与内心念头有关，意味着没有人管得住我在想什么。所以，监狱并不能真正束缚人的自由。还有，如果一个人把独处乃至保持孤独状态视为快乐，那不仅任谁也拿他没办法，而且这种快乐任谁也夺不走，就像你不可能花钱买到别人的思想能力一样。这是一种最为安全的快乐方式，它不在意别人的理睬（包括喝彩），从而也在最大程度上解除了别人对自己的嫉妒以及由此带来的烦恼。一个坚持与别人无关的人是一个活死人，但是死而复生之后，他成为世界上最为坚强的人，就像孤岛上的鲁滨孙。

我以上理解的自由，牺牲了"与别人在一起的快乐"。换句话说，很多人宁可永远听别人的盼咐，也不选择自由（如果自由意味着孤独）：如果吃得好穿得好住得好，动不动脑子有什么要紧的？就让别人替自己动脑子好了。你让我鼓掌我就鼓掌，而且鼓得高高兴兴！这种精致而普遍的平庸将导致历史的终结。换句话说，它在最大程度上消除了例外的可能性。再换句话说，"永远不犯错误（等值于永远正确）"的想法本身，就是错误的。但是，如果"例外"（等值于想去纠正错误的行为）总是遭白眼，将导致一切等于一，而趣味与思想的深刻性是建立在差异基础上的，这是一个非常严峻的有关如何活着的问题，是活着的质量问题。精神贵族选择自由，平庸者逃避自由，就像平庸者害怕孤独，感到无事可做，不知如何打发独处的时间。平庸者欠缺"与他人打交道的能力无关"的个人能力。人们喜欢相聚在一起，并不是由于志同道合，不过抱团取暖而已，是精神懦弱的表现。

活出自己，只按照自己的尺度自我尊重，这种倾向一向被认为是疯子，它总是和悲惨与恐惧连接在一起。这也是自由意志所要付出的代价。能战胜自己的人，才叫真正的坚强。精神懦弱的人，是全然被自身的动物性需要所支配的人，而意志坚强的人，能自觉超越自身的动物性需求，对这种需求说"不"。

因果关系是不对称的，似乎一切心理活动可以导致一切行为，这使得心理与行为之间的关系像是某种神秘的蝴蝶效应——极其微小的"原因"或者"动机"导致巨大的效果（这效果既可能是流泪的悲剧，也可能是痛快至极的喜剧，也可能是悲喜交加）。它凸显的人生意义无常和荒诞就在于——内心活动的质量与内容与外部世界的关系，是极其曲折的、任性（任意）的，既可以说心理活动与外部世界的具体情形几乎毫无关系，也可以说它们是任由人夸大和缩小的关系。

吊诡的是，忧郁有时来自那些甚至还算不上事的事，心眼小得像强迫性神经官能症那样的心理活动。既可以说人活着几乎就脱离不了痛苦，就像人间地狱，但是，同时也可以说人简直时刻活在天堂，因为人的心思也完全可以"给点儿阳光就灿烂",如果痛苦不需要明显的理由,防不胜防,几乎无处不在,那么快乐也可以是同样的。也就是说,心理神经的敏感度几乎到了"病态"——这意志坚强到了极端,它既可以把心思停留在一件小事情上终生难以释怀,也可以玩世不恭,不停顿地对刚刚发生过的事情说"再见",但是这两种方向相反的心思在性质上其实是相通的,差异仅在于前者悲观后者乐观。但是,一个极度敏感的人可能同时具有细微的悲观与细微的乐观之能力,他徘徊在两者之间而令别人和自己都琢磨不定。

与人们通常的印象相反,孤独不会使人精神迟钝,反倒创造了精神的敏感。一个人在与别人交往时,当然会有自私心理,但这种自私通常是算计性的或者属于上述数量思维。自私的意思,只体现在与他人发生利益冲突时,才有意义,而在纯粹孤独状态下,是无所谓自私的,因为无论此刻的心思和行为是怎样的,都没有与他人发生任何事实上的关系。人性有一个基本特点,就是欲求自身所匮乏的东西。孤独所匮乏的,是来自外部世界的人或者事情的刺激。由于长期独处和孤独,对普通人来说"不算事"的事,会使孤独者浮想联翩,也就是精神的敏感与微妙——天真,有大量奢侈的时间去玄想。这微妙、敏感、想象,是纯粹的,很像在玩味——精神的自我消遣,天然具有诗意或艺术气质。王国维曾说,正是由于作为帝王的李煜深居简出(缺少实际生活阅历,易对"不算事"的事悲伤或快乐),很多时候只有宫女伺候左右,才成全他写出了不朽的诗篇——这判断很有道理,当然首要的是李煜的艺术天赋。

思想感情的艺术化,就是被某些深刻的印象所震撼,但是你要让我准确说出这些印象的性质和原因,我却说不出来,而且一旦我用"是非"给这些印象加以定性,艺术感受就跑掉了。"是非"判断的本意是返回现实,就像照镜子时镜子里的我的形象。但由于我是有心的,镜子里我的本来模样顷刻之间就会融进我的感受,因此所谓现实或者事物本身一向就以超现实的形式启发着我们，这也是康德哲学的伟大贡献：我们周围的世界文明，是人类头脑自觉构造的结果，绝对不再是自然世界本来的样子。显然，自然界变成了"世界"，自然界原本不是现在的世界这个样子。或者某国度可能是另外一个样子，如果某个天才人物不曾在那里出生的话。

可见，活着的乐趣在于去构造或者创造自身的历史，以如此方式占有时间，而不在于注释或者重复别人的或者曾经的历史，以如此方式杀死时间。这里所谓构造或者创造，是靠机缘中的自主与自觉，总是飘飘然，脚下与头脑心灵都踏着轮子。超现实主义的奠基人之一、法国诗人阿波利奈尔有句名言：人不满足于用脚走路，于是发明了轮子，但轮子与脚一点儿也不一样。

在我们的内在中，事情永远不是其现成的样子，事情正走在"生成别的样子"的路途中，而对这些别的样子，我处于知道与不知道之间，这就是诱惑，它带给我的乐趣不是去猜测将会发生什么（这样的猜测只会令我焦虑，又总是猜不对，白费力气），乐趣来自我永远在路上"踏着轮子"，飘飘然然。

要想产生强烈而愉快的印象，先要去掉一切羞涩、不好意思之类，这种精神的力量毅然决然，好像别人一问他理由，他就要去拿枪（瞄准这个问他理由的人）或者愤然写下一个诗句："某人被窗子切成了两段。"这就像在炎热的夏天，某个没手的人在一把扇子面前拼命地来回晃动着脑袋，幻想着以此达到凉快的效果。当然，又可能像堂吉诃德骑着战马拖着长矛大战风车。这些情形，与窗子、扇子、风车本身，一点儿关系都没有，但是某些人却可能在其面前莫名其妙地发疯，这是一些很可爱的人，有艺术或者哲学的前途。总之，人若不"发疯"，不仅无乐趣，而且文明也无进展，这决非戏言。

不问理由和根据的写作，使得下笔的速度快于脑子里的念头，句子永远没有被完全想好而且中途会转变意思的方向，从而一句话会拐弯即有好几个意思接踵而至。它的妙处在于思想灵活，文字的意思本来是现成的（词典上的）并因此是僵死的，但是如此的思想灵活使死文字死而复生，有现场直播之效果，又像是沉浸于一部惊险电影，刺激而诱惑，因为我们强烈的好奇心促使我们特别想知道某人一丝不挂时的样子，暂时忘记了羞怯。为什么呢？因为这是科学的入口处，就像地狱的入口处一样，来不得半点儿犹豫，让读者或者观众觉得深刻而有趣，这是一门科学，难道不是吗？

我似乎还没有说清楚为什么"不问理由和根据的写作，使得下笔的速度快于脑子里的念头"，反而会比总是停下来每句话都在寻找"根据"的写作方式，写得更好？但我又重读上段话，觉得它已经解释清楚了，唯一的补充是：这是创造性的写作方式，考验的是人的天性，每个人的天性都在自己的天赋之中，即生来的精神（包括感官）癖好：把这种癖好不害羞地实录下来就成了，别受任何人的影响。不必害怕，因为你在做梦时（无论是夜间还是白天），即使枕边人也看不到你的梦。这是广义上的梦，指你此刻由外部或者自我刺激而唤起的感受。这是细节上的真实，似乎人与人的关系、人与世界的关系，都还原为感受中的真实。这是哲学与艺术意义上的孤独，它并不在意形式上是否与别人在一起。

思想活泼，心思四通八达，就会觉得快活，这就是哲学治疗要达到的效果。虽然哲学治疗不是针对身体的，但是却能通过心灵之快活唤醒沉睡的身体（因为我的身体受我的自由意志支配）。通过自我冥想不停顿地创造新的兴趣——要好奇、有热情，才会有冲动。创造和享有"不可能"的快乐，因为心中有神灵。它使得空寂无聊感不再是消极的感情，反而是创造新思想的泉源。有，来自没有，而没有并不是零，就像"否定"不意味着零一样。当我们提到某事情不存在时，它只是在外部的物理世界不复存在，但是却活跃在我们心里，在感情上存在。我当下所在乎的人和事情，就存在，即使它们此刻并不存在于我的周围。

我不在乎的，就不存在，即使它们就在眼前，我视而不见、听而不闻——我越是不需要主观故意就能排除它，我的精神就越是强大。要么一无所有，要么兴趣盎然。让无用的烦恼不复存在，需要千锤百炼的精神修养。

"机"是现在滋生出来的，我刚才还不快乐，但是一坐在电脑前打字就忘乎所以了，这就叫生出来的机会。我随时有能力创造我的机会，并且从中获得快乐。就精神本身的需求而言，这种独立自主的自由意志可以自己产生自己所需要的一切，它渴望并保持独处与孤独，它认为与他人交往就必须让渡自己天然的自由而考虑别人的态度，因而会处于一种不自由的状态。长期习惯于交际的人，自由思考的能力不是提高了而是降低了，而且精神的嗅觉不再敏锐，甚至会在自己独处时不知所措，视之为悲惨，而这种"悲惨"在我这里是大快乐。有内容的孤独，譬如在写作中度过，并且真正文如其人，生活方式是独立自由的，其文亦然。于是，如何生活竟然衍变成如何写作的问题，这使物质生活变得简单平淡，却使得精神生活丰满而广阔。

后 记

这本书，是我于2018年在中国社会科学出版社出版的《哲学治疗的可能性——重新发现叔本华与尼采》一书的简写本，原版56万字。

现在这个书名《活出自己的价值——自我哲学治疗术》，是我与念博士时的老同学张来民共通商议决定的，这个书名言简意赅，原书中较晦涩的部分、对叔本华与尼采原著的很多引用与评述，仅有些许保留，这是为了方便普通读者阅读。

中国文化传统缺乏"个人"，这是一种缺憾，就像写"我们"，总是首先写我，然后才出现了"们"，我是最先出现的，却被我们忘记了。当人们执着于"我们"的快乐和痛苦时，将自己献了出去，那么人们所活出来的，并不是真实的自己的个人价值，而只是某种人们目光中的你应该的模样。但是，这会导致某种趋同，或者千人一面。我在书中担忧的，正是这样的精神齐步走现象。我试图以最直率、最自然而然的书写方式，写出自己内心最想说的，尽可能贴近日常生活中的切身感受。

感谢张来民先生对于我的原书的充分肯定，他积极建议我改成这个简写本，以方便更多读者。重新出版事宜，也由他多方联络。感谢中国社会科学出版社和原书责任编辑冯春凤女士，支持这个简写本的出版计划！

一本书出版后，命运就交给读者了，我热切期待来自读者的各种反馈。

作者
2022年9月1日